Walter Hoffmann

Bibliographie zu Grammatik und Wortschatz rheinischer Dialekte

Landschaftsverband Rheinland

Amt für rheinische Landeskunde Bonn

Rheinische Mundarten

Beiträge zur Volkssprache aus den rheinischen Landschaften

Band 8

Walter Hoffmann

Bibliographie zu Grammatik und Wortschatz rheinischer Dialekte

1994

Rheinland-Verlag GmbH Köln

in Kommission bei

Dr. Rudolf Habelt GmbH Bonn

Kartographie: Esther Weiss und Martina Schaper,
Amt für rheinische Landeskunde Bonn

Satz: Institut für geschichtliche Landeskunde der Rheinlande
der Universität Bonn, Abteilung für Sprachforschung

Rheinland-Verlag GmbH Köln 1994
Rheinland-Verlag- und Betriebsgesellschaft
des Landschaftsverbandes Rheinland mbH
Abtei Brauweiler, Postfach 2140, 50250 Pulheim
Druck: Boss-Druck, Kleve
ISBN 3-7927-1467-1

Vorwort des Herausgebers

Zu den Serviceaufgaben unseres Amtes gehören die Beratung der zahlreichen Mundartarbeitskreise und Hobbyforscher im Rheinland und die Betreuung ihrer Dokumentationsprojekte. Hilfestellung bieten wir durch fachliche Einzelberatung vor Ort, durch die Ausrichtung von Fachtagungen, durch die Bereitstellung bestimmter Materialien oder auch durch die Publikation von - bislang drei - Leitfäden für die Mundartdokumentation. Demselben Zweck dienen ferner die Bände unserer Reihe 'Rheinische Mundarten', die als Vorbild oder Modell für ähnliche Unternehmen fungieren können.

In dieser Reihe sind bislang vier Ortsmundartwörterbücher erschienen, außerdem ein grenzüberschreitender Dialektatlas, der in Zusammenarbeit mit vergleichbaren Einrichtungen in Westfalen und in den benachbarten Niederlanden entstand; den umfangreichsten Band bildete eine flächendeckende Textdokumentation für das gesamte Rheinland, deren Konzeption der Band 7 ('Sprachinseln im Rheinland') weiterführte. Der nun erscheinende Band 8 stellt eine willkommene Erweiterung des bisherigen Spektrums dar.

Die 'Bibliographie zu Grammatik und Wortschatz rheinischer Dialekte' schließt die Lücke zwischen dem ausschließlich rheinischen Wortschatzsammlungen vorbehaltenen Verzeichnis von Eva-Maria SCHMITT und der gewichtigen, den gesamten deutschen Sprachraum abdeckenden Bibliographie von Peter WIESINGER und Elisabeth RAFFIN, die allerdings wohl nur in Ausnahmefällen zu den Buchbeständen eines an rheinischen Mundarten Interessierten oder einer Arbeitskreisleiterin zählen dürfte. Nach einer solchen bibliographischen Ergänzung der für die rheinische Landeskunde und Sprachforschung zur Verfügung stehenden Hilfsmittel war in den letzten Jahren immer wieder gefragt worden.

Dr. Walter Hoffmanns Verdienst ist es, diese auch in ihrem Umfang beachtliche Bibliographie erarbeitet zu haben, die in möglichst zahlreichen Exemplaren im Rheinland Verbreitung finden soll. Wer - ob nun als Liebhaberin ihres Heimatdialektes oder als wissenschaftlich Forschender - Veröffentlichungen zur Mundart eines Ortes oder einer Region sucht, wer eine grammatische Detailfrage lösen will oder sich für bestimmte Elemente des mundartlichen Wortschatzes interessiert, wird in diesem Buch die Informationen finden, die für die eigene Arbeit benötigt werden. Für die mühevolle und zeitintensive Zusammenstellung des Werkes möchten wir dem Autor herzlich danken.

Der Umstand, daß seine Arbeit nun in einer Publikationsreihe des Amtes für rheinische Landeskunde erscheint, zeugt von dem guten Verhältnis und dem fruchtbaren Austausch zwischen dem Institut für geschichtliche Landeskunde der Rheinlande der Universität Bonn, in deren Sprachabteilung Walter Hoffmann tätig ist, und unserem Amt. Beiden Bonner Einrichtungen ist die Förderung der landeskundlichen Forschung im Rheinland übertragen, dem 'Institut' mit universitär-wissenschaftlicher Einbettung, dem 'Amt' mit besonderer Betonung der außeruniversitär-praxisbezogenen Ausrichtung. Daß eine Kooperation bei dieser Konstellation möglich und sinnvoll ist, bezeugt, wie wir meinen, der Band 8 unserer Reihe in gelungener Weise.

Bonn, im Oktober 1994

Fritz Langensiepen   Georg Cornelissen

Vorwort des Bearbeiters

Vorworte werden normalerweise nach Abschluß von Buchmanuskripten verfaßt, sind also oftmals eigentlich Nachworte. Sie bieten Gelegenheit, nach getaner Arbeit Dank abzustatten in vielerlei Richtung. Dieser eingeführten Tradition der Textsorte 'Vorwort' will ich mich gerne anschließen, zumal eine Bibliographie wie die vorliegende niemals ohne Mitarbeit und Hilfe von verschiedenen Seiten erstellt werden kann. Vorab möchte ich aber noch darauf hinweisen, daß die Vor-Geschichte der Bibliographie in der folgenden Einleitung nachzulesen ist. Darin wird auch das Auf und Ab der Arbeit an diesem Buch nachgezeichnet seit dem Planungsbeginn ca. 1972. Dies bedeutet auch, daß besonders vielfach Dank zu sagen ist: den Initiatoren und Mitarbeitern des ersten Anlaufs wie den Bestärkern und Helfern von der Wiederaufnahme bis zum Abschluß des druckfertigen Manuskripts.

Insgesamt und dauerhaft hat die gute Atmosphäre in der von Prof. Dr. Werner Besch geleiteten Abteilung für Sprachforschung am Institut für geschichtliche Landeskunde der Rheinlande in Bonn nicht unwesentlich zum Gelingen des Vorhabens beigetragen. Am Beginn stand die kollegiale gute Zusammenarbeit mit Dr. Klaus J. Mattheier, dem ich ganz besonders danken möchte für alle initiative Mitwirkung bei Planung und Ausarbeitung in der ersten Phase bis zu seiner Berufung nach Heidelberg 1980. In dieser Zeit hat Frau Burglind Jantscher über mehrere Jahre mit Umsicht und Präzision die undankbaren Ermittlungsarbeiten durchgeführt bis zu ersten Fassungen der Titelaufnahmen und Kommentare. Das Erscheinen der umfassenden Bibliographie von WIESINGER/RAFFIN (1982, Nachfolgeband 1987, man vgl. die Einleitung) hat den großen Ehrgeiz der damaligen Bearbeiter nachhaltig gelähmt. Umso erfreulicher ist es in der Rückschau, daß sich auf der Grundlage von ständigen guten Kontakten zwischen der Institutsabteilung und der Sprachabteilung des Amtes für rheinische Landeskunde in Bonn eine Wiederbelebung des Projektes abzeichnete. Die große Anzahl der in der Landschaft arbeitenden Mundartforscher erwies sich als ein Adressatenkreis, der an einer regionalen, handlichen Bibliographie sehr interessiert war, und die Reihe 'Rheinische Mundarten' bot sich als erfolgreiche einschlägige Publikationsreihe an. Diese Ermutigung haben Professor Besch und ich dankbar angenommen und die Arbeit an der Bibliographie wieder aufgenommen. Dem 'Amt', besonders seinem Leiter Dr. Fritz Langensiepen und Herrn Dr. Georg Cornelissen von der Sprachabteilung, möchte ich deshalb an dieser Stelle für alle ihre Ermutigung und Unterstützung herzlich danken, nicht zuletzt auch für die Aufnahme der Bibliographie in die Reihe 'Rheinische Mundarten'. Bei der Wiederaufnahme der Arbeiten, der Fortführung, Modernisierung und Aktualisierung des alten Bestandes bis Ende 1993 haben in der Abteilung für Sprachforschung des 'Instituts' vor allem Frau Sabria Filali und dann Herr Stefan Hammer engagiert und intensiv mitgearbeitet. Ebenso dankbar bin ich Herrn Dr. Helmut Lausberg und Herrn Robert Möller, die bei der komplexen Aufgabe der computativen Aufbereitung der bibliographischen Titel und besonders der Register hervorragende Hilfe geleistet haben. Ermöglicht und gestützt wurde dieser Abschluß nicht zuletzt durch das freundliche Entgegenkommen des neuen Leiters der Abteilung, Prof. Dr. Thomas Klein. Daß der Band in dieser wohl ansprechenden Form fertiggestellt und publiziert werden konnte, dafür danke ich nochmals allen Genannten und vielen weiteren hilfreichen und aufmunternden Geistern im Umfeld: Bibliographien sind nicht unbedingt geeignet, dem/den Ersteller/n eine Art Genugtuung wie (zumindest gelegentlich) bei wisssenschaftlicher oder literarischer Prosa zu verschaffen, sondern eher ein leicht skrupulöses Bewußtsein von Vergessenem und Unterlassenem. In dieser Perspektive gilt aber, daß die (vielleicht unvermeidlichen) Mängel und Lücken durchaus und allein dem Bearbeiter zuzuschreiben sind. Man vergleiche dazu jedoch auch meine Bitte am Ende der Einleitung.

Bonn, im Oktober 1994

Walter Hoffmann

Inhaltsverzeichnis

Einleitung

Bibliographien wie die vorgelegte brauchen eine lange Anlaufzeit, viel Geduld und recht feste Grenzziehungen, damit sie für den potentiellen Benutzer ein sinnvolles Arbeitsinstrument werden können. Dies gilt gerade dann, wenn sie im weiteren Fachgebiet der germanistischen Sprachwissenschaft thematisch eng spezifiziert sind, hier auf den Bereich 'Grammatik und Wortschatz rheinischer Dialekte'. Und wenn dann bald nach der Inangriffnahme eines solchen Projektes eine umfassende, sorgfältig recherchierte und sinnvoll konzipierte Arbeit erscheint wie die "Bibliographie zur Grammatik der deutschen Dialekte. Laut-, Formen-, Wortbildungs- und Satzlehre 1800 bis 1980 von Peter WIESINGER und Elisabeth RAFFIN unter Mitarbeit von Gertraude VOIGT. Bern u. Frankfurt 1982", dann muß man über Sinn und Zweck des eigenen Unternehmens völlig neu nachdenken. 1987 erschien der Fortführungsband von Peter WIESINGER für die Jahre 1981 bis 1985[1]. In beiden Bänden zusammen finden sich ca. 450 Titelaufnahmen für unseren Raum einschließlich der deutschen Sprachgebiete in den westlichen Nachbarstaaten.

I. Zur Entstehungsgeschichte

Zunächst im Kontext des sog. Erp-Projektes (ab 1972) entwickelte sich an der Abteilung für Sprachforschung des Instituts für geschichtliche Landeskunde der Rheinlande unter der Leitung von Prof. Dr. Werner Besch die Absicht, eine umfassende Übersicht über die vorliegende Forschungsliteratur zu den rheinischen Dialekten zu gewinnen, wie es sie bis dahin vergleichbar nur für die alemannische Schweiz gab (SONDEREGGER 1962)[2]. An der Planung einer solchen regionalen Bibliographie war insbesondere der damalige Assistent Dr. Klaus J. Mattheier beteiligt, der auch die fortgeschrittene erste Sammelphase noch bis zu seiner Berufung nach Heidelberg (1980) begleitet hat, einschließlich eines ersten Einleitungsentwurfs. Das Erscheinen der Gesamtbibliographie von

---

[1] WIESINGER, Peter: Bibliographie zur Grammatik der deutschen Dialekte. Laut-, Formen-, Wortbildungs- und Satzlehre 1981 bis 1985 und Nachträge aus früheren Jahren. Bern u.a. 1987.

[2] SONDEREGGER, Stefan: Die schweizerdeutsche Mundartforschung 1800-1959. Bibliographisches Handbuch mit Inhaltsangaben. (= Beiträge zur schweizerdeutschen Mundartforschung Bd. 12). Frauenfeld 1962. Diese Bibliographie ist nach Sachgebieten gegliedert und mit zusätzlichen Inhaltsangaben versehen.

WIESINGER/ RAFFIN brachte die weitere Ausarbeitung zunächst zum Erliegen. Zudem war für das große DIALEKTOLOGIE-Handbuch[3] eine umfassende Bibliographie zur v.a. deutschen Mundartforschung vorgesehen: Faktoren, die es geraten erscheinen ließen, die eigene Bibliographie erst einmal zu archivieren und lediglich intern zu nutzen.

Von anderer Seite kam dann die Ermutigung, daß eine etwas anders ausgerichtete, handliche Bibliographie zur Regionalsprache durchaus Sinn machen könnte. Das vom Landschaftsverband Rheinland 1976[4] in Bonn eingerichtete Amt für rheinische Landeskunde hat über seine Sprachabteilung mit einer Reihe von Arbeitsgemeinschaften und anderen Interessierten außerhalb der akademischen Forschungsinstitutionen vielfältige Kontakte geknüpft, die zur Erarbeitung von Mundartwörterbüchern und -dokumentationen im Rahmen der landschaftlichen Kulturarbeit beitragen sollen. Von solchen außeruniversitären Mundartforschern, deren Arbeit höchst wünschenswert ist, wurde und wird immer wieder ein derartiges bibliographisches Hilfsmittel gefordert und gesucht. Daß solchem Arbeitsansatz oft eine eher antiquarische, dokumentarische und mundartpflegerische Motivation zugrunde liegt, macht ihn weder falsch noch unbillig. Die beobachtbaren rapiden Veränderungen von und Verluste an Dialektalität v.a. in der jungen Generation (vgl. z.B. MACHA 1993)[5] lassen es im Gegenteil durchaus geraten erscheinen, solides dialektologisches Arbeiten auf allen Ebenen zu stützen. Das Werk von WIESINGER/ RAFFIN stand u.a. aus Kostengründen diesen einzelnen Mundartforschern und Arbeitsgemeinschaften kaum einmal zur ständigen Verfügung. Auf diesem Hintergrund wurde die Arbeit an der Bibliographie gegen Ende der 80er Jahre erneut in Angriff genommen und bis Ende 1993 fortgeführt.

---

[3] DIALEKTOLOGIE. Ein Handbuch zur deutschen und allgemeinen Dialektforschung. Hrsg. v. Werner BESCH u.a. 2 Halbbde. (= Handbücher zur Sprach- und Kommunikationswissenschaft. Bd. 1.1/ 1.2)Berlin/ New York 1982/ 1983. Leider ist die angekündigte Bibliographie nicht in die Bände aufgenommen worden.

[4] Vgl. dazu Volkskultur an Rhein und Maas 12 (1993), H. 1 mit dem Titel: Das ARL stellt sich vor.

[5] MACHA, Jürgen: "Wie die Alten sungen...?"Generation und Sprache im Rheinland. In: Vielfalt des Deutschen. Fs. für Werner BESCH. Hrsg. v. Klaus J. MATTHEIER u.a. Frankfurt u.a. 1993, S. 601-618.

II. Konzeption und Zielsetzungen

Die vorliegende Bibliographie hat das Ziel, möglichst vollständig die Arbeiten zur Grammatik und zum Wortschatz rheinischer Dialekte zu erfassen und zu erschließen. Diese thematische Eingrenzung schließt Arbeiten zu pragmatischen und soziologischen Aspekten der Dialektologie aus, also zu Gebrauch und Verbreitung, zu Bewertung und Bedeutung von Mundart (vgl. aber S. 16). Ebenso unberücksichtigt bleiben die allein sprachgeschichtlich ausgerichteten Veröffentlichungen (so auch WIESINGER/RAFFIN), nicht aber die älteren Arbeiten etwa des 19. Jahrhunderts, die ja zunächst synchron angesetzt waren, heute aber bereits 'historisch' sind. Ausgeschlossen werden weiterhin übergreifende Darstellungen deutscher Dialekte, in denen ohne regionale Gliederung unter anderem auch rheinische Mundarten behandelt werden, z.B. das klassische Werk von Viktor SCHIRMUNSKI[6] oder der Deutsche Sprachatlas (DSA)[7] und der Deutsche Wortatlas (DWA)[8]. Darstellungen mit regionaler Gliederung wie das Buch von RUSS (1990) mit dem Beitrag von NEWTON (s. Nr. 726) oder das Rheinische Städtebuch (s. Nr. 614) sind aufgenommen. An Veröffentlichungsformen erfaßt die Bibliographie selbständig erschienene Publikationen (Monographien und Sammelbände), Zeitschriften- und Zeitungsaufsätze, gedruckte und ungedruckte Dissertationen, Examensarbeiten und sonstige Manuskripte, soweit sie benutzbar sind. Rezensionen haben außer größeren Rezensionsaufsätzen keine Aufnahme gefunden. Zu den für die Ermittlung der Titel benutzten wichtigsten Quellenwerken vergleiche man das Verzeichnis der benutzten Quellen (S. 22). Fast alle der 1073 schließlich aufgenommenen Titel

---

[6] SCHIRMUNSKI, Viktor M.: Deutsche Mundartkunde. Vergleichende Laut- und Formenlehre der deutschen Mundarten. Aus dem Russischen übersetzt und wissenschaftlich bearb. v. Wolfgang FLEISCHER. (= Deutsche Akademie der Wissenschaften zu Berlin. Veröffentlichungen des Instituts für deutsche Sprache und Literatur 25). Berlin 1962.

[7] Deutscher Sprachatlas aufgrund des von Georg WENKER begr. Sprachatlas des Deutschen Reiches in vereinfachter Form begonnen v. Ferdinand WREDE, fortgesetzt v. Walther MITZKA und Bernhard MARTIN. Marburg 1927-1956. [23 Lieferungen mit 128 Karten] Außer den Atlas-Lieferungen verfügt das Institut für geschichtliche Landeskunde der Rheinlande, Abt. f. Sprachforschung, über zahlreiche weitere Transparent-Pausen für das Gebiet der Rheinlande, auf denen viele weitere grammatische Phänomene kartiert sind. Atlas wie Pausen sind im Institut benutzbar.

[8] Deutscher Wortatlas von Walther MITZKA (ab Bd. 5 v. dems. und Ludwig Erich SCHMITT). Bd. 1-20. Gießen 1951-1973. Bd. 21-22 [Register und Zusatzkarten]. Hrsg. v. Reiner HILDEBRANDT. Gießen 1978 und 1980. [200 Wortkarten].

sind in Bonn greifbar, die Mehrzahl in der Bibliothek des Instituts für geschichtliche Landeskunde der Rheinlande der Universität Bonn, die restlichen dann in der Universitätsbibliothek, im Amt für Rheinische Landeskunde, im Volkskundlichen und im Germanistischen Seminar der Universität Bonn.

Von den ersten Planungen an sollte es nicht um eine reine Auflistung ermittelter Titel gehen, sondern um eine Bibliographie, die durch einen wie auch immer kommentierenden Ergänzungsapparat nutzbar ist, der zusätzliche erläuternde Hinweise auf den 'Inhalt' der aufgenommenen Titel gibt. Denn in vielen Fällen enthält der bibliographische Titel einer Arbeit durchaus nicht alle Informationen zum konkreten Inhalt. Ein derartiger Anspruch, wie ihn ähnlich auch WIESINGER/RAFFIN erfüllt haben, zwang natürlich zur Autopsie aller ermittelten Titel, ein bekanntlich sehr aufwendiges und langwieriges Unterfangen. Es sind deshalb in der Konsequenz nur solche Arbeiten in die Bibliographie aufgenommen worden, die in Bonn eingesehen und überprüft worden sind. Für die genaueren thematischen Abgrenzungen liefern die Stichworte des Titels der Bibliographie die wesentlichen Ansatzpunkte.

-- Grammatik

Mit 'Grammatik' seien hier die Ebenen der Sprachstruktur von den Lauten über die Formen (Flexion und Wortbildung) bis zum Satz bezeichnet. (Mundart)Texte, Mundartliteratur und ihre linguistische wie v.a. literarische Struktur gehören nicht zu den Themenbereichen dieser Bibliographie. Ausgeschlossen wurden zudem die Bereiche Lautschrift und Orthographie (dazu sind über das Heft zur 'Rheinischen Dokumenta'[9] weitere Literaturangaben zu erschließen) und der schwierige Komplex der Sprichwörter und Redensarten: Sie gehören eher einer Text-Ebene an und sind zumeist auch nicht 'grammatisch' erschlossen, sondern als 'Texte' dargeboten. Außerdem gibt es Überschneidungen mit Arbeitsgebieten der Volkskunde (s. dazu die Rheinische volkskundliche Bibliographie[10]). Insgesamt wurde also ein relativ enges Verständnis von

[9] Rheinische Dokumenta. Lautschrift für rheinische Mundarten. Mundartdokumentation im Rheinland. Nach Vorarbeiten v. Fritz LANGENSIEPEN vorgestellt v. Peter HONNEN. Köln 1986.

[10] Rheinische volkskundliche Bibliographie für die Jahre 1950-1975. In Zusammenarbeit mit Michael FABER u.a. hrsg. v. H. L. COX. (= Beiträge zur rheinischen Volkskunde Bd. 1). Köln 1987; Rheinische volkskundliche Bibliographie für die Jahre 1976-1980. Bearb.v. Johannes-Georg OLIGMÜLLER. Hrsg. v. H. L. Cox. (= Beiträge zur

'Grammatik' zugrundegelegt.

-- Wortschatz

Dieser große Komplex von einzelnen Wörtern über Wortgruppen bis zu ganzen Wortschätzen z.B. in Wörterbüchern ist bei WIESINGER/RAFFIN nicht berücksichtigt. Ein Teil ist zwar durch die Bibliographie von Eva-Maria SCHMITT über die Mundartwörterbücher des Rheinlandes bis 1988 erschlossen[11]. Es hat allerdings sowohl bei den als 'Wörterbücher' zu bezeichnenden Darstellungen eine Reihe von Neuerscheinungen gegeben, die aufzunehmen waren, als auch eine Vielzahl von Veröffentlichungen zu Wörtern, Wortgruppen, Wortschatz-Ausschnitten verschiedener Art, die bisher überhaupt nicht verzeichnet waren. Dieser große Teil der Bibliographie dürfte also eine gewichtige Lücke füllen. Aber auch für den Komplex 'Wortschatz' waren Abgrenzungen erforderlich: Die (wenigen) der rheinischen Sprachgeschichte gewidmeten Wörtersammlungen und Wortschatzuntersuchungen wie auch der große Bereich der Namen (Orts- und Personennamen) sind ausgeklammert worden. Besonders die Namenkunde hat sich ja zu einem eigenständigen Forschungsbereich entwickelt mit eigenen fortlaufenden Bibliographien, v.a. in Onoma[12], und Zeitschriften (Beiträge zur Namenforschung, Naamkunde etc.), die hier unmöglich noch miterfaßt werden konnten. Zum Ausschluß von Sprichwörtern und Redensarten vergleiche man den vorhergehenden Abschnitt.

-- Rheinisch

Der in dieser Bibliographie berücksichtigte Raum kann zunächst einmal mit dem politischen Gebiet der ehemaligen preußischen Rheinprovinz identifiziert werden, wie er v.a. dem Rheinischen Wörterbuch zugrundeliegt. Dialektgeographisch wurde er um die weiteren moselfränkischen Regionen im westerwäldisch-nassauischen Raum erweitert, so daß die nieder- und mittelfränkischen Mundartgebiete in Deutschland ganz erfaßt sind. Ausgenommen sind - anders als bei WIESINGER/ RAFFIN - die Gebiete mit mittel- oder niederfränkischen Mundarten in den Nachbarstaaten, also in Luxemburg,

---

rheinischen Volkskunde. Bd. 5). Köln 1991.

[11] SCHMITT, Eva-Maria: Mundartwörterbücher des Rheinlandes. Eine Bibliographie. Köln 1988.

[12] ONOMA. Bibliographical and Information Bulletin. Louvain/ Leuven. Vol.1 (1950) ff.

Belgien, den Niederlanden und Frankreich: Diese Nationen resp. Regionen/ Provinzen verfügen über eigene dialektologische Institutionen und Bibliographien. Grenzüberschreitende Arbeiten sind allerdings erfaßt. Gerade eben ist eine Bibliographie zu den Dialekten in Luxemburg/Rheinland von Gerald NEWTON (1993)[13] erschienen: Der Anspruch für das 'Rheinland' ist leider (oder zum Glück für die vorliegende Bibliographie) in keiner Weise auch nur annähernd ausgefüllt worden. Weitere mittelfränkische Siedelmundarten, v.a. das Siebenbürgische, sind nur in ihrem Herkunftsbezug gelegentlich aufgenommen worden[14]. Die geographischen Kernräume der Bibliographie sind also der Niederrhein, das westliche Ruhrgebiet, der Köln-Bonn-Aachener Raum, das Bergische und Oberbergische Land bis zum kurkölnischen Sauerland und zum Siegerland, Westerwald, Eifel, Mosel, Saarland und Hunsrück bis an die Nahe. Zur Orientierung ist die nebenstehende Kartenskizze beigefügt.

-- Dialekte

'Dialekt' wird hier synonym mit 'Mundart' verwendet. Dialekte/ Mundarten werden vornehmlich als regional auf den eben beschriebenen Raum begrenzte Existenzformen oder Varietäten des gesprochenen Deutsch verstanden. Mundartdichtung oder -texte als besondere poetisch-literarische Formgebungen oder auch als Verschriftung von gesprochener Sprache konnten nicht berücksichtigt werden, sondern waren dem literarischen/ literaturwissenschaftlichen Bereich zu überlassen. Aufnahme fanden hingegen Darstellungen der in verschiedenen Fach- und Sondersprachen auftretenden mundartlichen (Teil-) Bestände v.a. im Wortschatz. Auch die mit unterschiedlichen Titulaturen versehenen Arbeiten zu Zwischensprachformen wie Umgangssprache oder Substandard wurden aufgrund ihrer regionalen Bezüge mit aufgenommen, weiterhin solche zu Wechsel oder Variation zwischen Mundart und Standardsprache. Insofern sind also auch soziolinguistische Fragestellungen berücksichtigt, wenn sie sich auf konkrete Merkmale aus Grammatik und/ oder Wortschatz beziehen.

---

[13] LUXEMBURG/RHEINLAND. Eine Bibliographie zur Sprach- und Mundartforschung in chronologischer Anordnung (1799-1990). Zusammengestellt v. Gerald NEWTON. (= Bulletin Linguistique et Ethnologique. Fascicule 25). Luxembourg 1993.

[14] Hierzu s. KELP, Helmut: Germanistische Linguistik in Rumänien 1945-1985. Bibliographie. (= Veröffentlichungen des Südostdeutschen Kulturwerks. Reihe B. Wissenschaftliche Arbeiten 49). München 1990.

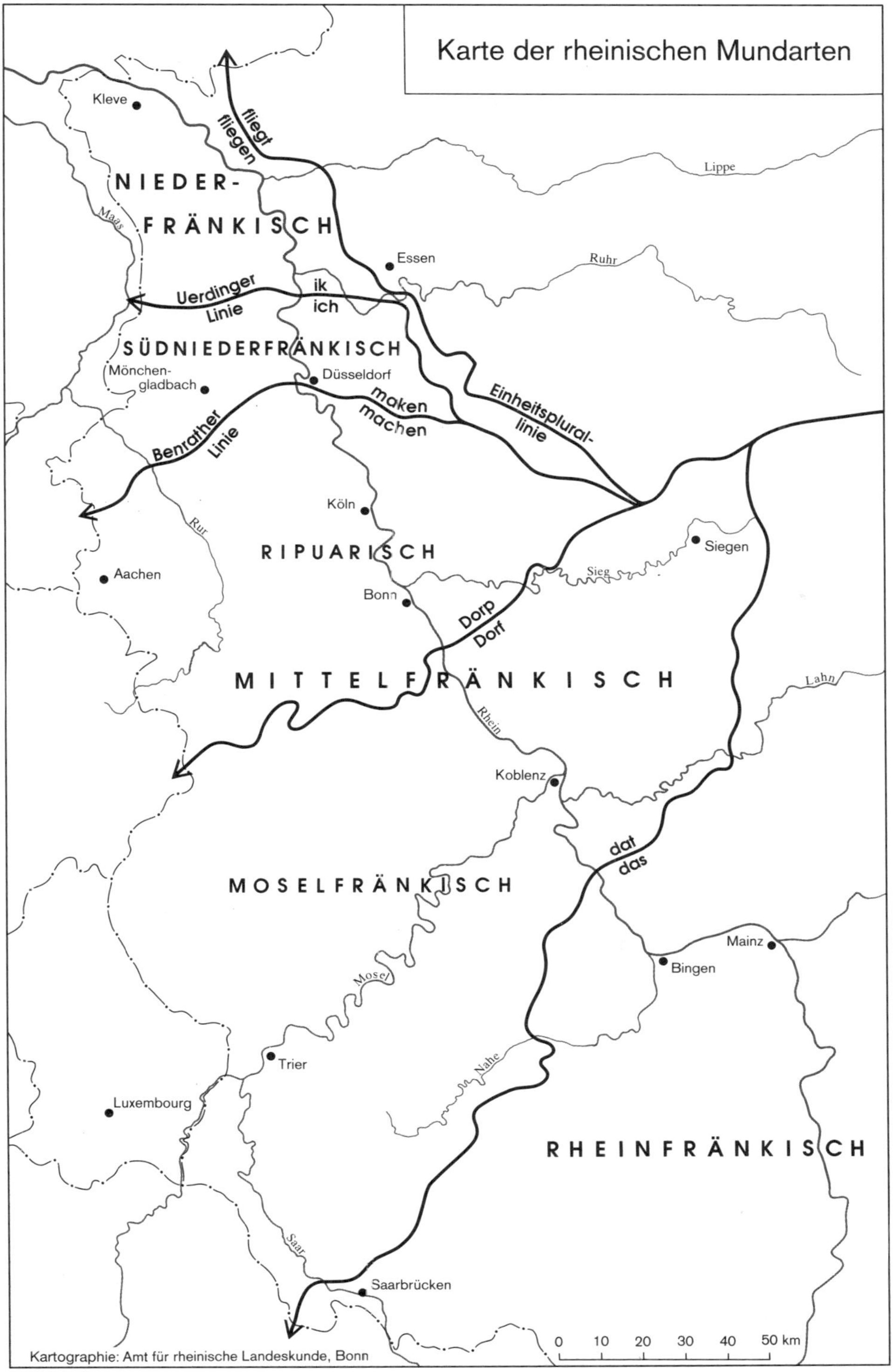
Karte der rheinischen Mundarten
Kleve
fliegt
fliegen
NIEDER-
FRÄNKISCH
Maas
Lippe
Essen
Ruhr
Uerdinger Linie
ik
ich
SÜDNIEDERFRÄNKISCH
Mönchen-
gladbach
Düsseldorf
maken
machen
Einheitsplural-
linie
Benrather Linie
Köln
Rur
RIPUARISCH
Siegen
Aachen
Sieg
Bonn
Dorp
Dorf
MITTELFRÄNKISCH
Lahn
Rhein
Koblenz
dat
das
MOSELFRÄNKISCH
Mainz
Bingen
Mosel
Trier
Nahe
Luxembourg
RHEINFRÄNKISCH
Saar
Saarbrücken
0 10 20 30 40 50 km
Kartographie: Amt für rheinische Landeskunde, Bonn

Der zeitliche Rahmen der Bibliographie reicht von den Anfängen einer sich erst allmählich verwissenschaftlichenden Dialektologie seit etwa 1800 (v.a. mit Wörterbüchern/-verzeichnissen) bis Ende 1993. Arbeiten aus diesem weiten Zeitraum werden als quasi 'synchron', d.h. jeweils zeitgenössisch aufgenommen, obgleich sie z.T. bereits historisch gewordene Dialektzustände beschreiben. 'Sprachgeschichte' andererseits als historische Grammatik älterer Sprachstufen wie auch als diachrone Darstellung sprachlicher Entwicklungen (s.o.) wird nicht berücksichtigt. Sind Arbeiten als 'diachron' gekennzeichnet, verweist dies auf den <u>auch</u> sprachgeschichtlichen Charakter der Publikation. Ab 1994 erschienene Arbeiten konnten nicht mehr berücksichtigt werden. Dazu vergleiche man die einschlägigen periodischen Bibliographien, v. a. die GERMANISTIK und die regionalen Bibliographien im Verzeichnis der benutzten Quellen S. 22.

III. Aufbau und Gliederung

Der zentrale Teil der Bibliographie enthält die ermittelten Arbeiten in alphabetischer Reihenfolge nach Verfassernamen mit einer fortlaufenden Numerierung von 1 bis 1073. Bei anonymen Titeln wird das erste sinntragende Substantiv zur Alphabetisierung herangezogen, also z. B. das Mettmanner Wörterbuch unter '765. -- Us Mettmanner PLATT.' Koautoren oder Herausgeber erhalten einen Verweiseintrag unter ihrem Namen, z.B. 'OTTEN, Gerhard s. 766'.

Jeder Eintrag besteht aus zwei Teilen, der mit Nummer versehenen bibliographischen Titelaufnahme und dem davon abgesetzten, durch eine kursiv und fett geschriebene Ortsangabe eingeleiteten Kommentarteil.

Die <u>Titelaufnahme</u> erfolgt nach gängigen Standards. Dem vorangestellten Familiennamen des Verfassers folgt der ausgeschriebene Vorname, sofern angegeben oder ermittelbar. Bei zwei und mehr Autoren wird nach Schrägstrich / ebenso verfahren. Es folgen der vollständige Titel der Arbeit, dann die Angabe von Erscheinungsort und -jahr bei selbständigen Druckwerken, bei Aufsätzen in Zeitschriften oder Zeitungen die Angabe der Bandzahl und/ oder der Heftnummer und des Erscheinungsjahrs resp. des Erscheinungsdatums. Der Umfang wird nur bei Aufsätzen in Zeitschriften, Sammelbänden und, sofern gezählt, in Zeitungen angeführt. Solche Aufsätze werden mit '.In:' und dem vollständigen Titel der Zeitschrift, des Sammelbandes, der Zeitung eingeführt. Reihentitel sind mitangeführt (in runden Klammern mit Gleichheitszeichen = beginnend), jeweils vor Erscheinungsort und -jahr. Liegen von einem Autor mehrere Beiträge vor, werden sie chronologisch nach dem Erscheinungsjahr angeordnet. Mit Abkürzungen wurde sehr zurückhaltend verfahren, s. dazu das kleine Abkürzungsverzeichnis S. 21.

Der Kommentarteil wird mit einer Ortsangabe in Kursivsatz eingeleitet. Ort kann eine Stadt, ein Dorf, aber auch eine Region, eine Landschaft sein. Zur geographischen Orientierung des Benutzers werden zusätzliche Hinweise gegeben, wenn dies notwendig erschien. Das ausführliche Ortsregister nimmt auch alle diese zusätzlichen Hinweise auf (s. dazu unten). Der Kommentar selbst enthält knappe, stichwortartige Angaben zu den im Beitrag behandelten Themen und Inhalten. Dabei wurden möglichst nur traditionell eingeführte sprachwissenschaftliche, dialektologische Kategorien und Begriffe verwendet. Für diese Stichwörter wurden also keine rigorosen definitorischen Maßstäbe angelegt, vielmehr oft die von den Autoren selbst verwendete Begrifflichkeit übernommen oder höchstens an traditionelle Standards angepaßt. Auch die Methoden der Darstellung sowie die Ausführlichkeit der Themenbehandlung sind oft gekennzeichnet worden. Natürlich muß dem Benutzer hierbei vieles subjektiv und aus der Perspektive des Bearbeiters gesehen erscheinen. Das ist wohl unvermeidbar und kann vielleicht deshalb in Kauf genommen werden, weil ohne diese leicht abstrahierten Inhaltsangaben - nur das soll der Kommentar leisten - manche Titel nicht zugeordnet werden oder sogar in der falschen Schublade landen könnten. Qualitativ wertende Aussagen enthält der Kommentar jedenfalls überhaupt nicht. Das Sachregister soll eine thematisch orientierte Benutzung der Bibliographie erleichtern (s. dazu unten) und die verwendete Begrifflichkeit durchschaubarer machen. An das Ende des Kommentars gerückt sind Hinweise auf beigegebene Karten sowie auf (häufig) mitdargestellte sprachgeschichtliche Aspekte mit dem Stichwort 'diachron'.

Zum Ortregister ist anzumerken, daß es in alphabetischer Aufstellung sämtliche am Beginn des jeweiligen Kommentarteils - gekennzeichnet durch fetten Kursivsatz - erwähnten Ortsnamen als einzelnen Eintrag enthält, also auch alle, die zur Orientierung des Benutzers an zweiter oder späterer Stelle stehen. Verwiesen wird jeweils auf die Nummer(n) der Titelaufnahme(n). Zugleich wurde versucht, jeweils alle im Umkreis eines größeren Ortes gelegenen einzelnen Örtlichkeiten wie Umgebungshinweise einzubeziehen. Dies bedeutet, daß man z.B. unter 'Aachen' nicht nur die direkt auf die Stadt bezogenen Nummern findet, sondern auch - mit Spiegelstrich eingerückt - alle anderen Ortsangaben, in deren Text Aachen an irgendeiner späteren Position erscheint. Damit soll sichergestellt werden, daß das Ortsregister auch unter regionaler, überörtlicher Perspektive benutzt werden kann.

Das Sachregister kann natürlich nicht wie das Ortsregister vollständig alle in den Titeln und/ oder den Kommentaren erwähnten Begriffe und Stichwörter aufführen. Verwiesen wird wiederum auf die Nummer(n) der Titelaufnahme(n). Es stellt einen Versuch dar, die wichtigeren Begriffe und Stichwörter von 'Adjektiv' über 'Dialektgeographie' bis 'Zahlwörter' herauszustellen, die in der bisherigen Mundartforschung immer wieder thematisiert und auch in den Arbeiten über rheinische Mundarten immer wieder verwendet worden sind. Mehrfaches Auftreten solcher Begriffe respektive Themen war demnach Voraussetzung für eine Berücksichtigung im Sachregister, Einzelphänomene wie bestimmte Laute oder einzelne Wörter sind dagegen nicht erfaßt worden. Umgekehrt konnte eine weitere Differenzierung etwa unterhalb des Stichwortes 'Konsonantismus' nicht vorgenommen werden, aber der findige Mundartforscher als Benutzer wird sicher auch unter 'Lautverschiebung' oder 'Dialektgeographie' oder 'Sprachgrenzen/ Dialektgrenzen' für seine Fragestellung fündig werden. Einige Querverweise mögen das Suchen erleichtern.

Zum Schluß eine freundliche und ernsthafte Bitte an die Benutzer: Für Hinweise auf sicher notwendige Ergänzungen und Korrekturen der Titelaufnahmen, für Verbesserungsvorschläge zu den Kommentaren und Registern wäre ich, auch unter dem Aspekt einer eventuellen Fortführung der Bibliographie, sehr dankbar. (Adresse: Dr. Walter Hoffmann, Institut für geschichtliche Landeskunde der Rheinlande, Abteilung für Sprachforschung, Am Hofgarten 22, 53113 Bonn).

Verzeichnis der Abkürzungen

Abb.	Abbildung(en)
Abdr.	Abdruck
Abt.	Abteilung
Aufl.	Auflage
Ausg.	Ausgabe
Bd./ Bde.	Band/ Bände
bearb.	bearbeitet
Bearb.	Bearbeiter
Beih.	Beiheft
bes.	besonders
bzw.	beziehungsweise
ca.	circa
ders.	derselbe
Diss.	Dissertation
eingel.	eingeleitet
erg.	ergänzt
Ergänzungsh.	Ergänzungsheft
e.V.	eingetragener Verein
erw.	erweitert
Examensarb.	Examensarbeit (Staatsexamen)
f.	und folgende Seite
Fs.	Festschrift
H.	Heft
Hd.	Hochdeutsch
Hrsg./hrsg.	Herausgeber/ herausgegeben
hs.	handschriftlich
Jh.	Jahrhundert
Kap.	Kapitel
Lfg.	Lieferung
Ma.	Mundart
Magisterarb.	Magisterarbeit
masch.	maschinenschriftlich
Mhd.	Mittelhochdeutsch
Ms.	Manuskript
Nachdr.	Nachdruck
Neudr.	Neudruck
NL	Niederlande
N.F.	Neue Folge
nördl.	nördlich
nordöstl.	nordöstlich
Nr.	Nummer
o.J.	ohne Jahr
o.O.	ohne Ort
östl.	östlich
o.Z.	ohne Zählung
s.	siehe
S.	Seite
s.d.	siehe dort
sog.	sogenannt
Sonderh.	Sonderheft
Sp.	Spalte
südl.	südlich
südwestl.	südwestlich
T.	Teil
Teildr.	Teildruck
u.	und
u.a.	und andere
überarb.	überarbeitet
unveränd.	unverändert
usw.	und so weiter
v.	von
v.a	vor allem
veränd.	verändert
verb.	verbessert
vgl.	vergleiche
verm.	vermehrt
westl.	westlich
z.T.	zum Teil

Verzeichnis der wichtigsten benutzten Quellen

Nordrhein-Westfälische BIBLIOGRAPHIE: Hrsg. v. den Universitätsbibliotheken Düsseldorf und Münster in Zusammenarbeit mit dem Hochschulbibliothekszentrum des Landes Nordrhein-Westfalen in Köln. Bd. 1: Berichtsjahr 1983 - Bd. 10: Berichtsjahr 1992. Düsseldorf 1984-1994.

Rheinische volkskundliche BIBLIOGRAPHIE für die Jahre 1950-1975. In Zusammenarbeit mit Michael FABER u.a./ Dass. für die Jahre 1976-1980. Bearb. v. Johannes-Georg OLIGMÜLLER. Hrsg. v. H. L. Cox. (= Beiträge zur rheinischen Volkskunde. Bd. 1/ Bd. 5). Köln 1987/1991.

Saarländische BIBLIOGRAPHIE. Bd.1: 1961/ 1962. Zusammengestellt v. Lorenz DREHMANN und Heinz KALKER. - Bd. 15: 1989/ 1990. Bearb. v. Rudolf LAIS und Ursel PERL. Saarbrücken 1964-1992.

GERMANISTIK. Internationales Referatenorgan mit bibliographischen Hinweisen. Tübingen. Jg. 1 (1960) - 34 (1993).

HOLTHAUSEN, Max Josef: Bergische Bibliographie. Hrsg. Kreis Mettmann (...)1. Bd. Kastellaun 1977.

JILKA, Richard: Bibliographie zur oberbergischen Geschichte. 2. Aufl. Gummersbach 1992.

MENTZ, Ferdinand: Bibliographie der deutschen Mundartenforschung für die Zeit vom Beginn des 18. Jahrhunderts bis zum Ende des Jahres 1889. Leipzig 1892. Fortsetzung in der Zeitschrift Deutsche Mundarten bzw. Zeitschrift für Deutsche Mundarten bis 1922.

SCHMITT, Eva-Maria: Mundartwörterbücher des Rheinlandes. Eine Bibliographie. Köln 1988.

WIESINGER, Peter/ RAFFIN, Elisabeth: Bibliographie zur Grammatik der deutschen Dialekte. Laut-, Formen-, Wortbildungs- und Satzlehre 1800 bis 1980. Unter Mitarbeit von Gertraude VOIGT. Bern u. Frankfurt 1982.

WIESINGER, Peter: Bibliographie zur Grammatik der deutschen Dialekte. Laut-, Formen-, Wortbildungs- und Satzlehre 1981 bis 1985 und Nachträge aus früheren Jahren. Bern u.a. 1987.

Bibliographie

1. -- ABWEICHUNGEN der Mundart des Kreises Ottweiler vom Hochdeutschen nebst einem Verzeichnis mundartlicher Ausdrücke. Zu Schulzwecken zusammengestellt im Auftrag der Kreisschulinspektion. Neunkirchen 1911.
Ottweiler und Umgebung: Lautlehre/ Formenlehre/ kurze Bemerkungen zur Satzlehre.

2. AENGENHEYSTER: Krankheitsbezeichnungen in der Mundart von Sevelen. In: Der Niederrhein. Zeitschrift für Heimatpflege und Wandern 37 (1970), S. 3f.
Sevelen (bei Issum): Ungeordnete Liste mundartlicher Krankheitsbezeichnungen, teilweise Herkunftsangaben.

3. ALBRECH, Vera/ RAASCH, Albert: Wörter französischen Ursprungs in saarländischen Dialekten. Saarbrücken 1987.
Saarland: Alphabetische Liste von Mundartwörtern französischen Ursprungs mit hochdeutscher und französischer Entsprechung/ Hinweise zur Herkunft, Lautlehre, geographischen Verbreitung/ kleinräumige mundartliche Varianten/ 2 Karten.

4. ALLARD, R.: Eigenartige französische Sprachreste in der Eifel. In: Eifelvereinsblatt 33 (1932), S. 118.
Eifel: Bedeutungserklärung einzelner aus dem Französischen stammender Mundartwörter.

5. ALTENHOFER, Eduard: Untersuchungen zur Dialektgeographie der Westpfalz und der angrenzenden Teile des Kreises Saarbrücken und Lothringens. Diss. (Teildr.) Marburg 1932.
Sulzbach (bei Saarbrücken): Lautlehre/ diachron.

6. ALTENKIRCH, Gunter: Moselfränkisches Schimpfwörterlexikon für Saarländer. Schimpf-, Spott- und Necknamen im Saarland unter der besonderen Berücksichtigung der moselfränkischen Wörter und deren Ausbreitung im rheinfränkischen Sprachraum. Dillingen u.a. 1981.
Saarland: Alphabetische Schimpfwörtersammlung Ma.-Hd., Hd.-Ma.

7. ANDEREYA, Lothar: Studien über den Mundartengebrauch in Wuppertal-Ronsdorf. Examensarb. (masch.) Bonn 1979.
Ronsdorf (zu Wuppertal): Einzelheiten zum Konsonantismus.

8. ANDERS, K.: Was der Bergische spricht. In: Bergische Heimat 3 (1929), S. 328-330.

Bergisches Land: Knappe Charakterisierung der bergischen Mundarten und ihrer Gliederung.

9. ANDRAE, Otto: Die technischen Ausdrücke der Schiffersprache von Mülheim a.d. Ruhr. Diss. Münster 1919. In: Ders.: Schiffahrt und Schiffersprache von Mülheim a.d. Ruhr. (= Schriften zur Mülheimer Heimatkunde 1) Mülheim a.d. Ruhr 1943, S.31-157.
Mülheim a. d. Ruhr: Alphabetisches Wörterbuch Ma.-Hd. der technischen Ausdrücke der Schiffersprache/ Synonyme.

10. ANDRAE, Otto: Die Mülheimer Mundart und ihre Schreibung. In: Mülheimer Jahrbuch 1950, S. 168-170.
Mülheim a. d. Ruhr: Schreibung der Mundart/ lautliche Charakteristika anhand einzelner Wortbeispiele.

11. ANDRÉ, Helmut: Von der Mundart zum Schriftdeutschen. Ms. (masch.) o.O. 1949.
Saarfels (bei Saarbrücken): Wortschatz/ Lautlehre/ Formenlehre/ Satzlehre.

12. ANDRÉE, Richard: Sprachgrenze zwischen Mitteldeutsch und Niederdeutsch. In: Physikalisch-statistischer Atlas des deutschen Reiches. Hrsg. v. Richard ANDRÉE und Oscar PESCHEL. Bielefeld u. Leipzig 1876, S. 28f.
Rheinlande: Geographische Beschreibung der Sprachgrenze zwischen Mitteldeutsch und Niederdeutsch ohne Anführung sprachlicher Merkmale.

13. -- ANFRAGEN und Mitteilungen zum Rheinischen Wörterbuch. Hrsg. v. der Leitung FRANCK/MÜLLER/TRENSE. O.O. Nr. 1: 1906; Nr. 2, 3: 1907; Nr. 4: 1908; Nr. 5, 6: 1910.
Rheinlande: Blätter zur Anregung und Anleitung der Mitarbeiter/ beispielhafte Ausarbeitung von Einzelwörtern/ Behandlung einzelner Fachbegriffe und grammatischer Termini.

14. ARMBRUST, L.: Hessische Ausdrücke in der Hunsrücker Mundart. In: Rheinische Geschichtsblätter 4 (1898/1899), S. 328-333.
Hunsrück: Alphabetisches Wörterverzeichnis Ma.-Hd.-Hessisch.

15. ARNDT, Johanna: Der Reichtum der Mundart. Die Beispiele 'Nichts' und 'Niemals'. In: Rhein-Lahnfreund. Bote vom Taunus und Westerwald 20 (1971), S. 98f.
Westerwald: Mundartliche Formen der Verneinung/ Negationswörter.

16. ARNOLD, Hermann: Rotwelsch im Hunsrück und in benachbarten

Gebieten. In: Kurtrierisches Jahrbuch 1 (1961), S. 106-119.
Hunsrück und angrenzende Gebiete: Studie zur Verbreitung des Rotwelschen/ alphabetisches Wörterverzeichnis Ma.-Hd. mit Angabe des Fundortes.

ARRETZ, Willi: s. 216.

17. ASSENMACHER, Jean: Komkomere on Ketteplöck. Alte mundartliche Ausdrücke hochdeutsch erklärt. Hrsg. v. Heimatverein Oberdollendorf und Römlinghoven e.V. Königswinter 1987.
Königswinter: Volkskundlich ausgerichtetes alphabetisches Wörterbuch Ma.-Hd./ z.T. Satzbeispiele.

18. ASSENMACHER, Jean: Retzefäje on Schüerendresche. Mundartliche Ausdrücke und Redewendungen hochdeutsch erklärt. Königswinter 1988.
Königswinter: Volkskundlich ausgerichtetes alphabetisches Wörterbuch Ma.-Hd./ z.T. Satzbeispiele.

19. ASSENMACHER, Jean: Schlöppche on Schnoddeldöppche. Mundartliche Ausdrücke und Redewendungen hochdeutsch erklärt. Königswinter 1990. 2. Aufl. 1991.
Königswinter: Volkskundlich ausgerichtetes alphabetisches Wörterbuch Ma.-Hd./ z.T. Satzbeispiele.

20. -- Bergmännische AUSDRÜCKE im Saarrevier. In: Der Bergmannsfreund 1894, S. 166.
Saarland: Wörtersammlung mundartlicher Fachausdrücke.

21. BACH, Adolf: Die Substantivendung '-es' in den nassauischen Dialekten. In: Nassovia. Zeitschrift für nassauische Geschichte 11 (1910), S. 172-175.
Nassau: Einzelheiten zur Wortbildung/ Herkunft und Bedeutung der Substantivendung '-es'/ Wortbeispiele.

22. BACH, Adolf: Über die lateinisch-romanischen Elemente im Wortschatz der nassauischen Mundarten. In: Nassauische Annalen 42 (1913), S. 82-131.
Nassau: Analyse lateinischer, französischer, italienischer und spanischer Lehnwörter in den nassauischen Mundarten/ Erklärungsversuche der Entlehnungsvorgänge.

23. BACH, Adolf: Die Frickhöfer Krämersprache. In: Nassauische Heimatblätter 19 (1915), S. 95-98; 20 (1916/17), S. 44f.
Frickhofen (bei Limburg): Wortschatz/ Wortbildung in der Sprache der Hausierer von Frickhofen.

24. BACH, Adolf: Die Schärfung in der moselfränkischen Mundart von Arzbach (Unterwesterwaldkreis). In: Beiträge zur Geschichte der deutschen Sprache und Literatur 54 (1921), S. 266-290. -- Neudr. in: BACH, Adolf: Germanistisch-historische Studien. Gesammelte Abhandlungen. Dem Autor zum Goldenen Doktorjubiläum am 27. Februar 1964. Hrsg. v. Heinrich M. HEINRICHS und Rudolf SCHÜTZEICHEL. Bonn 1964, S. 295-313.
Arzbach (bei Bad Ems): Lautlehre/ diachron.

25. BACH, Adolf: Zum Problem der Stadtmundarten. In: Teuthonista 1 (1924/25), S. 41-48. -- Neudr. in: BACH, Adolf: Germanistisch-historische Studien. Gesammelte Abhandlungen. Dem Autor zum Goldenen Doktorjubiläum am 27. Februar 1964. Hrsg. v. Heinrich M. HEINRICHS und Rudolf SCHÜTZEICHEL. Bonn 1964, S.134-139.
Bad Ems: Vokalismus/ diachron.

26. BACH, Adolf: Die nassauische Sprachlandschaft. Ein Versuch. (= Rheinisches Archiv 15). Bonn 1930.
Nassau: Darstellung der nassauischen Sprachlandschaft/ diachron/ zahlreiche Karten zur Lautgeographie.

27. BACH, Adolf: Die saarländische Sprachlandschaft. In: Rheinische Vierteljahrsblätter 1 (1931), S. 48-65.
Saarland: Sprachhistorischer Abriß/ dialektgeographische Aufgliederung/ Lautlehre/ Wortschatz/ diachron.

28. BACH, Adolf: Die Mundarten des Niederrheins. In: Nachrichtenblatt für rheinische Heimatpflege 3, H. 3/4 (1931/32), S. 78-89.
Niederrhein: Lautlehre/ Besonderheiten der Formenlehre/ diachron.

29. BACH, Adolf: Kulturströmungen in Nassau. Erörtert am Bilde der Nassauischen Sprachlandschaft. (Mit 13 Kartenbildern). In: Nassauische Annalen 63 (1952), S. 192-217.
Nassau: Lautgeographie/ Wortgeographie/ 13 Karten.

30. BACH, I.D.: Die Sprache unserer Heimat. In: Heimatblätter des Siegkreises 17 (1941), S. 14-19.
Rhein-Sieg-Kreis: Charakterisierung der Mundart anhand von Besonderheiten der Lautlehre und Formenlehre/ Wörterverzeichnis Ma.-Hd./ Sprichwörter.

31. BACH, Waldemar: Nenniger Mundart (Dialekt). In: BACH, Waldemar: Ortschronik Nennig. Nennig 1987, S. 92-94.
Nennig (südwestl. v. Trier): Bemerkungen zur Dialektgeographie/ Vokalismus/

kurze Wörtersammlung Ma.-Hd./ 3 Karten.

32. BÄCKER, Thomas: Mikerig und marode. In: An Niers und Kendel 8 (1982), S. 23f.
Goch und Umgebung: Anmerkungen zu einigen Mundartwörtern.

33. BÄCKER, Thomas: Enne grote Krentekacker. In: An Niers und Kendel 9 (1983), S. 30f.
Goch und Umgebung: Anmerkungen zu einigen Mundartwörtern.

34. BÄCKER, Thomas: 'Loere' und 'Angel'. In: An Niers und Kendel 10 (1983), S. 24f.
Goch und Umgebung: Anmerkungen zu einigen Mundartwörtern.

35. BÄCKER, Thomas: 'Kankert' es Krebs. Krankheiten 'platt' gesehen. In: An Niers und Kendel 11 (1984), S. 29f.
Goch und Umgebung: Anmerkungen zu mundartlichen Krankheitsbezeichnungen.

36. BÄCKER, Thomas: De Mull voll Menzefleiss. Klompemäker im Volksmund. In: An Niers und Kendel 15 (1986), S. 27f.
Goch und Umgebung: Anmerkungen zum mundartlichen Wortschatz des Holzschuhmachers.

37. BÄCKER, Thomas: Van Klötte än Mälle. Vögel aus der Sicht der Mundartfreunde. In: An Niers und Kendel 16 (1986), S. 22f.
Goch und Umgebung: Anmerkungen zu mundartlichen Vogelbezeichnungen.

38. BÄCKER, Thomas: Van Klauwe än Kwante. Verwandtschaftsverhältnisse der Wörter. In: An Niers und Kendel 23 (1990), S. 29f.
Goch und Umgebung: Mundartliche und fachsprachliche Bezeichnungen der Hand/ fachsprachliche Redewendungen.

39. BAKKER, Frens: Platt "ööver de Pööl". Auszüge aus einer grenzüberschreitenden Dialektuntersuchung im Raum Venlo. In: Volkskultur an Rhein und Maas 10 (1991), H. 1, S. 54-65.
Grenzgebiet Deutschland-Niederlande um Venlo: Studie zum Gebrauch des niederfränkischen Dialekts beiderseits der Grenze unter besonderer Berücksichtigung der Verben/ 1 Karte.

40. BALDES, Heinrich: Die Birkenfelder Mundart. Ein Beitrag zur Kenntnis des Südmittelfränkischen. I. Die Lautlehre. Beilage zum Osterprogramm des

Gymnasiums zu Birkenfeld. Birkenfeld 1895/96.
Birkenfeld: Lautlehre/ diachron.

41. BALLAS, Georg: Beiträge zur Kenntnis der trierischen Volkssprache. Trier 1903.
Trier: Wörtersammlung mit etymologischen Angaben sowie Angaben über Gebrauch und Bedeutung/ Sammlung von Redensarten und Sprichwörtern.

42. BAUER, Clara: Gemütvolle Eifeler Mundart. In: Die Eifel 46 (1951), S. 65.
Eifel: Mundartliche Ausdrücke aus dem Bereich des Gefühlslebens.

43. BAUER, Clara: Anschaulichkeiten in der Eifeler Mundart. In: Die Eifel 47 (1952), S. 8.
Eifel: Einzelne Wortbeispiele.

44. BAUER, Clara: Die Eifeler Mundart im Kampf mit der Schriftsprache. In: Die Eifel 47 (1952), S. 134.
Eifel: Einzelne Wortbeispiele zum Nebeneinander von Mundart und Hochdeutsch.

45. BAUER, Gertrud: Die Eltz als Sprachgrenze. In: Rheinisch-westfälische Zeitschrift für Volkskunde 5 (1958), S. 201-228.
Roes a.d. Eltz (bei Cochem) und Kollig (bei Mayen): Einordnung in das moselfränkische Dialektgebiet/ Lautlehre/ Auswahl von altertümlichen Mundartwörtern mit Erläuterung der Bedeutung und Hinweisen zur Etymologie.

46. BAUERNFEIND: Einige sprachliche Eigenthümlichkeiten aus dem Wupperthale. In: Fünfter Jahresbericht und Programm der Realschule Barmen-Wupperfeld 1875/76. Barmen 1876, S. 1-23.
Wuppertal und Umgebung: Dialektgeographie/ Kurze Hinweise zu Lautlehre und Wortschatz.

47. BECHER, Franz: Em Kammesol met der Kasteroll om Kannepee. Französische Lehnwörter in den rheinisch-bergischen Mundarten. In: Rheinisch-Bergischer Kalender 31 (1961), S. 84f.
Bergisches Land: Kurze Liste französischer Lehnwörter in den Mundarten.

48. BECKER, Johann Nikolaus: Idiotikon aus dem Mosel-Departement. In: Ders.: Beschreibung meiner Reise in den Departementern vom Donnersberge, vom Rhein und von der Mosel im sechsten Jahr der französischen Republik. In den Briefen an einen Freund in Paris. Berlin 1799, 2. Aufl. Berlin 1808, S. 387-424.

Mosel (Koblenz bis Trier): Alphabetisches Wörterbuch Ma.-Hd./ lokale Verwendung/ einige Beispielsätze/ kurze Anmerkungen zur Mundart der Koblenzer, Eifler, Trierer und der Moselschiffer.

49. BECKER, N. P.: Fremdes Sprachgut und seine Geschichte im Saarkohlenrevier. In: Der Bergmannsfreund 1910, S. 268, 276, 324.
Saarland: Einige Anmerkungen zum Einfluß des Französischen auf die Mundart/ Beispielwörter.

50. BECKER, Roman: Uff's Mull geluut. Auersmacher und seine Sprache. (Ein kleines Mundartwörterbuch). Auersmacher 1988.
Auersmacher (bei Saarbrücken): Alphabetisches Wörterbuch Hd.-Ma./ Flurnamen/ Redewendungen/ lautliche Unterschiede zum Hochdeutschen.

51. BECKERATH, Raimund von: Proben aus dem Schatz der Crefelder Mundart. In: Die Heimat. Mitteilungen des Vereins für Heimatkunde in Krefeld 1 (1922), S. 119.
Krefeld: Sammlung einzelner Lehnwörter aus dem Französischen mit Angabe der Bedeutung/ altes niederdeutsches Sprachgut.

52. BECKERS, Hartmut: Westmitteldeutsch. In: Lexikon der Germanistischen Linguistik. Hrsg. v. Hans Peter ALTHAUS, Helmut HENNE u. Herbert Ernst WIEGAND. 2. Aufl. Tübingen 1980, S. 468-473.
Westmitteldeutsches Sprachgebiet: Dialektgeographie/ Lautlehre/ diachron/ 1 Karte.

53. BECKMANN, Karl: Die Pflege der Mundart im deutschen Unterricht. Mit besonderer Berücksichtigung des Kölnischen Dialekts. Köln 1920.
Köln: Abhandlung über den Einsatz der Mundart im Unterricht/ kurzer Vergleich Mittelhochdeutsch - Mundart/ Lautlehre/ Formenlehre/ Satzlehre.

54. BEHR, Ferdinand: Krevelsch Platt. In: Neue Westdeutsche Lehrerzeitung 30 (1924), S. 125.
Krefeld: Dialektgeographische Einordnung der Mundart/ Anmerkungen zum Dialektgebrauch.

55. BELLMANN, Günter/ HERRGEN, Joachim/ SCHMIDT, Jürgen Erich: Der Mittelrheinische Sprachatlas (MRhSA). In: Sprachatlanten des Deutschen. Laufende Projekte. Hrsg. v. Werner H. VEITH und Wolfgang PUTSCHKE. (= Studien zum Kleinen Deutschen Sprachatlas Bd. 2). Tübingen 1989, S. 285-313.

Rheinlande südl. der Ahr (bis Saarland und Elsaß): Forschungsbericht über Konzeption und erste Ergebnisse des MRhSA/ 3 Karten.

56. BENDER, Johannes: Beiträge zur rheinischen Mundart (mit Zugrundelegung der Mundart des Ortes Siegburg-Mülldorf). In: Zeitschrift für Deutsche Mundarten 1908, S. 157-172.
Mülldorf (zu Siegburg): Alphabetisches Wörterverzeichnis Ma.-Hd.

57. BENDER, Johannes: Beiträge zur rheinischen Mundart. (Unter Zugrundelegung der Mundart von Siegburg-Müldorf). In: Zeitschrift des Vereins für rheinische und westfälische Volkskunde 6 (1909), S. 50-55.
Mülldorf (zu Siegburg): Zusammenstellung mundartlicher und hochsprachlicher Wörter und Wendungen aus den drei Wortfeldern 'gut', 'Kopf', 'treiben'.

58. BENDER, Johannes: Beiträge zur rheinischen Mundart. (Unter Zugrundelegung der Mundart von Siegburg-Mülldorf). In: Zeitschrift des Vereins für rheinische und westfälische Volkskunde 7 (1910), S. 115-132.
Mülldorf (zu Siegburg): Wörterverzeichnis Ma.-Hd. sortiert nach dem Abweichungsgrad vom Hochdeutschen/ Fremdwörter/ Vor- und Familiennamen/ Besonderheiten der Wortbildung/ mundartliche Redewendungen.

59. BERENS, P.: Unsere Mundart und das Spanische. In: Alt-Köln 7 (1953), S. 33.
Köln: Kurze Liste von aus dem Spanischen stammenden Mundartwörtern.

60. BERLENBACH, J.H./ KLÖCKNER, H.: Westerwälder Mundarten. In: Westerwälder Schauinsland 5 (1912), S. 86f., 99, 106f.
Westerwald (Dorndorf/ Frickhofen): Sammlung von mundartlichen Ausdrücken und Redewendungen mit Bedeutungsangabe/ teilweise Angaben zur Verwendung und Etymologie/ regionales Vorkommen.

61. BERMES, Udo-R.: Eifeler Mundart, ein Kulturgut. In: Heimatkalender Landkreis Bitburg-Prüm 1984, S. 173-175.
Bitburg und Prüm: Dialektgeographische Einordnung/ Einzelheiten zur Lautlehre.

62. BERNHARDT, Julius: Ein Streifzug durch Sprache und Mundart. In: Die Heimat. Beilage zum Solinger Tageblatt 3 (1927), Nr. 21, S. 81f.; Nr. 22, S. 86f.; Nr. 23, S. 90f.
Bergisches Land: Besonderheiten des mundartlichen Wortschatzes/ Hinweise zu Bedeutung, Herkunft und Verwendung zahlreicher Wörter.

63. BERNHARDT, Julius: Alte Wörter. In: Die Heimat. Beilage zum Solinger Tageblatt 13 (1937), Nr. 13, S. 49f.
Solingen: Sammlung von veraltenden Mundartausdrücken aus einem Dokument von 1684 aus dem Handwerksbereich, mit Bedeutungsangaben.

64. BERNS, Jan: Das Kleverland als Problemgebiet. In: Sprache in der sozialen und kulturellen Entwicklung. Beiträge eines Kolloquiums zu Ehren von Theodor Frings. Hrsg. v. Rudolf GROSSE. (= Abhandlungen der Sächsischen Akademie der Wissenschaften zu Leipzig. Philologisch-historische Klasse. Bd. 73. H. 1) Berlin 1990, S. 78-84.
Kleverland (grenzüberschreitend): Dialektgeographische Skizze mit sprachgeschichtlichen Hinweisen.

65. BERTHOLD, Luise: Hessen-Nassauisches Volkswörterbuch. Aus den (...) v. Ferdinand WREDE angelegten und verwalteten Sammlungen ausgewählt und bearb. v. Luise BERTHOLD. Bd. II-IV, Marburg 1927-1983.
Nassau: Alphabetisches Wörterbuch Ma.-Hd. mit wortgeschichtlichen und wortgeographischen Angaben/ Karten.

66. BERTRAM, Otto: Sprachräume und Sprachgrenzen in der Westmark. In: Mitteilungsblatt des NSLB. Gauverwaltung Westmark 1 (1942), S. 4-7.
Saarland, Lothringen und Pfalz: Unterschiede des Moselfränkischen und Rheinfränkischen.

BEUTLING, Werner: s. 180.

67. BEYER, Harry: Die Altenkirchener Mundart und die hochdeutsche Sprache. In: Heimat-Jahrbuch des Kreises Altenkirchen 11 (1968), S. 115-123. -- Neudr. in: Beiträge zur Sprache und Volkskunde des Kreises Altenkirchen. Altenkirchen 1980, S. 5-13.
Altenkirchen: Anmerkungen zur Lautlehre/ Gliederung der deutschen Sprachlandschaft und Einordnung der Altenkirchener Mundart/ mundartlicher Beispieltext mit Erläuterungen/ diachron.

68. BEYER, Harry: Die Fischbacher Mundart. In: Heimat-Jahrbuch des Kreises Altenkirchen 24 (1981), S. 123-129.
Fischbach (bei Altenkirchen): Dialektgeographische und -historische Einordnung der Mundart/ Sprachgrenzen/ Lautlehre.

69. BHATT, Christa/ SCHMIDT, Claudia Maria: Die *am* + Infinitiv-Konstruktion im Kölnischen und im umgangssprachlichen Standarddeutschen als Aspekt-Phrasen. In: Dialektsyntax. Hrsg. v. Werner ABRAHAM/ Josef

BAYER. (= Linguistische Berichte. Sonderheft 5/1993). Opladen 1993, S. 71-98.
Köln: Syntaktische Analyse der sog. rheinischen Verlaufsform/ Vergleich von Mundart, Umgangssprache und Englisch.

70. BILLEN, Heinz: Die Sprachgrenze in Kaldenhausen. In: Jahrbuch 1987/88. Beiträge zur Heimat- und Kulturpflege. Hrsg. v. "Freundeskreis lebendige Grafschaft e.V." [Duisburg-Rheinhausen], S. 22-25.
Kaldenhausen (linksrheinisches Duisburg): Verlauf der Uerdinger Linie im Vergleich mit politischen und kirchlichen Grenzen.

71. BISTER, Helga: Spracheinstellungen und Sprachveränderungen im Dialekt von Krefeld. In: Rheinische Vierteljahrsblätter 53 (1989), S. 211-223.
Krefeld: Veränderungen im Gebrauch von mundartlichen Wort- und Formenvarianten nach Altersgruppen/ soziolinguistische Erklärung.

72. BISTER-BROOSEN, Helga: Studien zum Dialekt von Krefeld am Niederrhein. Diss. (Berkeley) Ann Arbor 1987. Neu veröffentlicht unter: BISTER-BROOSEN, Helga: Sprachwandel im Dialekt von Krefeld. (= Berkeley Insights in Linguistics and Semiotics 3). New York u.a. 1989.
Krefeld: Lautlehre/ Wortbildung/ diachron.

73. BLATTER, Ludwig: Das mundartliche Leben im Saarbrücker Land. In: Die Heimat. Mitteilungsblatt der Heimat- und Verkehrsvereine des Kreises Ottweiler 2 (1950), Nr.2, S. 1f.; Nr. 3, S. 5.
Saarland: Wörtersammlung Ma.-Hd. aus den Sachgebieten 'Spirituosen' und 'Rauferei'.

74. BLATTER, Ludwig: Das mundartliche Leben des Saarbrücker Landes im Spiegel der Sprichwörter und Redensarten. In: Südwestdeutschland, Saarbrücken (1914), Nr.1, S. 3-5; Nr. 7, S. 125-129; Nr. 9, S. 164-166.
Saarland: Charakterisierung der Mundart und Einordnung in die deutsche Dialektlandschaft/ Sammlung von mundartlichen Sprichwörtern und Redensarten mit Bedeutungsangabe/ Hinweise zur situativen Verwendung/ Unterschiede im Wortschatz innerhalb des Saarbrücker Landes.

75. BLATTER, Ludwig: Vom Fremdwort in der Saarbrücker Mundart. In: Beilage zur Saarbrücker Zeitung, 6.6.1924 u. 5.7.1924, [o.Z.].
Saarbrücken: Kurze Abhandlung über einige Fremdwörter in der Mundart/ Herkunft/ Bedeutungswandel/ Verwendung.

76. BLEUL, Joh. Heinrich Freiherr von: Beyträge zu einem Trierischen

Idiotikon. In: Allgemeines Churtrierisches Intelligenzblatt auf höchste Anordnung 3. Koblenz 1787, Nr. 6, 8, 10, 12, 14.
Koblenz und Umgebung: Alphabetisches Wörterverzeichnis Ma.-Hd.

77. BLEYER, Friedrich Wilhelm: Beiträge zur Dialektgeographie des südwestlichen Westerwaldes. Diss. Bonn 1936.
Westerwald: Dialektgeographie/ Lautlehre/ Formenlehre/ Wortgeographie/ Vergleich der historischen Grenzen mit den Sprachgrenzen.

78. BLEYER, Wilhelm: Die Mundart Neuwieds und seiner Westerwälder Umgebung. In: Heimatblatt und Geschichtschronik für die ehemals Wiedschen und Nassauischen Lande 13 (1934), S. 25-27.
Neuwied und Umgebung: Einordnung der Neuwieder Mundart in die deutsche Dialektlandschaft/ Aussprache/ Lautlehre.

79. BLUMSCHEIN, Gustav: Ueber die Kölner Mundart. In: Rheinische Geschichtsblätter 1 (1894), S. 137-149.
Köln: Lautlehre/ Wortschatz/ diachron.

80. BLUMSCHEIN, Gustav: Aus dem Wortschatze der Kölner Mundart. In: Fs. zum 11. Deutschen Neuphilologentage, Pfingsten 1904 in Cöln am Rhein. Hrsg. v. Arnold SCHRÖER. Köln 1904, S. 5-36.
Köln: Kurze Lautlehre/ Wörterverzeichnis Ma.-Hd./ etymologische Erklärungen und wortgeographische Angaben/ diachron.

81. BOBISCH, August: Über die Altenessener Volkssprache. In: Fs. aus Anlaß des 25jährigen Bestehens des städtischen Reformrealgymnasiums mit Oberrealschule Essen-Altenessen 1905-1930. Essen 1930, S. 57-65.
Essen: Besonderheiten der Lautlehre/ Formenlehre/ Gebrauch der Präpositionen/ Wortschatz.

82. BÖHMER, Emil: Sprach- und Gründungsgeschichte der pfälzischen Colonie am Niederrhein. (= Deutsche Dialektgeographie 3). Marburg 1909.
Pfalzdorf und Umgebung (Niederrhein): Lautlehre/ Dialektgeographie/ diachron.

83. BÖHMER, Emil: Die Elberfelder Mundart und ihre Nachbarmundarten. In: Zeitschrift des bergischen Geschichtsvereins 44 (1911), S. 133-161.
Wuppertal: Dialektgeographische Gliederung des Raumes/ vergleichende Darstellung der Elberfelder und Barmer Mundart anhand lautlicher Erscheinungen/ diachron.

84. BÖHMER, Emil: Die Elberfelder Mundart und ihre Nachbarmundarten. Teil 2: Versuch einer bergischen Lexikogeographie. In: Zeitschrift des Bergischen Geschichtsvereins 45 (1912), S. 202-218.
Wuppertal und Umgebung: Wortgeographische Unterschiede zwischen den Mundarten des Bergischen Landes/ viele Beispielwörter/ diachron.

85. BÖHMER, Emil: Die Sprachgrenze zwischen Langerfeld und Barmen. In: Der Enneperstrāßer. Monatsblatt für Heimatkunde der Gegend Schwelm-Hagen Nr. 9; 10/ 11 (1922).
Wuppertal und Umgebung: Rheinischer Fächer/ sprachliche Unterschiede östl. und westl. der Grenze/ dazu zahlreiche Beispiele aus Lautlehre, Formenlehre, Wortbildung und Wortschatz.

86. BÖHMER, Emil: Bergische Mundarten. In: Bergisch Land. Beiträge zum General-Anzeiger für Elberfeld-Barmen 38/302, 24.12.1924 [o. Z.].
Bergisches Land: Dialektgeographische Arbeit/ Verlauf der Sprachgrenzen, überwiegend anhand von Charakteristika der Lautlehre/ wenig Formenlehre/ einige Anmerkungen zum Wortschatz.

87. BÖHMER, Emil: Die Beyenburger Mundart. In: Bergische Heimat 1 (1927), Nr. 3, S. 29.
Beyenburg (zu Wuppertal): Kurze Charakterisierung der bergischen und westfälischen Merkmale der Mundart unter Berücksichtigung ihrer Laut- und Formenlehre sowie ihres Wortschatzes.

88. BÖHMER, Emil: Sprachlicher Mikrokosmos. Eine Plauderei über bergische Mundarten. In: Meine Heimat (Ronsdorf) 8 (1934), H. 2, S. 13-15.
Bergisches Land: Allgemeine dialektale Einordnung der bergischen Mundarten in die deutsche Dialektlandschaft.

89. BÖHMER, Emil: Die Schwelmer Mundart. In: Beiträge zur Geschichte unserer Heimat 4 (1937), S. 14-21.
Schwelm (bei Wuppertal) und Umgebung: Besonderheiten der Lautlehre/ Flexionslehre/ Wortbildungslehre/ Wortschatz, jeweils mit Verweis auf die lexikalischen Unterschiede zwischen westlichem und östlichem Teil des Gebietes/ Unterschiede zwischen der Langerfelder und Schwelmer Mundart/ Einordnung in den dialektalen Großraum/ Sprachgrenzen/ 2 Karten.

90. BÖNNEKEN, Ernst: "Gei - dou". Einfluß der holländischen Sprache auf die Mundarten des Kreises Rees. Dialektgeographische Plauderei. In: Heimatkalender Landkreis Rees 1970, S. 157-159.

Rees: Sprachgrenzlinien anhand des Personalpronomens der 2. Person/ kleine Liste niederfränkischer Wörter.

91. BÖNNEKEN, Ernst: Die Verwandtschaft der Grenzmundarten des Kreisgebietes. In: Heimatbuch des Kreises Kempen-Krefeld 22 (1971), S. 210-219.
Kempen-Krefeld: Vergleich der Mundart des westlichen Kreisgebietes Kempen-Krefeld mit dem Limburgischen/ Einzelheiten zur Formenlehre/ Wortschatz/ Sprichwörter.

92. BÖNNEKEN, Ernst: Bergisch Platt. Dialektgeographie des Rhein-Wupper-Kreises. In: Land an Wupper und Rhein 18 (1972), S. 167-170.
Bergisches Land: Einordnung der bergischen Mundarten in die deutsche Dialektlandschaft/ 1 Karte.

93. BÖNNEKEN, Ernst: Füße, Fööte oder Füt. Zur Mundart-Geographie des Kreises Dinslaken. In: Kreis Dinslaken. Jahrbuch 31 (1974), S. 40-51.
Dinslaken und Umgebung: Allgemeine dialektale Einordnung der Mundart/ knappe Wörterliste zu kleinräumigen Unterschieden im Kreis Dinslaken/ Beispieltexte/ 1 Karte.

94. BÖNNEKEN, Ernst: 'Wopperdaler Platt' in Wiesdorf. In: Land an Wupper und Rhein. Heimatkalender 21 (1975), S. 130-136.
Wiesdorf (zu Leverkusen): Sprachsoziologischer Aufsatz, nur vereinzelte Anmerkungen zu Wortschatz und Lautlehre.

95. BÖNNEKEN, Ernst: Zusammenhänge zwischen dem Selfkant-Platt und den benachbarten niederländisch-limburgischen Mundarten. In: Heimatkalender des Selfkantkreises Geilenkirchen-Heinsberg 1971, S. 93-103.
Selfkant: Kurze Darstellung der dialektgeographischen Linien/ Verhältnis zu den benachbarten niederländischen Mundarten/ Textbeispiele/ 1 Karte.

BOERS, Ernst: s. 767.

96. BÖTTGER, Hermann: Die Mundart des Siegerlandes. In: Heimatland. Beilage zur Siegener Zeitung 9 (1934), Nr. 9, S. 129-136.
Siegerland: Vergleich mit den Mundarten der Nachbargebiete/ Verlauf der Sprachlinien/ sprachliche Besonderheiten.

97. BOHNENBERGER, Karl: Die Südgrenze der Diphthongierung von mhd. *i* und *u* westlich der Vogesen. In: Zeitschrift für hochdeutsche Mundarten 6 (1905), S. 299-304.

Saarbrücken und Umgebung: Darstellung des Grenzverlaufs der Diphthongierung mit Erklärungsversuchen.

BONGARTZ, Helene: s. 216.

98. BONNER, Maria: Umgangssprache in Neunkirchen. Eine Studie zur Sprachenmischung (= Beiträge zur Sprache im Saarland 7). Saarbrücken 1986.
Neunkirchen (Saarland): Phonetisch-phonemische Studie zur Umgangssprache unter Berücksichtigung dialektaler und standardsprachlicher Einflüsse.

99. BOOSS, Ursula/ KOLVENBACH, Monika: (Do 'kaleme 'drove) Über Präpositionalphrasen und Präpositionaladverbien im Dialekt des Bonner Raumes. In: Sprachsystem und Sprachgebrauch. Fs. für Hugo MOSER zum 65. Geburtstag. Teil 2. Hrsg. v. U. ENGEL und P. GREBE, Düsseldorf 1975, S. 49-90.
Bonn und Umgebung: Satzlehre/ Untersuchung zur Verwendung von Präpositionen und Präpositionaladverbien.

100. BOSBACH: Uralte Wörter in der bergischen Volkssprache. In: Bergischer Kalender für das Jahr 1925, S. 140f.
Lindlar und Olpe: Kurze Abhandlung über einige Wörter der Mundart (Bedeutung, Verwendung, Herkunft).

BOSCH, Karl: s. 767.

101. BOSCHMANN, Werner: 1000 Worte Bottropisch. Von Aalskuhle bis Zymtzicke. In: Almanach 12 des Josef-Albers-Gymnasiums. Bottrop 1981.
Bottrop: Alphabetisches Wörterverzeichnis Ma.-Hd./ einige grammatische "Regeln" für Ruhrgebietsdeutsch.

102. BOSSON, Georg: Die Eupener Mundart. In: Deutsche Grenzlande 12 (1933), S. 49-51.
Eupen und Umgebung: Lautlehre/ Wortschatz/ Sammlung von Sprichwörtern/ Gegenüberstellung einzelner Sätze in Eupener, Kölner, Koblenzer u. Aachener Mundart.

103. BRAND, Werner: Phonologisch-kontrastive Analysen im Bereich des moselfränkischen Hunsrück. Examensarb. (masch.) Bonn 1975.
Peterswald-Löffelscheid und Rödelhausen (bei Zell/Mosel): Geographisch-sozialgeschichtliche und dialektgeographische Einordnung des Untersuchungsgebietes/ phonologisch-kontrastive Analyse des Phoneminventars von Mundart und Hochsprache.

104. BRASSE, Ernst: Sprach-, Stammes- und Gaugrenzen im Niersgebiet. In: Der Niederrhein (1914), H. 1, S. 1-5.
Xanten bis Jülich: Sprachliche Besonderheiten/ Entwicklung und Verlauf der Sprachgrenzen.

105. BRAUN, Edith: Saarbrücker Mundart-Lektionen. Ein vergnügliches Lern- und Lesebuch. Saarbrücken 1986.
Saarbrücken: Grammatik der Saarbrücker Mundart in 66 Lektionen/ Aussprache/ Lautlehre/ Formenlehre/ tabellarische Darstellungen zu Lautlehre, Deklination u. Konjugation im Anhang.

106. BRAUN, Edith/ MANGOLD, Max: Saarbrücker Wörterbuch (= Beiträge zur Sprache im Saarland 5). Saarbrücken 1984.
Saarbrücken: Alphabetisches Wörterbuch Ma.-Hd.

107. BRAUN, Rita: Die Entwicklung des Dialekts im Bernkasteler Raum. In: Jahrbuch für den Kreis Bernkastel-Wittlich 1981, S. 282-291.
Bernkastel-Kues und Umgebung: Dialektgeographische Einordnung und Charakterisierung der Mundart/ Lautlehre/ Formenlehre/ Satzlehre/ Wortschatz/ diachron/ 4 Karten.

108. BRAUSCH, Günther: So schwetze ma dahemm. Kleiner "Sprachkurs" für "Nicht-Warndtler". In: Ausstellungskatalog zur Warndt Phila '86. Hrsg. v. Briefmarken-Sammler-Verein Warndt e.V. Saarbrücken 1986, S. 95-99.
Warndt (Gebiet westl. der mittleren Saar): Aussprache/ französischer und keltischer Einfluß auf den Wortschatz/ einige Redensarten.

109. BREDTMANN, Hermann: Die Velberter Mundart. Ein kurzer Abriß der Laut- und Formenlehre nebst einem Wörterverzeichnis. Wuppertal-Elberfeld 1938.
Velbert: Lautlehre/ Wortbildung/ Dialektgeographie/ alphabetisches Wörterverzeichnis Ma.-Hd./ Sprachproben/ diachron/ 1 Karte.

110. BREMER, Otto: Sprachgrenzen in der nördlichen Rheinprovinz. In: Deutsche Erde. Zeitschrift für Deutschkunde 10 (1911), S. 211f.
Rheinlande (nördliche): Dialektgeographische Arbeit/ Sprachgrenzen innerhalb der nördlichen Rheinprovinz/ 1 Skizze.

111. BREMER, Otto: Zur niederdeutschen Sprachgrenze im Rheinlande. In: Zeitschrift für Deutsche Mundarten (1912), S. 89f.
Bergisches Land: Korrekturen zum Beitrag von E. MAURMANN 1911 (s.d.) für das Gebiet zwischen Gummersbach und Lindlar.

112. BRINGS, Josef: Gallizismen in unserer heimischen Sprache. In: Selfkantheimat 4 (1958), S. 84-86.
Selfkant: Ursachen des Einflusses der französischen Sprache auf die Mundart/ Auswahl von mundartlichen Lehnwörtern mit Angaben zur Bedeutung, zum französischen Ursprungswort und zum Gebrauch.

113. BROCKMANNS, Anna Luise: Untersuchungen zu den Haustiernamen des Rheinlandes. (= Rheinisches Archiv 34). Bonn 1939.
Rheinlande: Wortgeographische Studie anhand mundartlicher Haustiernamen des Rheinlandes/ diachron.

114. BRONS-ALBERT, Ruth: Die sogenannte "Rheinische Verlaufsform": Stör mich nicht, ich bin am arbeiten! In: Rechtsrheinisches Köln 9/10 (1983/1984), S. 199-204.
Rheinlande: Rheinische Verlaufsform/ Bildung/ Funktion/ Vergleich zum Englischen und Französischen.

115. BRUCH, Robert: Mittelfränkische Relikte des Zwischenstadiums der Affrikata in der Lautverschiebung zur Spirans (*kraits* "Kreis"). In: Zeitschrift für Mundartforschung 21 (1953), S. 149-158.
Mittelfränkisches Sprachgebiet (bes. Luxemburg, Lothringen): Erklärungsversuch der Tenuisverschiebung innerhalb der II. Lautverschiebung anhand v.a. luxemburgischer Mundartwörter/ diachron.

116. BRUCH, Robert: Hol Iwer! Sprachgrenzen und Mundartbrücken zwischen Eifel, Saargau, Lothringen und Luxemburg. In: La Moselle. Son Passé. Son Avenir. Schwebsingen 1958, S. 263-277.
Grenzgebiet Luxemburg-Frankreich-Deutschland: Einfluß der politischen und territorialen Geschichte auf die Sprache/ Lautgeographie/ zahlreiche Karten zur Wortgeographie.

117. BRUCKWILDER, Elisabeth: Die Bedeutung der gesellschaftlichen Struktur für die Sprachverwendung in einer Ortsgesellschaft. Examensarb. (masch.) Duisburg 1983.
Bislich (bei Wesel): Einzelheiten zur Lautlehre/ Formenlehre/ Wortbildung/ Satzlehre/ Dialekttexte in phonetischer Transkription.

118. BRÜCK, Josef: Einheimische Singvögel und anderes Getier in der Kyllburger Mundart. In: Heimatkalender für den Kreis Bitburg-Prüm 25 (1976), S. 198-201
Kyllburg (Eifel): Mundartliche Bezeichnungen einheimischer Singvögel und anderer Tiere/ Etymologie.

119. BRUIJEL, Martinus: Het dialect van Elten-Bergheim. Diss. Utrecht 1901.
Elten (bei Emmerich): Lautlehre/ Formenlehre/ Mundarttexte/ diachron.

120. BUBNER, Helmut Rudolf: Untersuchungen zur Dialektgeographie des bergischen Landes zwischen Agger und Dhünn. (= Deutsche Dialektgeographie 24). Marburg 1935.
Schlebusch, Dabringhausen, Ründeroth, Lohmar (Bergisches Land): Lautlehre/ Formenlehre (Schlebusch)/ dialektgeographischer Teil (Laut- und Formengeographie)/ diachron/ 6 Karten.

121. BUCHHOLZ, Johannes: Mutterlaute - Heimatklänge. Öckerodder Kieschpels-Platt. Uckerather Kirchspiels-Platt. Ms. (masch.) Hennef 1955-1987.
Uckerath (zu Hennef/ Rhein-Sieg-Kreis): Alphabetisches Wörterbuch Ma.-Hd./ z.T. Satzbeispiele/ Nachträge in unsystematischer Reihenfolge.

122. BUCHHOLZ, Johannes: Inhaltsverzeichnis zu "Öckerrodder Platt". Plattdeutsche Sprichwörter und Redensarten. Einige typische Zeitwortabwandlungen in Platt. Ms. (hs.) Uckerath 1988.
Uckerath (zu Hennef/ Rhein-Sieg-Kreis): Nachtrag zu "Mutterlaute-Heimatklänge"/ alphabetisches Register.

123. BUCHRUCKER, Bruno: Wörterbuch der Elberfelder Mundart nebst Abriß der Formenlehre und Sprachproben. Elberfeld 1910. -- Nachdr. Wiesbaden 1967.
Elberfeld (zu Wuppertal): Alphabetisches Wörterbuch Ma.-Hd./ Formenlehre/ Sprachproben.

124. BÜCHER, Johannes: Wat sääs de do? (Was sagst Du da?). Eine Wörtersammlung der Bonn-Beueler Mundart. In: Bonner Geschichtsblätter 28 (1976), S. 200-218.
Beuel (zu Bonn): Anmerkungen zu mundartlichen Lehnwörtern aus dem Französischen/ Lautlehre/ Formenlehre/ Erläuterungen zum begonnenen Wörterbuch.

125. BÜCHER, Johannes: Bonn-Beueler Sprachschatz (= Rheinische Mundarten. Beiträge zur Volkssprache aus den rheinischen Landschaften Bd. 3). Köln 1986. -- Nachdr. der 2. Aufl. Köln 1991.
Beuel (zu Bonn): Alphabetisches Wörterbuch Hd.-Ma. mit Beispielsätzen/ Register Ma.-Hd./ Beschreibung der Bonn-Beueler Mundart (Verwendung, dialektgeographische Einordnung)/ Lautlehre/ Formenlehre/ Wortbildung.

126. BÜRGERMEISTER, Hedwig Carola: Mundartdokumentation - Mit Wortsammlungen für Höhr-Grenzhausen. Ms. (masch.) O.O., o.J. [1990/1991].
Höhr-Grenzhausen (Westerwald): Nach Sachgebieten sortiertes Wörterverzeichnis Ma.-Hd./ Redensarten.

127. BÜRGERMEISTER, Hedwig Carola: Platt schwätze. Höhr-Grenzhausen. Hrsg. v. der Kreis-Volkshochschule Westerwald. Ms. (masch.) Montabaur 1991 [auch in Buchform publiziert].
Höhr-Grenzhausen (Westerwald): Nach Sachgebieten sortiertes Wörterverzeichnis Ma.-Hd./ Redensarten/ "verlorengegangene" Wörter/ Hinweise zu Lautlehre, Formenlehre und Wortschatz, teilweise in Kontrast zu den Ortssprachen der Umgebung/ erweiterte Fassung der vorhergehenden "Mundartdokumentation"/ 6 Karten.

128. BÜSCH, Theodor: Über den Eifeldialekt. Ein Beitrag zur Kenntnis des Mittelfränkischen. Beilage zum Programm des Progymnasiums zu Malmedy, Ostern 1888. O.O. 1888.
Eifel (östlich von Prüm bis Büdesheim): Lautlehre/ Konjugation/ diachron.

129. BÜTZER, Adolf: Ein Stückchen Alt-Benrath. [Nachdruck einer Artikelserie von 1922]. In: Benrath - historisch. Ein Stückchen Alt-Benrath. (= Schriftenreihe des Archivs der Heimatgemeinschaft Groß-Benrath. H. 6.). Düsseldorf 1986, S. 6-48.
Benrath (zu Düsseldorf): Wortschatz und Redewendungen nach Sachgebieten im laufenden Text mit hochsprachlichen Erläuterungen/ Anmerkungen zur Grammatik und Sprachgeschichte/ Orts- und Familiennamen.

130. BULBRING, K.: Über Kehlkopfverschluß im Wortinneren in deutschen Mundarten. In: Fs. für W. VIËTOR zum 25. Dezember 1910. O.O. 1910, S. 263-288.
Voerde (bei Dinslaken), Schwerte: Kehlkopfverschluß im Rheinischen und Westfälischen.

131. BULGIS, E.: Saarbergmännische Ausdrücke. In: Saarbrücker Bergmannskalender für 1903. Saarbrücken 1902, S. 72-74.
Saarland: Sammlung fachsprachlicher Ausdrücke Ma.-Hd.

132. BULGIS, E.: Saarbergmännische Ausdrücke. In: Saarbrücker Bergmannskalender für 1907. Saarbrücken 1906, S. 68f.
Saarland: Ergänzungen der vorangehenden Sammlung.

133. -- BUNGERT - Wingert - Opperei. Interessante dialektale Raritäten im

Moselfränkischen von Lay, Merl, Petter, Goth und Mumper. In: Trierischer Volksfreund 74 (1949), Nr. 139, S. 258.
Mosel: Besonderheiten des Wortschatzes.

134. BUNGERT, Gerhard: graad selääds. Schimpfwörter auf Saarländisch von Affezibbel bis Zewegriwwler. Dillingen, Lebach, St. Ingbert. 6. Aufl. 1984. [1. Aufl. 1981]
Saarland: Verzeichnis von mundartlichen Schimpfwörtern, z.T. mit wortgeschichtlichen Erklärungen.

135. BUNGERT, Gerhard/ LEHNERT, Charly: Meins & Meiner. Kosewörter auf Saarländisch von Ärschelche bis Zuckerschniss. Mit einem Anhang zum Thema: Wie Saarländer lieben. Lebach 1986.
Saarland: Alphabetische Liste Ma.-Hd. von Kosewörtern.

136. BUNGERT, Gerhard/ LEHNERT, Charly: So schwätze mir. Redewendungen, Wortschatz und Grammatik. Saarbrücken o.J. [1987?]
Saarland (v.a. Saarbrücken): Nach Sprechsituationen gegliederte Wörtersammlung Ma.-Hd./ Redewendungen/ Kurzgrammatik.

137. BUNGERT, Gerhard: Hundert Worte Saarländisch. (Grundwortschatz). Zusammengestellt und erläutert. Saarbrücken o.J. [1987?]
Saarland: Alphabetisches Wörterverzeichnis Ma.-Hd.

138. BUSS, M. Karl/ WESTERMANN, Karl: So redd merr in Zelemochum. Mehr als tausend Wörter und Redewendungen der Bad Kreuznacher Mundart und ihre Deutung. Bad Kreuznach 1978.
Kreuznach: Alphabetisches Wörterbuch Ma.-Hd.

139. CAJOT, José: Neue Sprachschranken im 'Land ohne Grenzen'? Zum Einfluß politischer Grenzen auf die germanischen Mundarten in der belgisch-niederländisch-deutsch-luxemburgischen Euregio. Bd. I: Text. Bd. II: Karten und Tabellen. (= Rheinisches Archiv 121). Köln/ Wien 1989.
Grenzgebiet Deutschland-Niederlande-Belgien-Luxemburg: Lexikologisch-sprachgeographische Untersuchung zum Einfluß der Hochsprachen auf die Mundarten des Raumes anhand einer Liste moderner Begriffe/ 544 Karten.

140. CAJOT, José: Neue Sprachgrenzbildung an der deutschen Staatsgrenze zu Niederländisch-Ostlimburg, Ostbelgien und Luxemburg. In: Grenzdialekte. Studien zur Entwicklung kontinentalwestgermanischer Dialektkontinua. Hrsg.v. Ludger KREMER und Hermann NIEBAUM. (= Germanistische Linguistik 101-103). Hildesheim u.a. 1990, S. 125-152.

Grenzgebiet Deutschland-Niederlande-Belgien-Luxemburg: Dialektgeographische Untersuchung/ Wortschatz/ diachron/ 11 Karten.

141. CAPITAINE, Wilhelm: Der Pierer Dialekt, dessen Grammatik, Literatur und Lexikon. In: Oecher Platt 3 (1910), S. 131-135, 142-144, 149-152, 158-160, 164-167, 171-173, 181f.; 4 (1911), S. 30f., 39, 44f., 52f., 111, 127f., 140f., 147-149, 191f.; 6 (1913), S. 30, 38f., 47, 53, 77, 103, 150f., 158f.; 7 (1914), S. 12f. -- Als Einzelveröffentlichung: Aachen o.J.
Pier (bei Düren) und Umgebung: Lautlehre/ Formenlehre/ Satzlehre/ Namen/ Lehnwörter.

142. CHRISTA, Johann: Rechtschreibung der Trierer Mundart. In: Trierische Heimat 10 (1933/ 34), S. 7-12, 51-53, 78f.
Trier: Normierung der geschriebenen Mundart/ Lautlehre/ Formenlehre/ einige Herleitungen.

143. CHRISTA, Johann: Wörter und Wendungen der Prümer Mundart. Prüm 1935.
Prüm: Kurze Anmerkungen zu besonderen Merkmalen der Mundart/ Wörterverzeichnis Ma.-Hd./ Redewendungen.

144. CHRISTA, Peter: Wörterbuch der Trierer Mundart mit Sprachgesetzen derselben und Sprachproben in Prosa und Poesie. Honnef 1927. -- Nachdr. Wiesbaden 1969.
Trier: Alphabetisches Wörterbuch Ma.-Hd./ Lautlehre/ Formenlehre in kurzer Zusammenfassung/ Mundarttexte.

145. CHRISTA, Peter: Das sogenannte rheinische Accentuierungsgesetz. In: Jahrbuch der Luxemburgischen Sprachgesellschaft (1928), S. 106-108.
Trier: Lautlehre/ Vokalquantität.

146. CHRISTA, Peter: Trierisch-Luxemburgisches. *Gän (gä)* in Trier, *gin (gi)* in Luxemburg = "werden". In: Jahrbuch der Luxemburgischen Sprachgesellschaft (1930), S. 29-32.
Trier und Luxemburg: Einzelheit zur Formenlehre/ Verwendung von 'gän' als Hilfsverb zur Bildung des Passiv und für das absolute 'werden'.

147. CHRISTMANN, Ernst: Von der Sprachgemeinschaft Pfalz-Saargebiet. In: Völkische Wissenschaft 6 (1934), S. 176-182.
Saarland und Moselgebiet bis zum Rhein: Dialektgeographische Merkmale/ Namen/ diachron.

148. CHRISTMANN, Ernst: Volkssprache. Ihr Wesen und ihr Werden, dargestellt am Beispiel der Mundart in Saar-Pfalz. Neustadt a. d. Weinstraße 1938.
Saar-Pfalz: Dialektgeographische Darstellung/ Mundartgebiete und -grenzen/ Sprachgeschichte.

149. CHRISTOFFEL, Karl: Wörterbüchlein der Mittelmosel-Mundart. Aus der Erinnerung eines alten Moselaners. In: Jahrbuch für den Kreis Bernkastel-Wittlich 1984, S. 357-370.
Mittelmosel: Alphabetisches Wörterverzeichnis Ma.-Hd., z. T. Satzbeispiele.

150. CLAESSENS, Nikolaus: Unser "Platt" und die holländische Sprache. In: Die Heimat. Blätter für heimatliche Geschichte, Volks- und Naturkunde. Heinsberg 12 (1932), S. 1-3, 9-12, 17-19, 25f., 33f., 41f., 49f., 57f., 68f., 77f., 86f., 93-95; 13 (1933), S. 2f., 11-13.
Heinsberg und Umgebung: Einordnung der Mundart in den gesamten Dialektraum/ Sammlung von Wörtern beiderseits der deutsch-limburgischen Grenze (mit Angabe der Bedeutung)/ Beispielwendungen.

151. CLAESSENS, Nikolaus: Gallizismen. Wörter französischer Herkunft in unserer Heimat. In: Die Heimat. Blätter für heimatliche Geschichte, Volks- und Naturkunde. Heinsberg 16 (1936), S. 51-53, 61-63, 65f., 77-79, 88, 95f.; 17 (1937), S. 7f., 15f., 24, 32, 48, 56, 62f., 72.
Heinsberg und Umgebung: Alphabetisches Wörterverzeichnis Ma.-Hd./ Wörter französischer Herkunft/ teilweise Beispielwendungen.

152. CLAESSENS, Nikolaus: Unsere Vogelwelt im Volksmund. Vogelnamen, Vogelsprache, die Vögel im Volksglauben, in Redensarten, Rätseln und Kurzgeschichten. In: Die Heimat. Blätter für heimatliche Geschichte, Volks- und Naturkunde. Heinsberg 18 (1938), S. 15f., 22-24, 30-32, 55f., 63f., 70f.; 19 (1939), S. 16; 20 (1940), S. 23f., 32, 39f., 46f., 54f., 63f., 67-69.
Heinsberg und Umgebung: Alphabetische Liste hochdeutscher Vogelbezeichnungen mit mundartlichen Entsprechungen/ mundartliche Redensarten.

153. CLAESSENS, Nikolaus: Unsere bekanntesten Tiere im Volksmund. In: Die Heimat. Blätter für heimatliche Geschichte, Volks- und Naturkunde. Heinsberg 21 (1941), S. 24, 32, 39f., 47f., 55f., 71f., 80, 96; 22 (1942), S. 5f., 15f., 22f., 30f., 39f., 48, 54-56, 64, 71f., 80, 88.
Heinsberg und Umgebung: Alphabetische Liste hochdeutscher Tierbezeichnungen mit mundartlichen Entsprechungen/ mundartliche Redensarten.

154. CLAUBERG, Emil: Ein Blick auf unsere Solinger Heimatmundart. Von "maken-" und "ick"-Linie. Solinger sprechen eine Übergangsmundart. In: Rheinisches Echo v. 2.2.1950.

Solingen: Dialektgeographische Einordnung/ Bemerkungen zur Benrather und Uerdinger Linie.

155. CLAUBERG, Emil: Die Verbreitung der Solinger Mundart. In: Rheinisches Echo v. 6.5.1950.
Solingen: Dialektgeographische Abgrenzung/ typische lautliche Eigenheiten.

156. CLOßE, Hans Theo: Gedanken zur Mundartsammlung in Bardenberg. In: Bardenberger Heimathefte 1986, H. 2, S. 25.
Bardenberg (zu Würselen): Vorbericht zum nachfolgenden Wörterverzeichnis.

157. CLOßE, Hans Theo: 1000 Wörter Bardenberger Platt. Redaktionelle Bearbeitung in Zusammenarbeit mit der Volkshochschule Würselen. Bearbeitung: Helmuth KALEß und Irene RIEMANN-KÄSTNER. Ms. (masch.) o.O. 1993.
Bardenberg (zu Würselen): Alphabetisches Wörterverzeichnis Hd.-Ma./ nach Themen sortiertes Wörterverzeichnis Hd.-Ma./ Redensarten.

158. COMBECHER, Hans: Deutscher Niederrhein und niederländische Sprache. Niederrheinisches Jahrbuch 8 (1965), S. 134-137.
Niederrhein: Allgemeine Betrachtungen über die Zusammenhänge zwischen niederländischer Hochsprache und niederfränkischem Dialekt.

159. CONRATH, Karl: Vom erfinderischen Reichtum der Volkssprache im nördlichen Saar-Raum. Ms. (masch.) o.O., o.J. [Sendereihe im Saar-Rundfunk 1955].
Saarland (nördliches): Wortschatzanalyse/ Erläuterungen zum Wortschatz, thematisch gegliedert/ Sprachgrenzen mit Wortbeispielen.

160. CONRATH, Karl: Fremdeinflüsse in der moselfränkischen Volkssprache an der unteren Saar. In: Saarheimat 3 (1960), S. 16-19.
Saarland (nördliches): Einflüsse des Französischen, Lateinischen und Jiddischen auf die Wortbildung der moselfränkischen Volkssprache.

161. CONRATH, Karl: Moselfränkisch - die vielseitige Volkssprache. In: Jahrbuch für Heimatkunde im Kreis Merzig-Wadern 12 (1983), S. 66-77.
Moselfränkisches Sprachgebiet: Einflüsse von Fremdsprachen auf die Mundart/ Wort- und Satzbeispiele.

162. CONRATH, Karl: Aus der Werkstatt der moselfränkischen Volkssprache im Merziger Raum. Ein Beitrag zur Wortbildung - Versuch einer Bestandsaufnahme. In: Jahrbuch des Vereins für Heimatkunde im Kreise Merzig 7 (1963), S. 74-93.
Merzig (Saar) und Umgebung: Bemerkungen zur Lautlehre/ lautliche Unterschiede einzelner Ortsmundarten/ Verwendung und Verbreitung der Mundart/ Einfluß des Hochdeutschen und der Fremdsprachen/ Lehnwörter.

163. CONRATH, Karl: Die Volkssprache im Merziger Raum. In: Merzig - Bild einer Stadt an der Saar. Merzig 1971, S. 105-130.
Merzig (Saar) und Umgebung: Bedeutung der Mundart/ Einfluß des Hochdeutschen/ Fremdeinflüsse/ Aufzählung sprachlicher Eigenheiten in den einzelnen Mundartgebieten mit zahlreichen Wortbeispielen.

164. CONRATH, Karl: Über die Volkssprache im Kreis Merzig. In: Der Kreis Merzig-Wadern. Hrsg. v. Kurt Matthias LINICUS. Stuttgart/Aalen 1972, S. 180-183.
Wadern (zu Merzig/Saar): Dialektgeographische Einordnung der Mundart/ Besonderheiten im Wortschatz.

165. CONRATH, Karl: Muntere Muttersprache. Vom Blauen Heinrich, Grellen Puppen und von Türkischer Musik. Kuckuckseier in Umgangssprache und in der moselfränkischen Volkssprache. Saarbrücken 1973.
Moselfränkisches Sprachgebiet: Sprachsoziologische Betrachtung/ spezifische Ausdrücke nach Sachgruppen geordnet/ etymologische Angaben.

166. CONRATH, Karl: Die Volkssprache der unteren Saar und der Obermosel - ein moselfränkisches Wörterbuch. (= Beiträge zur deutschen Philologie Bd. 41). Gießen 1975, 2. erg. Aufl. 1977.
Merzig (Saar) und Umgebung: Alphabetisches Wörterbuch Ma.-Hd./ teilweise Angaben zur Herkunft/ moselfränkische Redensarten im Sprechzusammenhang/ 1 Karte.

167. CORNELISSEN, Georg: Die Mundarten im rechtsrheinischen Kreis Wesel. Beobachtungen zur niederrheinischen Dialektgeographie. In: Heimatkalender des Kreises Wesel. Kleve 1986, S. 141-150.
Wesel und Umgebung: Dialektgeographische Arbeit/ Grenzziehung anhand des Konsonantismus/ Formenlehre/ diachron/ 2 Karten.

168. CORNELISSEN, Georg: Weseler Mundart im 19. Jahrhundert. Eine Auswahl aus der Wortsammlung von Johann GEERLING (1841). Wesel 1987.
Wesel: Alphabetisches Wörterverzeichnis Ma.-Hd.

169. CORNELISSEN, Georg: Fassong, Filu, Pavei, Plafong. Über die Franzosenzeit und die französischen Lehnwörter in den rheinischen Mundarten. In: Volkskultur an Rhein und Maas 7 (1988), H. 1, S. 31-37.
Rheinlande: Lehnwörter aus dem Romanischen/ Etymologie.

170. CORNELISSEN, Georg: Bergische Dialektwörterbücher. In: Romerike Berge. Zeitschrift für das Bergische Land 38 (1988), H. 4, S. 8-14.
Bergisches Land: Kurze Vorstellung vorliegender und geplanter Wörterbücher.

171. CORNELISSEN, Georg: Mundartwörterbücher und Wörterbucharbeit an Rhein und Maas. Dialektologie außerhalb der Universitäten. In: Rheinische Heimatpflege 25 (1988), S. 188-193.
Rheinlande (und Limburg): Bericht über rheinische Mundartwörterbücher (großlandschaftliche und Ortswörterbücher).

172. CORNELISSEN, Georg: Rijnlandse Dialektwoordenboeken. In: Den Schaorpaol 10 (1989), Nr. 4, S. 17-19.
Rheinlande: Erstellung von Dialektwörterbüchern.

173. CORNELISSEN, Georg: Zum Einfluß der Standardsprachen auf den Wortschatz der limburgischen und rheinländischen Grenzdialekte. In: Volkskultur an Rhein und Maas 10 (1991), H. 1, S. 66-72.
Grenzgebiet Deutschland-Niederlande: Gebrauchswandel von sechs Wortvarianten zwischen Mundart und jeweiliger Standardsprache/ 1 Karte.

174. CORNELISSEN, Georg: Beumpje en Beumsjere. De vorming van het verkleinwoord in den aangrenzende dialecten van Kerkrade (NL) en Herzogenrath (D). In: Uvver plat jekald. Uitgave van de Stichting Kirchröadsjer Dieksiejonee 1991. Kerkrade 1991, S. 64-68.
Kerkrade und Herzogenrath: Vergleich der Verkleinerungsformen der Wörter 'Mädchen', 'Bäumchen', 'Körbchen'/ 1 Karte.

175. CORNELISSEN, Georg: Zur Erforschung des Sprachwandels im Dialekt von Krefeld. In: Rheinische Vierteljahrsblätter 56 (1992), S. 338-345.
Krefeld: Besprechung, Einordnung und Kritik von Helga BISTER-BROOSENs Dissertation: "Sprachwandel im Dialekt von Krefeld" (s.d.).

176. CORNELISSEN, Georg: Eine Karte des deutsch-niederländischen Sprachatlas für den Raum Geldern-Nimwegen-Enschede-Schermbeck. ("Sie ist Mutter geworden"). In: Volkskultur an Rhein und Maas 11 (1992), H. 2, S. 36-44.

Grenzgebiet Deutschland-Niederlande: Beispielhafte Erstellung einer dialektgeographischen Karte zu *geworden*/ 1 Karte.

177. CORNELISSEN, Georg: De namen van de weekdagen in de dialecten van de buurtplaatsen Well (NL) en Twisteden (D). In: Veldeke 1992, H. 5, S. 149-154.
Well (NL) und Twisteden (bei Geldern): Vergleich der mundartlichen Bezeichnungen der Wochentage/ 1 Karte.

178. CORNELISSEN, Georg: Allgegenwart der Standardsprache und Dialektresistenz. Ein Vergleich der substantivischen Pluralbildung in den Nachbarmundarten von Well (NL) und Twisteden (D). In: Vielfalt des Deutschen. Fs. für Werner BESCH. Hrsg. v. Klaus J. MATTHEIER u.a. Frankfurt u.a. 1993, S. 619-632.
Well (NL) und Twisteden (bei Geldern): Kontrastive Untersuchung zweier Nachbarmundarten anhand von Flexionsklassen.

179. CORNELISSEN, Georg: Die Dialekte von Kempen, St. Hubert und Tönisberg - Gemeinsamkeiten, Unterschiede, Varianten. In: Campunni - Kempen. Geschichte einer niederrheinischen Stadt. Aufsätze. Hrsg. v. Friedhelm WEINFORTH. Bd. 2 (= Schriftenreihe des Kreises Viersen 39, 2). Viersen 1993, S. 377-390.
Kempen und Umgebung: Dialektgeographische Studie/ Lautlehre/ Wortschatz/ diachron/ 2 Karten.

CORNELISSEN, Georg: s. 189. 201.

180. CORNELISSEN, Georg/ BEUTLING, Werner: "Hötter Platt". In: Volkskultur an Rhein und Maas 5 (1986), H. 3, S. 26-29.
Gerresheim (zu Düsseldorf): Einführende Bemerkungen zum Platt im Umfeld der Gerresheimer Glashütte anhand einer anschließend abgedruckten Erzählung in dieser Mundart.

181. CORNELISSEN, Georg/ HONNEN, Peter (Bearb.): Anlage einer Wortsammlung. Mundartdokumentation im Rheinland. Köln 1986.
Rheinlande: Methodische Probleme der Wörterbucharbeit mit Erfahrungsberichten über verschiedene Mundartwörterbücher und Probeartikeln.

182. CORNELISSEN, Georg/ HONNEN, Peter/ LANGENSIEPEN, Fritz: Das rheinische Platt. Eine Bestandsaufnahme. (= Rheinische Mundarten. Beiträge zur Volkssprache aus den rheinischen Landschaften 2). Köln 1989, hier: S. 27-45.

Rheinlande: Regionale Mundartmerkmale als Verstehens- u. Lesehilfe für die Texte.

183. CORNELISSEN, Georg/ KRIEGER, Michael: Das Fahrrad in den Mundarten des Rheinlandes. Ergebnisse einer Fragebogenerhebung. In: Volkskultur an Rhein und Maas 9 (1990), H. 1, S. 3-11.
Rheinlande: Mundartliche Bezeichnungen für das Fahrrad/ 1 Karte.

184. CRAMER, Franz: Alte Sprachreste in der Eifel. In: Eifelvereinsblatt 20 (1919), S. 52.
Eifel: Erläuterungen zu Bedeutung und Herkunft einiger Mundartwörter.

185. CRECELIUS, Wilhelm: Ueber die Grenzen des Niederdeutschen und Mittelfränkischen. In: Jahrbuch des Vereins für niederdeutsche Sprachforschung 2 (1876), S. 1-10.
Ripuarisches Sprachgebiet: Abhandlung über den Mischdialekt zwischen dem niederdeutschen und mitteldeutschen Gebiet/ geschichtliche Entwicklung/ Lautgeographie/ Abgrenzung der mittelfränkischen (=ripuarischen!) Mundart anhand grammatischer Merkmale/ diachron.

186. CREUTZ, Gottfried: Wörterbuch Hochdeutsch - Öcher Platt. (= Beiträge zur Kultur- und Wirtschaftsgeschichte Aachens und seiner Umgebung 3). Aachen 1987.
Aachen: Alphabetisches Wörterbuch Hd.-Ma. (zugleich Register zu Will HERMANNS' "Aachener Sprachschatz", s.d.).

187. CROON, Maria: Unsere moselfränkische Mundart. Eine Studie der Mundart im Saarburger Raum. In: Heimatbuch für den Kreis Saarburg 1961, S. 97-113.
Saarburg und Umgebung: Mundartlicher Wortschatz nach Sachgebieten/ Redensarten.

188. CROON, Maria: Aus dem Mundartschatz des Saar-Mosel-Gaues. In: Heimatbuch des Kreises Saarburg 2 (1953), S. 132f.
Saarburg und Umgebung: Unterschiedliches zum mundartlichen Wortschatz.

189. CÜRVERS, Herbert: Kevelaerer Mundart-Wörterbuch. Kävels von A bis Z. Mit einer Einführung und Gebrauchsanweisung von Georg CORNELISSEN. (= Land und Leute zwischen Rhein und Maas. Veröffentlichungen zur Volkskunde und Kulturgeschichte 1). Kevelaer 1983.
Kevelaer: Alphabetisches Wörterbuch Ma.-Hd./ einleitende "Dialektgeographische Skizze des Niederfränkischen am Niederrhein unter besonderer Berücksich-

tigung der Ortsmundart Kevelaers".

190. CUYPERS, F. P. A.: Het begrijp "herkauwen" in de dialecten van Noord- en Zuid-Nederland, met inbegrip van Frans Vlaanderen en van het aangrenzende duitse gebied. O.O. 1952/53.
Grenzgebiet Deutschland-Niederlande : Wortgeographische Studie.

191. DAHMEN, Wolfgang: Französisch vermittelt durch das Düsseldorfer Platt. In: Das zweisprachige Individuum und die Mehrsprachigkeit in der Gesellschaft. Wilhelm Theodor ELWERT zum 85. Geburtstag. Hrsg. v. Günther HOLTUS u. Johannes KRAMER. Stuttgart 1991, S. 3-9.
Düsseldorf: Einfluß des Französischen und des 'Kölschen' auf die Düsseldorfer Mundart/ einige Wortbeispiele.

192. DANIELS, Karl: Die Dürener Mundart. Ihre Grundzüge und Eigenarten. In: Heimat-Blätter. Beilage zur Dürener Zeitung 4 (1927), S. 185-187.
Düren und Umgebung: Dialektgeographische Einordnung/ Lehnwörter aus dem Französischen/ Lautlehre/ besonderer Kasusgebrauch/ Wortschatzvielfalt mit Beispielen.

193. DEBUS, Friedhelm: Zwischen Mundart und Hochsprache. Ein Beitrag zur Stadtsprache - Stadtmundart und Umgangssprache. In: Zeitschrift für Mundartforschung 29 (1962), S. 1-43.
Köln, Köln-Mülheim, Düsseldorf und Solingen-Ohligs: Untersuchung der stadtsprachlichen Ausstrahlung ausgehend vom Deutschen Sprachatlas/ Lautlehre/ Wortschatz/ 30 Karten.

194. DEBUS, Friedhelm: Sprachbewegung am Beispiel wortgeographischer Erscheinungen. In: Zeitschrift für Mundartforschung 30 (1963/64), S. 351-363.
Mittelrhein und unteres Maingebiet: Wortgeographische Studie an den Beispielen 'Stricknadel' und 'Peitsche'/ 5 Karten.

195. DEGEN, Kurt: Rheinische Mundart in Burgbrohl. Ein Wörterbuch. Burgbrohl 1993.
Burgbrohl: Alphabetisches Wörterbuch Ma.-Hd. mit Suchregister Hd.-Ma./ Wörterlisten nach Themengebieten/ kurze Ortsgrammatik/ 1 Karte.

196. DELL, Ernst: Aus dem Lateinischen entlehnte Wörter in unserer Mundart. In: Düsseldorfer Hefte 4 (1959), S. 349-351, 369-373, 376.
Düsseldorf: Kurze Abhandlung über einzelne lateinische Lehnwörter in der Düsseldorfer Mundart/ Bedeutungsangabe.

197. DEMOKRITOS [Pseudonym]: Kleiner Sprachführer durch das Essener Gebiet. In: Essener Anzeiger v. 20.05.1931.
Essen: Kurze Darstellung der Essener Mundart/ grammatikalische Besonderheiten (Ersetzung des Nominativs durch den Akkusativ, Vermeidung des Genitivs)/ Besonderheiten des Wortschatzes.

198. DEMUTH, A./ DRÜEKE, N./ LEßMANN, M./ RADEMACHER, M./ SCHNITZLER, H.: Büttgen und seine Mundart II. Di bütcher, wi se woere on wi se send. (= Schriftenreihe Büttgen der St. Sebastianus-Schützenbruderschaft Büttgen 17). Büttgen 1993. [s. auch: NILGES, Jakob/ DRÜEKE, Norbert]
Büttgen (bei Neuss): Nach Themen sortierte Wörtersammlung Ma.-Hd./ Beispielsätze/ Zahlwörter, Präpositionen, Orts- u. Zeitadverbien/ Redewendungen.

199. DERKSEN, Johannes: Proot Platt. Ein Wörterbuch der Emmericher Mundart. O.O. [Emmerich] o.J. [1969].
Emmerich: Alphabetisches Wörterbuch Ma.-Hd. und Hd.-Ma./ Sprüche, Reime, Redensarten, Gedichte.

200. DÉTRÉE, A.: Vokalismus der Mundart von Waxweiler. Ms. Bonn o.J.
Waxweiler (bei Prüm): Auflistung der Vokale, ausgehend vom Mittelhochdeutschen, jeweils einige Beispielwörter und -sätze.

201. DIALEKT à la carte: Dialektatlas Westmünsterland - Achterhoek - Liemers - Niederrhein. Unter Mitarbeit v. Christa HINRICHS hrsg. v. Georg CORNELISSEN/ Alexander SCHAARS/ Timothy SODMANN. Doetinchem/ Köln/ Vreden 1993. 2 Bde.
Niederrhein und nördlich anschließende Räume (grenzüberschreitend): Nach Wortfeldern aufgebauter Wortatlas/ Kommentarband/ Kartenband mit 58 Karten.

202. DIEBSCHLAG, Erich: Typische mundartliche Ausdrücke. In: Die Heimat (Solingen) 4 (1928), S. 11f., 14f.
Solingen: Wörterverzeichnisse Ma.-Hd. zu Sachgebieten.

203. DIEDERICHS, August: Unsere Selbst- und Schmelzlaute (auch die englischen) in neuem Lichte. Oder Dehnung und Brechung als solche und letztere als Verrätherin alltäglicher, vorzeitlicher und vorgeschichtlicher Wertewandlungen. Straßburg 1886.
Rheinlande (bes. Remscheid): Abhandlung über Dehnung und Brechung (Wirkung und Ursache)/ geographische Verbreitung/ zahlreiche Wortbeispiele.

204. DIEDERICHS, August: Niederrheinische Ersatzspaltung. In: Zeitschrift des

Allgemeinen Deutschen Sprachvereins 24 (1909), Sp. 45.
Ripuarisches Sprachgebiet: Lautlehre/ Spaltung von Vokalen und Diphthongen.

205. DIEDERICHS, August: Beitrag zu einem Wörterbuch der Remscheider Mundart. Remscheid 1910.
Remscheid: Lautbestand der Remscheider Mundart mit Wortbeispielen.

206. DIENER, G. Walter: Sprache und Dichtung. In: Ders.: Hunsrücker Volkskunde. 2. Aufl. Bonn 1962. S. 102-142.
Hunsrück: Charakterisierung der Mundart/ Differenzierung innerhalb des Gebietes (Grenzlinien, sprachliche Merkmale)/ Lautlehre/ Wortschatz/ Sprichwörter/ Lieder.

207. DIENER, G. Walter: Hunsrücker Wörterbuch. In: Hunsrückkalender 25 (1969), S. 57-60.
Hunsrück: Vorbericht zum nachfolgenden Wörterbuch.

208. DIENER, G. Walter: Hunsrücker Wörterbuch. Niederwalluf 1971.
Hunsrück: Alphabetisches Wörterbuch Ma.-Hd./ dialektgeographische Einordnung/ Beschreibung der wesentlichen lautlichen Merkmale.

209. DIETZ, Josef: Du sprichst Bönnsch! In: Alt Bonn (1950), S. 35-37.
Bonn und Umgebung: Dialektgeographische Einordnung / lautliche Merkmale der Stadt- und Landmundart/ Wortschatz/ Redensarten und Sprichwörter.

210. DINGELDEIN, Heinrich J.: Dialekte in Hessen. Begleitheft zur Ausstellung des "Hessen-Nassauischen Wörterbuchs" und der hessischen Sparkassen. Marburg a. d. Lahn 1981.
Hessen (mit Nassau): Einordnung in die deutschsprachigen Dialektgebiete/ Gliederung der hessischen Dialekte/ Laut- und Wortkarten.

211. DITTMAIER, Heinrich: Zur Mundart im Raum der beiden Sülzen. In: Zwischen Wipper und Rhein 8 (1954), S. 34f.
Kürten, Olpe, Lindlar: Dialektgeographische Einordnung der Mundart/ Sprachlinien/ Differenzierung des Gebietes anhand lautlicher Unterschiede (Lautverschiebung, Gutturalisierung des *-nd-*, Umlaut), jeweils mit lokalen und regionalen Angaben/ Anmerkungen zum Wortschatz mit Beispielen und regionaler Verbreitung.

212. DITTMAIER, Heinrich: Zum Wortschatz der rheinischen Umgangssprache. In: Rheinisch-westfälische Zeitschrift für Volkskunde 4 (1957), S. 79-108.

Rheinlande (bes. Kölner Raum): Rheinische Ergänzung zu KÜPPERs "Wörterbuch der deutschen Umgangssprache"/ Anmerkungen zur Umgangssprache/ Wechselbeziehungen zwischen Hoch-, Umgangssprache und Mundart/ Wörterverzeichnis/ teilweise Herkunftsangaben und Beispielwendungen.

213. DITTMAIER, Heinz [= Heinrich]: Die rheinische Schärfung. In: Teuthonista 10 (1934), S. 155-171.
Rheinlande: Verbreitung/ Unterschiede zwischen dem Kölner und Aachener Schärfungsraum/ Ursachen/ 1 Karte.

DITTMAIER, Heinrich: s. 1047.

214. DOERR, Josef: "So schwätze mia en Wemmetswella". In: Wemmetsweiler Heimatblätter 5 (1984), S. 84-88.
Wemmetsweiler (bei Neunkirchen): Alphabetisches Wörterverzeichnis Ma.-Hd./ Redensarten.

215. DOUNEN, Heinrich: Oos aut gängelder Platt. O.O. 1991.
Gangelt (bei Heinsberg): Alphabetisches Wörterbuch Ma.-Hd./ Anmerkungen zur Flexion/ Verbtabellen/ Redewendungen/ Abbildungen.

216. DRATHEN-ROSENDAHL, Katharina/ BONGARTZ, Helene (ab 1983)/ ARRETZ, Willi: Omerner Platt von A bis Z. In: Heimatbote Amern und Dilkrath 1982, H. 1, S. 43-47; H. 3, S. 44-47; 1983, S. 95-97; 1985, S. 97f.; 1986, S. 92f.; 1987, S. 94f.; 1990, S. 95f.
Schwalmtal: Alphabetisches Wörterverzeichnis Ma.-Hd. [bis Buchstabe K (1990)].

217. DREXLER, O.: Über die Mundart. In: Bergische Heimat 4 (1930), S. 260-262.
Bergisches Land: Dialektgeographische Einordnung/ Besonderheiten der Formenlehre/ fremdsprachliche Einflüsse/ Bedeutungsunterschiede einiger Mundartwörter vom Hochdeutschen.

DRÜEKE, N.: s. 198. 731.

218. DUNKELBERG, Karl: Rheinschiffahrts-Lexikon. Erklärung der Fachausdrücke für die Geschäfts- und Gerichtspraxis. Mit Schiffsplänen nebst Beschreibungen und vielen Abbildungen. Duisburg 1910.
Rheinlande: Alphabetisches Wörterbuch fachsprachlicher und mundartlicher Ausdrücke der Rheinschiffahrt mit Erläuterung der Bedeutung.

DYKMANNS, Gerhard: s. 220.

219. E[BHARD], C. J.: Verzeichniß von Provinzialwörter und Ausdrücken, die in der Gegend von Coblenz gebräuchlich sind. In: Journal von und für Deutschland 4 (1787), Bd. II, S. 413-421.
Koblenz und Umgebung: Alphabetisches Wörterverzeichnis Ma.-Hd.

220. EICKER, Hermann Josef: Straelener Mundart. Ein niederrheinisches Wörterbuch. Unter Mitarbeit v. Gerhard DYKMANNS, Hubert GEELEN, Hubert GIESBERTS und Verwendung von Wortsammlungen von Jakob und Peter BRIMMERS, Christian VOSS, Laurenz THEKOOK. Straelen 1978.
Straelen: Alphabetisches Wörterbuch Ma.-Hd./ kurzes Wörterverzeichnis Hd.-Ma./ Anmerkungen zu Aussprache, Vokalismus, Konsonantismus, Wortbildung, Formenlehre.

221. EICKMANS, Heinz: 'Dat Woot koom öm van Horte'. Unser Platt vor 100 Jahren und heute (II). In: An Niers und Kendel 9 (1983), S. 25-30.
Goch und Umgebung: Dialektgeographische Einordnung der Mundart/ Beschreibung einiger Veränderungen in Lautung und Formen zwischen Sprachatlas-Erhebung und Neuerhebung.

222. EICKMANS, Heinz: Niederländische Mundartwörterbücher als Hilfsmittel für die Mundartdokumentation am Niederrhein. In: Volkskultur an Rhein und Maas 7 (1988), H. 2, S. 9-16.
Grenzgebiet Deutschland-Niederlande: Beschreibung von niederländischen Gebiets- und Ortswörterbüchern der Region/ 1 Karte.

223. -- Mausbacher EIGENHEITEN. Hrsg. vom Arbeitskreis Pfarr- und Orts-Chronik Mausbach. Ms. (masch.) Mausbach 1980.
Mausbach (zu Stolberg): Alphabetisches Wörterverzeichnis Ma.-Hd./ Wörterliste nach Themengebieten.

224. ENDRES, Edmund: Moselfränkische Mundart. Die Volkssprache im Raum Waxweiler, Eifel. Köln, Bonn 1979. 2. Aufl. 1989.
Waxweiler (bei Prüm) und Umgebung: Alphabetisches Wörterbuch Ma.-Hd./ Anmerkungen zur Aussprache/ teilweise Beispielwendungen/ Sprichwörter, Redensarten, Lieder.

225. ENGEL, Johann: Die Entstehung und Eigenart unserer heimischen Mundart Sankt Wendel. In: Heimatbuch des Kreises St. Wendel 3 (1950), S. 42-46.

St. Wendel und Umgebung: Knappe dialektgeographische Einordnung mit wenigen Einzelheiten zur Lautlehre.

226. ENGELS, Friedrich: Der fränkische Dialekt. In: Ders.: Zur Geschichte und Sprache der deutschen Frühzeit. Ein Sammelband besorgt vom Marx-Engels-Lenin-Institut beim ZK der SED. (= Bücherei des Marxismus-Leninismus Bd. 35). Berlin 1952, S. 123-152. -- Auch als Sonderabdruck.
Westmitteldeutsches Sprachgebiet: Kurze Darstellung der sprachhistorischen und dialektgeographischen Merkmale der mittel- und rheinfränkischen Mundarten/ Namengeographie.

227. ENGELS, Jakob: Oss Platt A-Z. Ms. (masch.) Viersen-Süchteln 1980.
Süchteln (bei Viersen): Alphabetisches Wörterbuch Ma.-Hd./ Satzbeispiele.

228. ENGELS, Peter: Zur Grenze der Lautverschiebung zwischen Mittel- und Niederfranken. Diss. Münster 1904.
Mittelfränkisches Sprachgebiet: Einzelne Lautverschiebungserscheinungen/ geschriebene und gesprochene Sprache.

229. ENGELS, Peter: Von unserm heimischen Platt. In: Romerike Berge (Neue Folge des "Guten Abend") 8 (1931), Nr. 2, S. 5-7.
Bergisches Land (westliches): Allgemeines über das Verhältnis Hochdeutsch-Mundart/ Sprachgeschichte/ Lautverschiebung/ Merkmale der verschiedenen Mundartgebiete.

230. ENGELS, Peter: Französische Sprache und Kölner Mundart. In: Alt-Köln 3 (1949), S. 38f.
Köln: Berichtigung einzelner Wörter, die TILGENKAMP 1937 (s.d.) als Lehnwörter aus dem Französischen bezeichnet.

231. ENGELS, Peter: Sprachveränderungen im Volksmund. In: Alt-Köln 5 (1951), S. 5f.
Köln: Abhandlung über Volksumdeutungen/ viele Beispiele (bes. Straßennamen).

232. ERDMANN, Jakob: Beiträge zur Kenntnis der Mundart von Bingen-Stadt und Bingen-Land. In: Zeitschrift für Deutsche Mundarten (1906), S. 146-177, 231-258.
Bingen und Umgebung: Darstellung der Unterschiede zwischen Bingen-Stadt und Bingen-Land/ Konsonantismus/ Vokalismus/ Lautstand der Mundart von Mainz/ Endsilben/ Paradigma von 'haben' und 'sein'/ Fremdwörter.

233. ERSFELD, Josef: Eitorfer Alt-Dialekt. Bde. I-VII, Ms. (hs. u. masch.) Eitorf o.J. [1969].
Eitorf (Sieg): Alphabetisches Wörterbuch Ma.-Hd./ Beispielwendungen, z. T. Herkunft und Sprachgebrauch/ Bd. VII enthält thematisch gegliederte Sammlung von Mundartsätzen mit hochdeutscher Entsprechung/ Aussprache/ Formenlehre (kurz)/ Charakteristika der 'modernen' Gebrauchsmundart.

234. ERSFELD, Josef: Der Eitorfer Altdialekt. Erfassung einer aussterbenden Mundart. in: Rheinische Heimatpflege. N.F. 8 (1971), S. 208-218.
Eitorf (Sieg): Geschichte der Wortschatz-Sammlung/ Besonderheiten der Mundart (Lautlehre, Grammatik, Wortschatz)/ Textprobe.

235. ERSFELD, Josef: Der Eitorfer Alt-Dialekt (EAD). Lexikalische und idiomatische Gesamtaufnahme einer im Aussterben begriffenen, alten Lokalmundart nach dem Stand von 1910. In: Rheinische Vierteljahrsblätter 37 (1973), S. 357-367.
Eitorf (Sieg): Eingrenzung der Mundart/ Sammlung des Sprachmaterials/ Besonderheiten der Mundart (Lautlehre, Formenlehre, Wortschatz, Redewendungen).

236. ERSFELD, Hermann Josef: Vam alen Eitorfer Platt, wie et der Urjroßvatter jeschwatt het. Eine Pilotstudie zu Josef ERSFELDs Totalerfassung des Eitorfer Alt-Dialekts. (= Schriftenreihe des Heimatvereins Eitorf 1). Eitorf 1986.
Eitorf (Sieg): Erläuterungen zur Lautlehre und Lautschrift/ Beispiele aus dem Eitorfer Wortschatz nach Themengebieten/ kurze Hinweise zur Formenlehre/ Redewendungen/ Textbeispiele.

ESSER, Norbert: s. 268.

237. ESSER, Peter: Die Krefelder Hausweberei und ihre Sprache. In: Der Niederrhein. Zeitschrift für Heimatpflege und Wandern 37 (1970), S. 7-9.
Krefeld: Mundartlicher Fachwortschatz der Hausweberei.

238. ESSER, Wilhelm Martin: Volksschule und Mundart. In: Kölner Blätter für Fragen der Erziehung und des Unterrichts 2 (1953), S. 21-33.
Köln und Umgebung: Verhältnis von Mundart und Schriftsprache/ Einordnung der Stadt- und landkölnischen Mundart in den gesamten Dialektraum/ Sprachlinien/ Einzelheiten zum Konsonantismus und Vokalismus/ Wortschatz/ Etymologie.

239. ESSER, W. M.: Wir blättern in einem Wörterbuch. In: Öcher Platt 53 (1972), S. 8-10, 31-33; 54 (1973), S. 20-22, 60-62.
Aachen: Kurze grammatische Erörterungen anhand des Wörterbuchs von HERMANNS (s. d.) (Hauptwörter auf '-et'/ 'en' als Pronomen/ Eigenschaftswörter auf '-etig'/ Vergangenheitsform auf '-et').

240. EVEN, Josef: Die Schmelzer Volkssprache. In: Schmelz. Vergangenheit und Gegenwart - Ein Heimatbuch. Hrsg. v. der Gemeinde Schmelz. Dillingen a. d. Saar 1973, S. 505-512.
Schmelz (östl. v. Merzig): Kurze Charakterisierung der Mundart (Lautverschiebung, rheinischer Akzent, Wortbildung, Wortschatz)/ alphabetisches Wörterverzeichnis Ma.-Hd./ Mundarttext.

241. FÄRVER, Jupp: Kölner Schimpfwörter. Köln 1988.
Köln: Alphabetisches Verzeichnis Ma.-Hd. von Schimpfwörtern.

242. FAHRENKROG, Rolf L.: Kall met us Velberter Platt. Wie heißt das in Velbert? Eine Auswahl hochdeutscher Wörter mit ihren plattdeutschen Entsprechungen - allen Freunden der heimischen Mundart, besonders aber der Offers-Kompanei gewidmet und mit einer nützlichen Einleitung versehen. Hrsg. v. der VHS Velbert/ Heiligenhaus. Ms. (masch.) Velbert 1986.
Velbert: Alphabetisches Wörterbuch Hd.-Ma.

243. FAUST, A. [Armin] P. [Peter]: Jiddisch in der Mundart von Hottenbach und Umgebung. In: Hunsrück 2.3 (1980), S. 23-26.
Hottenbach (nördl. v. Idar-Oberstein): Nach Sachgebieten aufgebaute Liste Ma.-Hd. von Mundartwörtern jiddischer Herkunft.

244. FEINENDEGEN, Emil: Mundart und Mundartpflege heute. In: Heimatbuch des Landkreises Kempen-Krefeld 1968, S. 266-270.
Niederrhein: Kurze Charakteristik der niederfränkischen Mundarten/ Hinweise zur Mundartpflege und -schreibung.

245. FEINENDEGEN, Emil: Vom Wesen der Mundart am Niederrhein. In: Mensch und Mundart am Niederrhein. Bearb. v. Fritz MEYERS (= Mercator-Bücherei Bd. 45/46). 2. Aufl. Duisburg 1980, S. 21-26.
Niederrhein: Kurze dialektgeographische Charakterisierung der Mundarten/ Merkmale aus Lautlehre und Wortschatz/ 1 Karte.

246. FEITEN, Josef: Hämfaohrt. Eine Mundartdichtung aus dem Trierer Lande. In: Trierische Heimat 8 (1931/ 1932), Nr. 1/2, S. 16-19.
Hetzerath (südl. v. Wittlich): Textanalyse (lautliche Besonderheiten, Formen

der Pronomen, Pluralbildung)/ Mundarttext.

247. FEKELER-LEPSZY, Elisabeth: Beschreibung der Sprache des Ruhrgebiets. In: Gesprochene Sprache im Ruhrgebiet. Hrsg. v. Elisabeth FEKELER-LEPSZY. Gelsenkirchen 1983, Kap. 5, S. 67-89.
Ruhrgebiet: Lautlehre/ Formenlehre/ Satzlehre/ Wortschatz.

248. FELDER, Heinrich: Das erotische Idiotikon des östlichen Teiles des Bergischen. In: Anthropophyteia 4 (1907), S. 8-15.
Bergisches Land (östliches): Alphabetisches Wörterverzeichnis Ma.-Hd. erotischer Begriffe.

249. FELDER, Heinrich: Das Solinger erotische Idiotikon. In: Anthropophyteia 4 (1907), S. 1-7.
Solingen und Umgebung: Nach Sachgebieten geordnetes Wörterverzeichnis Ma.-Hd.

250. FELDER, Heinrich: Nachträge zum Bergischen Idiotikon. In: Anthropophyteia 6 (1909), S. 18.
Bergisches Land: Sammlung von Bezeichnungen für 'Bordell'/ Redewendungen.

251. FINK, Rudolf: Untersuchungen zur Adjektivflexion im gegenwärtigen Ripuarischen anhand von Tonbandaufnahmen in der Gemeinde Erp/ Erftstadt. Examensarb. (masch.) Bonn 1979.
Erftstadt-Erp: Empirische Untersuchung zur Adjektivverwendung und Adjektivflexion.

252. FINKELDEI, Hermann: Wörterbuch. Mölmsch Platt - Hochdeutsch. Übersetzungen und Erläuterungen. Mülheim a. d. Ruhr 1965.
Mülheim a. d. Ruhr: Alphabetisches Wörterbuch Ma.-Hd.

253. FISCHBACH, P.J./ GIESE, J. van der: Dürener Volksthum. Eine Sammlung von Redensarten, Sprichwörtern, Räthseln, Spielen u.s.w. nebst einem Wörterbuche der merkwürdigsten in der Dürener Volkssprache vorkommenden Ausdrücke. Hrsg. v. H. J. WERNERS. Düren 1880.
Düren: Alphabetisches Wörterbuch Ma.-Hd./ Redensarten und Sprichwörter.

254. FISCHER, Adolf: Noch einige Redensarten aus dem Jülicher Lande. In: Rur-Blumen (1928), Nr. 29, S. 1f.
Jülich und Umgebung: Sprachliche Erläuterungen zu einigen Redensarten.

255. FISCHER, Georg: Wittlicher Wörterbuch. In: Der Säubrenner. Wittlich 1966, S. 59-73; 1967, S. 67-79; 1968, S. 71-80; 1969, S. 71-79; 1970, S. 49-63; 1971, S. 65-77; 1972, S. 109-131; 1973, S. 119-133; 1974, S. 101-121.
Wittlich: Alphabetisches Wörterbuch Ma.-Hd.

FISCHER, Heinz: s. 1042.

256. FISCHER, Helmut: Volkskultur in der Landschaft. In: Der Rhein-Sieg-Kreis. Hrsg. v. Paul KIERAS. Stuttgart 1983, S. 199-219; hier: S. 199-204.
Rhein-Sieg-Kreis: Kurze Charakteristik der Mundart/ Dialektgeographie/ lautliche Binnengliederung/ Textproben.

257. FISCHER, Helmut: Wörterbuch der unteren Sieg. (= Rheinische Mundarten. Beiträge zur Volkssprache aus den rheinischen Landschaften 4). Köln 1985.
Hennef (Rhein-Sieg-Kreis) und Umgebung: Alphabetisches Wörterbuch Ma.-Hd./ Satzbeispiele/ Register Hd.-Ma.

258. FLORAX, Ludwig: Französische Elemente in der Volkssprache des nördlichen Roergebiets. In: Jahresbericht über das Real-Progymnasium der Stadt Viersen für das Schuljahr 1882-1893, Nr. 17, Viersen 1893.
Rurgebiet (Roermond, Düren, Jülich etc.): Verzeichnis mundartlicher Lehnwörter aus dem Französischen/ Etymologie/ Sprachverwendung.

259. FOCHT, H.: Das Tier in der trierischen Mundart. In: Kur-Trier 1 (1917), S. 64, 90; 2 (1918), S. 44; 3 (1919), S. 16, 76, 88; 4 (1920), S. 13, 30, 77; 5 (1921), S. 30, 87f.
Trier: Sammlung von mundartlichen Tierbezeichnungen (Ma.-Hd.) und mundartlichen Redensarten aus der Tierwelt.

260. FOERSTE, William: Einheit und Vielfalt der niederdeutschen Mundarten. Münster 1960.
Niederrhein (sporadisch): Untersuchung einiger lautlicher Phänomene/ diachron/ Dialektgeographie.

261. FORSTREUTER, Cornelia: Dialektgebrauch (Schwerpunkt Wortschatz) dreier Generationen in rheinischen Familien. Examensarb. (masch.) Bonn 1990.
Hennef (Rhein-Sieg-Kreis): Untersuchung des Wandels im Wortschatzgebrauch über drei Generationen.

262. FORSTREUTER, Cornelia: Verlust und Wandel im mundartlichen Wortschatz. Ergebnisse einer empirischen Untersuchung von Mundartsprechern

dreier Generationen im Rhein-Sieg-Kreis. In: Volkskultur an Rhein und Maas 12 (1993), H. 3, S. 3-10.
Hennef (Rhein-Sieg-Kreis): Kurzfassung der vorgenannten Arbeit.

263. FOX, Nikolaus: Laut- und Akzentlehre des Ortes Roden, verbunden mit einer Übersicht über die Mundarten des Bach- und Köllertals. Diss. Köln 1922.
Roden (zu Saarlouis): Lautlehre.

264. FOX, Nikolaus: Saarländische Volkskunde. Bonn 1927. -- Nachdr. Saarbrücken 1979. Darin: Sprache, S. 127-152.
Saarland: Dialektgeographie der saarländischen Mundarten/ Sprachgrenzen/ Lautlehre/ Wortbildung/ Flexion/ Wortschatz/ Einfluß des Französischen/ Einfluß des Rotwelschen und Jiddischen.

265. FOX, Nikolaus: Die Saarlouiser Mundarten. In: Saarlouis 1680-1930. Rückschau und Ausblick im 250. Gründungsjahr der Stadt. Hrsg. v. LATZ. Saarlouis 1930, S. 181-224.
Saarlouis: Lautlehre, Formenlehre, Redensarten und Sprichwörter/ fremdsprachlicher Einfluß auf die S.-Rodener Mundart/ Vergleich der Saarlouiser mit der Rodener Mundart anhand der Laut- und Formenlehre/ diachron/ Mundarttexte.

266. FOX, Nikolaus: Die Mundart der Stadt Saarlouis. In: Kulturleben an der Saar (1934), S. 1-12. -- Nachdr. in: Deutsche Schule an der Saar 14 (1935), S. 346-359.
Saarlouis: Nachweis, daß KIFFERs "Le dialecte de Sarrelouis et sa littérature" weitgehend eine Abschrift seiner Mundartbeschreibung ist/ Wort- und Satzbeispiele, Textproben, Inhaltsangaben.

267. FOX, Nikolaus: Unsere Mundarten. In: Unsere Heimat. Blätter für saarländisch-pfälzisches Volkstum 1 (1935/36), S. 28f.
Beckingen (bei Dillingen/Saar): Sehr kurzer Hinweis auf Präteritum und Konjunktiv in der Mundart/ Textbeispiel.

268. FRAMBACH, Anton/ ESSER, Norbert: Erftländer Sprachschatz. Wörter, Ausdrücke, Begriffe, Redensarten in der ripuarischen Mundart. Geordnet in alphabetischer Reihenfolge. Hrsg. v. Verein der Heimatfreunde v. Niederaußem und Auenheim e.V. O.O. 1991. 2. Teil: O.O. 1993.
Erftstadt und Umgebung: Alphabetisches Wörterbuch Ma.-Hd./ Suchhilfe Hd.-Ma./ Redensarten.

269. FRANCK, Johannes: Das Wörterbuch der rheinischen Mundarten. In: Westdeutsche Zeitschrift für Geschichte und Kunst 27 (1908), S. 1-37.
Rheinlande: Anmerkungen über Mundart und Umgangssprache, über das Fränkische und Ripuarische/ Materialquellen/ Bericht zum Stand der Arbeit am Wörterbuch.

FRANCK, Johannes: s. 13. 772.

270. FRANK, Ernst: Lexikon, Nokixel. Mit Gedanken, Gedichten, Erzählungen. Mundartwörterbuch vom Niederrhein aus Duisburg. Maierksch Plat. Duisburg 1982.
Duisburg: Alphabetisches Wörterbuch Ma.-Hd./ Anwendungsbeispiele/ Register Hd.-Ma. für Zahlwörter, Verhältniswörter, Artikel/ Stammformen der starken und schwachen Verben/ Redewendungen/ Textbeispiele.

271. FRANK, Ernst: Lebensweisheiten des Alltags, Redewendungen und Aussprüche. Sag Trin - Sagte Katharina. In niederrheinischer Mundart und Hochdeutsch. Aus Duisburg an Rhein und Ruhr 883-1983. Maierksch Plat. Duisburg 1983.
Duisburg: Wörterverzeichnis Ma. - Hd./ Lauttabelle mit Umschriftzeichen.

272. FRANK, Josef: Saarbrücker Mundart in Wörtern, Redensarten und Sprichwörtern. Die Bedeutung des Ortsnamens Saarbrücken und die Weilerorte. Saarbrücken 1973, hier: S. 27-92.
Saarbrücken: Alphabetisches Wörterverzeichnis Ma.-Hd./ Redensarten.

273. FRANKE, Eberhard: Von der Umgangssprache auf der Fabrik. In: Kruppsche Mitteilungen 32 (1940/ 41), S. 117.
Essen und Umgebung: Umgangssprachlicher Wortschatz der Krupp-Arbeiter mit Bedeutungsangaben.

274. FRANZEN, German: Moselfränkische Wortschatzetymologie. Überlegungen zur Herkunft einiger ausgewählter Wörter. In: Heimat zwischen Hunsrück und Eifel 25 (1977), Nr. 2, S. 4.
Moselfränkisches Sprachgebiet: Etymologische Erklärung einiger Mundartwörter.

275. FRANZEN, German: Sprachprobleme der Mundartsprecher. Grammatische Anmerkungen zum Moselfränkischen. In: Heimat zwischen Hunsrück und Eifel 27 (1979), Nr. 7, S. 2.
Moselfränkisches Sprachgebiet: Kurze Bemerkungen zu Wortschatz/ Lautlehre/ Formenlehre/ Satzlehre/ vereinzelt diachron.

276. FRANZEN, German: Untergegangene Wörter in der moselfränkischen Mundart wieder aufgefunden. In: Landeskundliche Vierteljahrsblätter 27 (1981), H. 4, S. 7-15.
Moselfränkisches Sprachgebiet: Nach Sachgebieten angelegte Sammlung von Mundartwörtern/ Hinweise zur Etymologie.

277. -- FREMDWÖRTER in der Mundart. In: Unsere Heimat. Zwanglose Blätter. Hrsg. v. den Heimatvereinen des Kreises Geldern (Beilage zur niederrheinischen Landeszeitung) 23 (1935), Nr. 8.
Geldern und Umgebung: Kurze Sammlung von mundartlichen Lehnwörtern/ Gegenüberstellung des französischen und hochdeutschen Wortes.

278. FREUDENBERG, Richard: Söitelsch Plott. Süchtelner Plattdeutsch mit Wörterverzeichnis und Dialektproben. Viersen 1888.
Süchteln (bei Viersen) und Umgebung: Alphabetisches Wörterverzeichnis Ma.-Hd./ Mundartproben.

279. FREUND, Siegmar: Probe- und Bruch-stükk einer deutschen Grammatik für die Rheinlande mit Beiträgen zur vergleichenden Sprachkunde und einer Nachlese von lesbarem Ungelesenen. Berlin 1832.
Rheinlande: Hinweise für Aussprache und Schreibweise des Deutschen unter dem Aspekt der "Schönheit"/ regionale Unterschiede bestimmter Ausdrucksweisen oder Wörter, ausgehend vom Rheinischen/ Eigentümlichkeiten des Rheinischen (Lautlehre, Semantik).

280. FRIEBERTSHÄUSER, Hans: Westmitteldeutsche Mundartforschung. In: Germanische Dialektologie. Fs. für Walther MITZKA zum 80. Geburtstag. Hrsg. v. Ludwig Erich SCHMITT. Band I. (= Zeitschrift für Mundartforschung. Beih., N.F. 5). Wiesbaden 1968, S. 75-104.
Westmitteldeutsches Sprachgebiet: Forschungsbericht mit einem Schwerpunkt auf sprachgeographischen und -soziologischen Arbeiten/ Sprachströmungen, Grenzen/ 3 Karten.

281. FRIEBERTSHÄUSER, Hans: Westmitteldeutsch. Sprach-, Berufs- und Sozialschichten im Spiegel westmitteldeutscher Wortgeographie. In: Wortgeographie und Gesellschaft. Festgabe für Ludwig Erich SCHMITT. Hrsg. v. Walther MITZKA. Berlin 1968, S. 211-247.
Westmitteldeutsches Sprachgebiet: Wortgeographie/ Analyse der Zusammenhänge von mundartlichem Wortgut mit sozialen Schichten/ Sprachströmungen/ Altersstufen/ Berufs- und Sozialschichten/ sprachsoziologische Untersuchung.

282. FRINGS, Theodor: Studien zur Dialektgeographie des Niederrheins zwischen Düsseldorf und Aachen. (= Deutsche Dialektgeographie 5). Marburg 1913. -- Nachdr. Walluf 1974.
Niederrhein (ripuarisch-niederfränkisches Übergangsgebiet): Lautlehre der Mundart von Dülken/ dialektgeographischer Vergleich mit RAMISCHs Regionalgrammatik für das Gebiet Geldern-Moers-Krefeld-Kempen (s.d.) sowie mit angrenzenden Dialekten/ diachron/ 1 Karte.

283. FRINGS, Theodor: Das Alter der Benrather Linie. In: Beiträge zur Geschichte der deutschen Sprache und Literatur 39 (1914), S. 362-376.
Geilenkirchen bis Neuss: Abhandlung über bisherige Forschungsergebnisse/ Überprüfung anhand von 34 Wörtern/ Bestimmung der Linie/ territoriale Grenzen/ Sprachgrenzen/ zeitliche Einordnung.

284. FRINGS, Theodor: Rheinische Dialektgeographie. In: Deutsche Literaturzeitung 36 (1915), S. 2269-2282.
Rheinlande: Vorgehensweise und Ergebnisse der Sprachatlasarbeit/ Sprachlinien (Territorialgrenzen, historisch-politische Grenzen)/ sprachliche Besonderheiten/ Grenzen und Entwicklungen/ kritische Bibliographie.

285. FRINGS, Theodor: Die rheinische Accentuierung. Vorstudie zu einer Grammatik der rheinischen Mundarten. (= Deutsche Dialektgeographie 14). Marburg 1916.
Rheinlande: Abhandlung über die Akzentuierung, insbesondere Schärfung innerhalb des Rheinischen/ Ursprung und Wesen der rheinischen Akzentuierung/ diachron.

286. FRINGS, Theodor: Mittelfränkisch-Niederfränkische Studien. I.: Das ripuarisch-niederfränkische Übergangsgebiet. In: Beiträge zur Geschichte der deutschen Sprache und Literatur 41 (1916), S. 193-271.
Niederrhein (ripuarisch-niederfränkisches Übergangsgebiet): Dialektalgeographische Gliederung/ Sprachgrenzen (Benrather und Uerdinger Linie)/ Darstellung von Untersuchungsergebnissen/ Lautverschiebung/ Monophthongierung und Diphthongierung/ diachron.

287. FRINGS, Theodor: Mittelfränkisch-Niederfränkische Studien. II: Zur Geschichte des Niederfränkischen. In: Beiträge zur Geschichte der deutschen Sprache und Literatur 42 (1917), S. 177-248.
Niederfränkisches Sprachgebiet: Geschichte/ Sprachlinien/ sprachliche Besonderheiten/ Beispiele aus Formen- und Lautlehre/ Forschungsergebnisse/ diachron.

288. FRINGS, Theodor: Rheinische Sprachgeschichte. In: Hermann AUBIN/ Theodor FRINGS u.a. (Hrsg.): Geschichte des Rheinlandes von der ältesten Zeit bis zur Gegenwart. Bd. II: Kulturgeschichte. Essen 1922, S. 251-298. -- Nachdr. in: FRINGS, Theodor: Sprache und Geschichte. Bd. I. (= Mitteldeutsche Studien 16). Halle a.d. Saale 1956, S. 1-54. -- Gekürzte Fassung: Rheinische Sprachgeschichte. Überblick. Essen 1924.
Rheinlande: Sprachgeschichte (Territorialgeschichte, Gliederung des Gebietes, Sprachlinien, sprachliche Unterschiede, Restformen, Verlauf der Sprachgrenzen, kulturelle Bewegungen usw.)/ Lautverschiebung/ Lautlehre/ Formenlehre.

289. FRINGS, Theodor: Aus der Wortgeographie der Rhein- und Niederlande. In: Beiträge zur germanischen Sprachwissenschaft. Fs. für Otto BEHAGHEL. Heidelberg 1924, S. 194-232.
Rheinlande, Niederlande: Wortbeispiele/ dialektale Unterschiede/ regionale Verbreitung/ Angaben über Entstehungs- und Entwicklungsgeschichte/ diachron.

290. FRINGS, Theodor: Sprache. In: Kulturströmungen und Kulturprovinzen in den Rheinlanden. Geschichte, Sprache und Volkskunde. Hrsg. v. Hermann AUBIN/ Theodor FRINGS/ Josef MÜLLER. (= Veröffentlichungen des Instituts für Geschichtliche Landeskunde an der Universität Bonn). Bonn 1926, 2. Aufl. 1966, S. 94-189. -- Nachdr. in: FRINGS, Theodor: Sprache und Geschichte II. (= Mitteldeutsche Studien 17). Halle a.d. Saale 1956, S. 40-147.
Rheinlande: Wortgeographie und Sprachgrenzen/ Grundriß der rheinischen Sprachlandschaft/ diachron/ 35 Karten.

291. FRINGS, Theodor: Der rheinische und der litauische Accent. In: Beiträge zur Geschichte der deutschen Sprache und Literatur 58 (1934), S. 110-149.
Rheinlande: Abhandlung über den Akzent im Rheinischen/ regionales Vorkommen, Bedingungen, verschiedene Formen, Entwicklung, Wandel/ Vergleich mit dem litauischen Akzent.

292. FRINGS, Theodor: Flämisch *kachtel* 'Füllen', lat. *capitale* und der Übergang von *ft* zu *cht*, deutsch *Kraft*, niederländisch *cracht*. In: Beiträge zur Geschichte der deutschen Sprache und Literatur [Halle] 82 (1961), Sonderband zum 75. Geburtstag von Elisabeth KARG-GASTERSTÄDT, S. 363-393.
Niederfränkisches Sprachgebiet und Niederlande: Abhandlung über die verschiedenen Ausprägungen des Wortes 'Füllen'/ Lautwandel *ft* > *cht* / Etymologie/ diachron.

293. FRINGS, Theodor: Nachtrag zu dem Aufsatz *ft* zu *cht* ... In: Beiträge zur Geschichte der deutschen Sprache und Literatur [Halle] 84 (1962), S. 469-471.

Niederfränkisches Sprachgebiet und Niederlande: Einige weiterführende Anmerkungen zum vorhergehenden Beitrag.

294. FRINGS, Theodor/ LINKE, Elisabeth: Zwischenvokalisches *-g-* in den Niederlanden und am Rhein. Mit 1 Karte. In: Beiträge zur Geschichte der deutschen Sprache und Literatur [Halle] 80 (1958), S. 1-32.
Rheinlande und Niederlande: Sprachliche Entwicklung des zwischenvokalischen *-g-*/ Verbreitung/ Vorkommen/ Wortbeispiele/ Sprachgrenzen/ Bedingungen/ diachron/ 1 Karte.

295. FRINGS, Theodor/ TILLE, Edda: Aus der Werkstatt des Rheinischen Wörterbuchs. In: Zeitschrift für Deutsche Mundarten 18 (1923), S. 203-216.
Rheinlande: Wortgeographische Anmerkungen zu einigen Wortkarten des Rheinischen Wörterbuchs ('Mutterschwein', 'Hund', 'Zwiebel', 'kriechen', 'wohl').

296. FRINGS, Theodor/ TILLE, Edda: Kulturmorphologie. In: Teuthonista 2 (1925/26), S. 1-8.
Rheinlande: Forschungsstand/ Lautgeographie/ Sprachbewegungen/ z.T. Wortgeographie.

297. FRISCH, Peter: Studien zur Grenze des Mosel- und Rheinfränkischen im Süden des Regierungsbezirks Trier. Diss. Bonn 1911.
Saarland: Lautgeographie/ diachron.

298. FRITZEN, Johannes: Etwas über die Mundart. In: Heimatstadt Essen 1 (1948), S. 130.
Essen: Kurze Erläuterung der niederfränkischen und niedersächsischen Einflüsse auf die Essener Mundart/ Textbeispiele.

299. FROITZHEIM, Claudia: Artikulationsnormen der Umgangssprache in Köln. (= Continuum 2). Tübingen 1984.
Köln: Untersuchung zu dialektbedingten und dialektunabhängigen Artikulationsabweichungen in der Umgangssprache von fünf Hochdeutschsprechern.

300. FUCHS, Ernst: Die Merziger Mundart. Teil 1: Vokalismus. Diss. Darmstadt 1903.
Merzig (Saar): Charakterisierung der Mundart/ Einfluß der französischen, jiddischen u. niederländischen Sprache anhand von Wortbeispielen/ dialektgeographische Einordnung/ Besonderheiten der Lautlehre/ diachron.

301. FUCHS, Ernst: Der musikalische Akzent in der Merziger Mundart. In:

Zeitschrift für hochdeutsche Mundarten 5 (1904), S. 12-19.
Merzig (Saar): Betonung und Melodie in verschiedenen Satzarten.

302. FUSS, M.: Zur Etymologie nordfränkischer Provincialismen. Köln 1873.
Jülich und Umgebung: Alphabetisches Wörterverzeichnis Ma.-Hd./ Etymologie, z.T. Quellenangaben/ Vergleich mit anderen Dialekten.

303. GADNER, Georg: Auch 'Kölsch' will gelernt sein. Zum Wiedererscheinen des 'Wörterbuches der Kölner Mundart von Fritz HÖNIG'. In: Alt Köln 6 (1952), S. 53f.
Köln: Kurzer Hinweis auf Neubearbeitung des Wörterbuchs von HÖNIG (s.d.).

304. GARZA, Patricia: Kontrastive Satzintonationsanalyse von Stadtkölner Mundart und Hochdeutsch. Diss. (masch.) Köln 1992.
Köln: Akustische und auditive Analyse der Konsonantendauer und ihrer satzintonatorischen Funktionen in Mundart und Hochsprache.

305. GATH, Goswin Peter (Schang vum Vogelsang): Kleines Wörterbuch der Kölner Mundart. Köln 1959.
Köln: Alphabetisches Wörterbuch Ma.-Hd./ Beispielwendungen.

306. GEBEL, Hans-Josef: Anmerkungen zur Sprache in Riegelsberg. In: Ortschronik Riegelsberg. Entstehung und Entwicklung einer modernen Wohngemeinde. Hrsg. v. der Gemeinde Riegelsberg. Riegelsberg 1980, S. 528-535.
Riegelsberg (bei Saarbrücken) und Umgebung: Lautlehre kontrastiv Moselfränkisch - Rheinfränkisch - Hochdeutsch/ Redensarten/ Bemerkungen zur Sprachgeschichte/ Einfluß von Fremdsprachen.

GEELEN, Hubert: s. 220.

307. GEERLING, Johann: Die Clevische Volksmundart. In: Jahresbericht über das Schuljahr 1840-1841. Wesel 1841, S. 1-48.
Wesel: Vokalismus/ Wortbeispiele mit Erklärungen und Etymologie/ Textvergleich einer zeitgenössischen und einer alten Chronik.

308. GEILENKIRCHEN, Franz: Jät va Krankheäte. In: Öcher Platt 43 (1962), S. 56f.
Aachen: Kurzes Wörterverzeichnis Ma.-Hd. von Krankheitsbezeichnungen.

309. GEISEN, Werner: Honnsrecka valia dein Moddaschprooch net. Schteckelscha aus dem ganze Keaschpel, Schprich, Gedichtja onn e ganz Weadaboch en

Blangada Platt fia all, die Platt vaschtieh onn gäa honn. Unter Mitarbeit von Werner SCHÖNBORN u.a. Blankenrath 1984; hier: S. 113-242: [Wörterbuch].
Blankenrath (bei Kastellaun): Alphabetisches Wörterbuch Ma.-Hd./ Redewendungen/ Textsammlung.

310. GEISENHEYNER, L.: Dialektwörter aus der Umgegend von Kreuznach. In: Zeitschrift für den deutschen Unterricht 17 (1903), S. 48-51.
Kreuznach und Umgebung: Ergänzungen zu RODENBUSCHs "Dialektwörter aus der Umgegend von Kreuznach" (s. d.).

311. GEMMILL, Gerda: The Derivation of Underlying Stops in Cologne Dialect. In: Zeitschrift für Dialektologie und Linguistik 43 (1976), S. 129-141.
Köln: Konsonantismus (Phoneme *k/g*).

312. GERADS, Anna: Plattdütsche Ausdrück, die voel neet miie kenne. In: Oos Platt. Hrsg. v. d. Volkskundlichen Arbeitsgemeinschaft im Kreis Heinsberg. Wassenberg o.J. [1987], S. 24.
Geilenkirchen: Knappes Wörterverzeichnis Ma.-Hd.

313. GERHARD, Paul: Wörterbuch der Siegerländer Bergmannssprache. Betzdorf a. d. Sieg 1922.
Siegerland: Alphabetisches Wörterbuch der z.T. mundartlichen Fachsprache.

314. GERRITSEN, Marinel: Mechanisms of standardization. In: Artikelen van de eerste Soziolinguistische Conferentie. Hrsg. v. Roeland van HOUT/ Erica HEELS. Delft 1991, S. 169-190.
Grenzgebiet Deutschland-Niederlande-Belgien: Empirische Untersuchung/ Lautlehre/ Syntax/ Wortbildung/ Semantik im Vergleich Standardsprache-Dialekt/ 2 Karten.

315. GERRITSEN, Marinel: Die sprachliche Spaltung zwischen den Dialekten von Susteren (NL) und Waldfeucht (D). In: Volkskultur an Rhein und Maas 12 (1993), H. 3, S. 11-23.
Waldfeucht (bei Heinsberg) und Susteren (NL): Sprachwandel zwischen dem Dialekt und den beiden Standardsprachen (Wortschatz, Lautung, Formen)/ Sprachsoziologische Auswertung/ Karten und Tabellen.

316. GIERLICHS, Hubert: Mundartliches aus dem Kreise Schleiden. In: Rheinische Geschichtsblätter 2 (1895/96), S. 378-383; 3 (1896/97), S. 122-125, 158f.
Schleiden und Umgebung: Sammlung von mundartlichen Bezeichnungen, Namen, Redewendungen.

317. GIERLICHS, Hubert: Hessische Ausdrücke in der Eifel. In: Rheinische Geschichtsblätter 6 (1901/02), S. 60f.
Eifel und Niederrhein: Ergänzendes und erklärendes Wörterverzeichnis zu L. ARMBRUSTs Artikel "Hessische Ausdrücke in der Hunsrücker Mundart" (s. d.).

GIESBERTS, Hubert: s. 220.

GIESE, J. van der: s. 253.

318. GILLESSEN, Leo: Korbflechter und Holzschuhmacher an der unteren Rur. (= Museumsschriften des Kreises Heinsberg 1). Heinsberg 1979, hier: S. 54-62.
Rurtal (unteres): Verzeichnis mundartlicher Fachausdrücke der Korbflechter und Holzschuhmacher mit hochdeutscher Erläuterung.

319. GLASS, Paul: Ensemmer Platt. Enzyclopedia Onesheimiensis. Der Wortschatz der Ensheimer Mundart. 2 Bde. Ms. (masch.) (= Ensheimer Wörterbuch 1 und 2). Ensheim/Saar 1975/76.
Ensheim (östl. v. Saarbrücken): Alphabetisches Wörterbuch Ma.-Hd./ Redewendungen/ Vornamen/ Ausspracheregeln.

320. GLASS, Paul: "Klutzkopp, kumm ich will da!". Die Schimpfwörter der Ensheimer Mundart. Alphabetisch aufgelistet, anschaulich erläutert und mit einer sprachpsychologischen Einführung versehen. (= Ensheimer Wörterbuch 3). Ensheim/Saar 1988.
Ensheim (östl. v. Saarbrücken): Alphabetische Schimpfwörterliste Ma.-Hd.

321. GLOEL, Heinrich: Niederrheinisches Deutsch. In: Fs. zum siebzigsten Geburtstage Rudolf HILDEBRANDs. Hrsg. v. Otto LYON. (= Zeitschrift für den deutschen Unterricht, 3. Ergänzungsh.). Leipzig 1894, S. 62-70.
Wesel und Niederrhein: Charakterisierung der Umgangssprache am Niederrhein zwischen Platt und Hochdeutsch/ Aussprache/ Wortbildung und Flexionslehre/ Satzbau/ Wortschatz.

322. GÖBEL, Paul: Die Mundart von Ehlenz - Phonologie und Morphologie (Kurzbericht über die Ergebnisse meiner Magisterarbeit aus dem Jahre 1984). In: Heimatkalender Landkreis Bitburg-Prüm 1987, S. 95-99; 1988, S. 213-215.
Ehlenz (nördl. v. Bitburg): Dialektgeographische Einordnung/ phonologische und morphologische Hauptmerkmale.

323. GÖRGEN, [Andreas]: Alt-Bitburger Sprachgut in Jugenderinnerungen. In: Die Eifel 37 (1936), S. 68f.
Bitburg: Sammlung mundartlicher Wörter und Ausdrücke/ (Ende 19. Jh.).

324. GOERGENS, Franz-Josef: Hochsprache-Mundart-Dialekt. Ein Beitrag zur Mundartforschung. In: Heimatkalender des Kreises Jülich 14 (1964), S. 122-125. -- Nachdr. in: Beiträge zur Jülicher Geschichte 12 (1970), Nr. 29, S. 2-5.
Jülich und Umgebung: Kurze dialektgeographische Einordnung/ Sprachlinien/ Wortbeispiele.

325. GOERRES, Peter: Von alten Dürener Ausdrücken. Hektographiertes Ms., neu zusammengestellt vom Stadtarchiv Düren 1969.
Düren: Kleines alphabetisches Wörterverzeichnis Ma.-Hd./ Redewendungen/ Etymologie.

326. GOOSSENS, Jan: Die Brünstig-Synonymik im Rhein- und Maasland - Brünstig von der Kuh. In: Niederrheinisches Jahrbuch 8 (1965), S. 119-123.
Rheinlande (nördliche) und Niederlande (südöstliche): Wortgeographische Studie zu den Varianten für 'brünstig'/ 1 Karte.

327. GOOSSENS, Jan: Die Gliederung des Südniederfränkischen. In: Rheinische Vierteljahrsblätter 30 (1965), S. 79-94.
Südniederfränkisches Sprachgebiet: Lautgeographie/ 2 Karten.

328. GOOSSENS, Jan: De taalatlas van het Zuidoosten van het Nederlandse taalgebied en het Noorden van het Duitse Rijnland. In: Taal en Tongval 33 (1981), S. 145-160.
Rheinlande (nördliche), Niederlande (südöstliche), Belgien (östliches), Luxemburg (nördliches): Wortgeographie/ Grundkarte des Sprachatlasses/ Wortkarte zu 'Iltis' ('Bunzing-Iltis').

329. GOOSSENS, Jan: Der Sprachatlas des nördlichen Rheinlands und des südöstlichen Niederlands. Mit 3 Karten. In: Rheinische Vierteljahrsblätter 46 (1982), S. 254-270.
Rheinlande (nördliche), Niederlande (südöstliche), Belgien (östliches), Luxemburg (nördliches): Sprachgeographische Darstellung des Atlasgebiets des FSA/ Wortkarte 'Schmetterling' mit Interpretationen.

330. GOOSSENS, Jan: Niederrheinische Mundarten in der Enquete von Pieter WILLEMS (1885). In: Sprache an Rhein und Ruhr. Dialektologische und soziolinguistische Studien zur sprachlichen Situation im Rhein-Ruhr-Gebiet und ihrer Geschichte. Hrsg. v. Arend MIHM. (= Zeitschrift für Dialektologie und

Linguistik, Beih. N.F. 50). Stuttgart 1985, S. 48-62.
Niederrhein und Kölner Raum: Einzelheiten zur Formengeographie des Ripuarischen und Niederfränkischen/ diachron.

331. GOOSSENS, Jan: Sprachatlas des nördlichen Rheinlands und des südöstlichen Niederlands. "Fränkischer Sprachatlas". 1. Lieferung, Marburg 1988.
Rheinlande (nördliche), Niederlande (südöstliche), Belgien (östliches), Luxemburg (nördliches): Wortgeographie/ Karten und Kommentar zu: Sperling, Amsel, Iltis, Schmetterling, Zwiebel, Hederich u. Ackersenf, Quecke, Baumrinde, Ernte, Töpfer/ Orts- und Wortregister/ diachron.

332. GOOSSENS, Jan: Der Sprachatlas des nördlichen Rheinlands und des südöstlichen Niederlands (FSA). In: Sprachatlanten des Deutschen. Laufende Projekte. Hrsg.v. Werner H. VEITH und Wolfgang PUTSCHKE. (= Studien zum Kleinen Deutschen Sprachatlas. Bd. 2). Tübingen 1989, S. 79-90.
Rheinlande (nördliche), Niederlande (südöstliche), Belgien (östliches), Luxemburg (nördliches): Überarbeitete Fassung des ersten Teils von GOOSSENS 1982, s.d./ 1 Karte.

333. GOOSSENS, Jan: Zur sprachlichen Teilung des Rhein-Maas-Raumes. In: Rheinische Vierteljahrsblätter 55 (1991), S. 274-293.
Niederrhein und Niederlande (südöstliche): Wichtige sprachgeographische Gliederungen und Grenzlinien/ diachron/ 4 Karten.

334. GORISSEN, Friedrich: Schicksal der Klever Mundart. In: Korrespondenzblatt des Vereins für niederdeutsche Sprachforschung 49 (1936), S. 27-30.
Kleve und Umgebung: Entwicklung der Mundart/ diachron.

335. GORMANNS, Josef: Wörterbuch der Rheinberger Mundart. (= Schriften der Stadt Rheinberg zur Geschichte und Heimatkunde 2). Rheinberg 1989.
Rheinberg: Nach Sachgebieten aufgebautes Wörterbuch Ma. - Hd./ alphabetische Suchhilfe Hd. - Ma.

336. GRAF, Heinz-Joachim: Der Henese Fleck. Eine alte Geheimsprache der Kiepenträger aus Breyell am linken Niederrhein. (= Schriftenreihe des Kreises Kempen-Krefeld 23). Kempen a. Niederrhein 1974.
Breyell (Nettetal): Charakterisierung der Geheimsprache/ alphabetisches Wörterverzeichnis/ Formenlehre.

337. GRAF, Heinz-Joachim: Rheinisch 'Kastemännchen'. In: Rheinische Vierteljahrsblätter 38 (1974), S. 76f.

Rheinlande: Deutung des Begriffs 'Kastemännchen', Kritik an der Gleichsetzung mit 'Kassenmännchen' im Rheinischen Wörterbuch.

338. GRAß, Joseph: Experimentalphonetische Untersuchungen über Vokaldauer. Vorgenommen an einer ripuarischen Dorfmundart. Diss. Hamburg 1920.
Niederembt (bei Bergheim/ Erft): Vokalismus.

339. GRAß, Joseph: Die rheinische Akzentuierung. In: Zeitschrift für Deutschkunde (Jahrgang 39 der Zeitschrift für den deutschen Unterricht) 1925, S. 484-488.
Rheinlande: Kurze Abhandlung über die rheinische Akzentuierung/ Einzelheiten zur Lautlehre/ 2 Abb.

340. GRAUS, Adolf: Dialektgrenzen im Saarbrücker Land. Bonn 1910.
Saarbrücken und Umgebung: Sammlung ursprünglicher Zeitungsartikel von 1910 mit hs. Vorwort/ Lautlehre auf der Grundlage des Deutschen Sprachatlas/ Sprachlinien/ Beispielwörter.

341. GREFERATH, Theodor: Studien zu den Mundarten zwischen Köln, Jülich, Mönchen-Gladbach und Neuss. (= Deutsche Dialektgeographie 11a). Marburg 1922. -- Nachdr. Walluf 1974.
Schelsen (bei Mönchengladbach): Laut- und Formenlehre/ dialektgeographische Einordnung/ vergleichende Wortregister/ diachron.

342. GREIN, I.: Grenzmundart/ Haltet das Plattdeutsche in Ehren! In: Heimatkalender des Heinsberger Landes 3 (1927), S. 111-115.
Selfkant (grenzüberschreitend): Kurze Charakterisierung der Mundart.

343. GREIVE, Artur: Französische Wörter in der Kölner Stadtmundart: Aspekte ihrer Integration. In: Das Galloromanische in Deutschland. Hrsg. v. Johannes KRAMER u. Otto WINKELMANN. (= pro lingua 8). Wilhelmsfeld 1990, S. 117-124.
Köln: Übernahme französischer Wörter in die Kölner Mundart/ lautliche, morphologische und semantische Veränderungen der Lehnwörter.

344. GRIEBLER, Leo: Ursprache Mundart. In: Mosella. Beilage zu den Heimatblättern des Trierischen Volksfreundes 4 (1956), Nr. 2-12; 5 (1957), Nr. 1-8.
Trier: Wortkundliches/ teils alphabetisch, teils nach Sachgebieten geordnet/ etymologische Angaben.

345. GRIEBLER, Leo: Franken kamen aus Holland. Niederländisches in den

Mundarten der Saar. In: Geschichte und Landschaft 178 (1979), S. 3.
Saarland: Kurzes alphabetisches Verzeichnis von Mundartwörtern mit niederländischen Entsprechungen/ diachron.

346. GRIEBLER, Leo: Von der Hilbringer Mundart. In: Hilbringer Heimatbuch. Merzig 1980, S. 182-188.
Hilbringen (bei Merzig/ Saar): Auflistung v. Mundartwörtern/ französische Einflüsse/ diachron.

347. GRÖBE, Volker: Uns kölsche Sproch. (= Compact Miniwörterbuch). München 1990.
Köln: Alphabetisches Wörterbuch Ma.-Hd. (im Kleinstformat!)/ Anmerkungen zu Redewendungen.

GRÖBE, Volker: s. 732.

348. GROOTAERS, L.: Kehlkopfverschluß in Rheinland und Westflandern. In: Rheinische Vierteljahrsblätter 17 (1952), S. 385-389.
Rheinlande, Luxemburg, Belgien (östliches): Versuch der Beschreibung und Erklärung des Kehlkopfverschlusses (Velarverschluß und Schärfung)/ diachron.

349. GROSS, Markus: Das Moselfränkische von Hüttersdorf. (= Beiträge zur Sprache im Saarland 10). Saarbrücken 1990.
Hüttersdorf (nordöstl. v. Dillingen): Lautlehre/ Formenlehre.

350. GROSSE, Karl: Unterschiede zwischen Kölner und Bonner Mundart. In: Alt-Bonn. Heimatblätter für Bonn und Umgebung 7 (1953), S. 26f.
Köln und Bonn: Lautliche Unterschiede anhand von Beispielen.

351. GUENTHER, Julius: Scheinbar verloren gegangene Wörter, welche sich auf Bierbrauerei beziehen. In: Die Heimat (Solingen) 2 (1926), Nr. 7/8.
Bergisches Land: Kurze Bemerkungen zu mundartlichen Fachwörtern der Bierbrauerei/ lautliche Besonderheiten/ diachron.

352. H., B.: Einiges von unserer Mundart. Streifzug durch Dürener Volkstum. In: Heimat-Blätter der Dürener Zeitung 1935, Nr.9, S. 68f.
Dürener Land: Sammlung einzelner Mundartwörter/ morphologische Besonderheiten (Präfigierung, Suffigierung).

353. HAAS, Bernhard: Volkstum und Mundart. In: Rur-Blumen 1927, Nr. 21.
Jülich und Umgebung: Sammlung von in der Mundart eingebürgerten

Lehnwörtern mit Angaben zur Herkunft/ sonstige Besonderheiten des Wortschatzes.

354. HAAS-RECK, Elisabeth: Beispiele unserer Mundart. In: Kobern-Gondorf. Von der Vergangenheit zur Gegenwart. Kobern-Gondorf 1980, S. 260-263.
Kobern-Gondorf (bei Koblenz): Kurze Bemerkungen zur Lautlehre/ kurze Sammlung von Wörtern Hd.-Ma.

355. HACK, Heinrich: Die Kölner Mundart. In: Franz BENDER (Hrsg.): Illustrierte Geschichte der Stadt Köln. Köln 1912, S. 273-276.
Köln: Knappe dialektgeographische und sprachgeschichtliche Einordnung der Mundart/ diachron.

356. HACK, Heinrich: Die Kölner Mundart. In: Die Heimat. Zeitschrift für niederrheinische Heimatpflege 13 (1931), S. 189-191.
Köln: Dialektgeographische Einordnung der Mundart/ Entwicklung der Schriftsprache/ Bedeutung und lautliche Besonderheiten der Mundart/ diachron.

357. HÄKER, Friedrich: Die alte Mundart aus dem Rheinisch-Bergischen Kreis. Raum Olpe - Forsten - Kürten. Ms. (masch.) Bergisch Gladbach o.J.
Kürten (bei Wipperfürth) und Umgebung: Alphabetisches Wörterbuch Ma. - Hd./ Satzbeispiele.

358. HAHN, W.: Mundart und Hochdeutsch in Saarbrücken. Ein Heimatsprachbuch für Schüler und Lehrer. Saarbrücken 1914.
Saarbrücken: Laut- und Formenlehre im Vergleich zum Hochdeutschen.

359. HALBACH, Gustav Hermann: Bergischer Sprachschatz. Volkskundliches plattdeutsches Remscheider Wörterbuch. (= Beiträge zur Geschichte Remscheids). Remscheid 1951. -- Nachdr. Remscheid 1975 [Mit einem Anhang von Erich MENGEL].
Remscheid: Alphabetisches Wörterbuch Ma.-Hd.

360. HALBACH, Gustav Hermann: Der Väter Erbe. Wandlungen und Entartungen der Remscheider Mundart. In: Die Heimat spricht 4 (1955), H. 2, [o.Z.].
Remscheid: Vereinzelte Hinweise auf kaum noch gebräuchliche Wörter.

361. HALBACH, Johannes E.: Der Bandwirker - Von Angabe bis Zugbaum op Rongsdorper Platt. Eine Sammlung von Fachausdrücken wie sie von den Bandwirkern gebraucht wurden. Ronsdorf 1989.

Ronsdorf (zu Wuppertal): Alphabetisches Wörterbuch mundartlicher Fachsprache- Hd./ zahlreiche Satzbeispiele.

362. HAMMEL, Hans-Dieter: Bedeutung, Wortschatz und Weltbild der niederfränkischen Mundart von Mülheim a. d. Ruhr. Diss. Freiburg 1967.
Mülheim a. d. Ruhr: Sprachsoziologische Mundartforschung am Beispiel Mülheims/ Bedrohung und Auflösung, Stand und Bedeutung, Schichtung der Sprecher usw./ Wortschatzsammlung.

363. HAMPER, Klaus: Begoakeln, glucksen und der 'gepoakste Gäk'. Mundartliches aus dem Bitburger Land. In: Die Eifel 50 (1955), S. 10.
Bitburger Land: Kurze Anmerkungen zu den Mundartwörtern 'Begoakeln, glucksen, gepoakste Gäk'.

364. HAMPER, Klaus: Niederländische Bestandteile unserer Mundart. In: Heimatkalender für den Kreis Bitburg 1960, S.102f.
Bitburg: Alphabetisches Verzeichnis niederländischer Lehnwörter in der Mundart.

365. HAMPER, Klaus: Besonderheiten der Südwesteifeler Mundart. Winterberg 1966.
Bitburger Land: Wortschatzzusammenstellung unter dem Aspekt der Etymologie/ Sprichwörter.

366. HANENBERG, Albert: Studien zur niederrheinischen Dialektgeographie zwischen Nymegen und Ürdingen. In: Deutsche Dialektgeographie 8 (1915), S. 177-277. -- Nachdr. Walluf 1974.
Kalkar und Niederrhein: Lautlehre der Mundart von Kalkar verglichen mit den umliegenden Dialekten/ diachron.

367. HANRATH, Hans Hugo: Hasse Wööet! Wörterbuch nach Jlabbacher Platt mit Willicher "Zugaben". Krefeld 1988.
Mönchengladbach und Willich: Alphabetisches Wörterbuch Ma.-Hd./ zahlreiche Satzbeispiele.

368. HARD, Gerhard: Ein geographisches Simulationsmodell für die rheinische Sprachgeschichte. In: E. ENNEN/ G. WIEGELMANN (Hrsg.): Studien zur Volkskultur, Sprache und Landesgeschichte. Fs. für Matthias ZENDER. Bonn 1972, Bd. I, S. 25-58.
Rheinlande: Abhandlung über die Probleme graphischer Darstellung von Sprachphänomenen mit zahlreichen Karten (Linien der Lautverschiebung, Ausbreitung der Sprachphänomene usw.).

369. HARDEN, Theo: Untersuchungen zur *r*-Realisation im Ruhrgebiet. Analyse einer diatopisch-diastratischen Variation und ihrer Bewertung. (= Zeitschrift für Dialektologie und Linguistik, Beih. 40). Wiesbaden 1981.
Oberhausen und Duisburg: Empirische Untersuchung über *r*-Realisation (postvokalisches *r* vor Konsonanten oder am Wortende).

370. HARDENBERG, Hans: Die Fachsprache der bergischen Eisen- und Stahlwarenindustrie. (= Deutsches Volkstum am Rhein 4). Bonn 1940.
Bergisches Land (nördliches): Wortschatz der Fachsprache/ Erläuterungen zum Wortbestand (Bedeutungswandel, Wortbildungen, Fremdwörter usw.)/ Wortgeographie/ Alphabetisches Wörterbuch der Fachsprache mit Angaben zur Bedeutung und zur Herkunft.

'T HART, Johan: s. 463.

HARTZ, Erwin: s. 823.

371. HASELBECK, Karl: Von A bis Z. In: Zwischen Wipper und Rhein. Heimatblätter für den Rheinisch-Bergischen Kreis 4 (1950), S. 38f.
Lindlar: Kleines alphabetisches Wörterverzeichnis Ma.-Hd.

372. HASENCLEVER, Max: Der Dialekt der Gemeinde Wermelskirchen. Diss. Marburg 1904.
Wermelskirchen und Umgebung: Lautlehre (diachron)/ Formenlehre (synchron)/ Verzeichnis der in der Arbeit behandelten Wörter.

373. HASTENRATH, Wilhelm: Töpferware und anderes Haushaltsgerät im Sprachgebrauch des Niederrheins - am Beispiel der südniederfränkischen Mundart. Zusammengestellt und erläutert anläßlich der Ausstellungen "Keramik vom Niederrhein" in den Städten Düsseldorf, Duisburg, Frechen, Grefrath, Köln, Krefeld, Neuss. Ms. (masch.) Rheindahlen 1988.
Niederrhein: Zusammenstellung von Mundartwörtern des Sachgebietes 'Haushaltsgeräte'/ Redewendungen/ mehrere Abb.

374. HAUPT, Albert: Dialektproben aus dem Ahrtal und der Eifel. In: Korrespondenzblatt des Vereins für siebenbürgische Landeskunde 46 (1923), Nr. 5-7, S. 33-45.
Ahrtal und Eifel: Sprachproben aus verschiedenen Orten/ Beschreibung ortsnamenkundlicher, phonetischer und sonstiger dialektaler Besonderheiten.

375. HECK, Paul: Oberbergische Mundarten. In: Oberbergisches Heimatbuch. Gummersbach 1936, S. 219-231.

Oberbergisches Gebiet: Anmerkungen zur Sprachgeschichte/ dialektgeographische Einordnung/ Unterschiede innerhalb des Oberbergischen anhand von Einzelheiten aus der Laut- und Formenlehre, jeweils mit Beispielen.

376. HECKING: Die Eifel in ihrer Mundart. Prüm 1890.
Eifel: Alphabetisches Wörterbuch Ma.-Hd./ kurze Anmerkungen zum Eifeler Dialekt (Laute, Aussprache, Artikel).

377. HECKMANNS, Franz: Einiges von der Krefelder Färbersprache. In: Die Heimat. Mitteilungen der Vereine für Heimatkunde in Krefeld-Uerdingen am Rhein 11 (1932), S. 11-13.
Krefeld: Fachsprachliches Wörterverzeichnis Ma.-Hd./ Redensarten.

378. HECKMANNS, Franz: Französische Sprachreste in der niederrheinischen Mundart. In: Die Heimat. Mitteilungen des Vereins für Heimatkunde in Krefeld 18 (1939), S. 42-44.
Krefeld: Sammlung von Krefelder Mundartwörtern französischer Herkunft.

HEEP, Walter: s. 469.

379. HEFFELS, Karl: Zur Wortgeographie der Haustier-Namen zwischen Benrather und Ürdinger Linie. Diss. Düsseldorf 1935.
Südniederfränkisches Sprachgebiet: Wortgeographische Studie über die Bezeichnungen der Haustiere.

380. HEID, Franz: "De Kaanes sähne" und vieles mehr. Typische Ausdrücke und Redewendungen, die zum Schmunzeln anregen. In: Jahrbuch des Kreises Euskirchen 1984, S. 106-109.
Eifel: Ungeordnete Sammlung Ma.-Hd. von Wörtern und Redewendungen.

381. HEIKE, Georg: Über das phonologische System der Stadtkölner Mundart. In: Zeitschrift für Phonetik, Sprachwissenschaft und Kommunikationsforschung 14 (1961), S. 1-20.
Köln: Phoneminventar/ akustische Merkmale/ Beschreibung der Phoneme aufgrund der akustischen Merkmalanalyse.

382. HEIKE, Georg: Suprasegmentale Merkmale der Stadtkölner Mundart. Ein Beitrag zur "Rheinischen Schärfung". In: Phonetica 8 (1962), S. 147-165.
Köln: Untersuchung der phonetischen Merkmale der Schärfung aufgrund akustischer Messungen.

383. HEIKE, Georg: Zur Phonologie der Stadtkölner Mundart. Eine experimentelle Untersuchung der akustischen Unterscheidungsmerkmale. (= Deutsche Dialektgeographie 57). Marburg 1964.
Köln: Probleme der Segmentierung und Klassifikation von Lauten/ Phonetisch-phonemische Anlyse von Tonbandaufnahmen/ Akustische Merkmalanlyse von Tonbandaufnahmen/ Klassifikation.

384. HEIKE, Georg: Gleuel. Kreis Köln. In: Monographien 1 (= Phonai. Deutsche Reihe 6). Tübingen 1970, S. 67-127.
Gleuel (zu Hürth): Lautlehre/ Phoneminventar/ Texttranskription.

385. HEIKE, Georg: Zur wortunterscheidenden Funktion der rheinischen Schärfung. In: Deutscher Wortschatz. Lexikologische Studien . Ludwig Erich Schmitt zum 80. Geburtstag von seinen Marburger Schülern. Hrsg. v. Horst Haider MUNSKE u.a. Berlin/ New York 1988, S. 677-686.
Rheinlande: Experimentalphonetische Studie zur Schärfung in wortunterscheidender Funktion/ Abb.

386. HEINEN, Hugo P.: "Blehjch - Plautschen - Flatschen - Stammen und Strink". Der Löwenzahn in der Mundart der Kreisbevölkerung. In: Heimatkalender für den Kreis Bitburg-Prüm 1977, S. 83-88.
Bitburg und Prüm: Mundartliche Bezeichnugen für 'Löwenzahn'/ 1 Karte.

387. HEINEN, Hugo [P.]: Wiesenschaumkraut. Seine Volksnamen in den Ortschaften des Großraumes Speicher. In: Heimatkalender für den Kreis Bitburg-Prüm 1980, S. 146-148.
Speicher (nördl. v. Trier) und Umgebung: Zusammenstellung verschiedener mundartlicher Bezeichnungen für 'Wiesenschaumkraut'/ Erläuterungen zur Wortherkunft und Wortbildung/ 1 Abb./ 1 Karte.

388. HEINERTZ, N. Otto: Zur Zirkumflexion im Niederrheinischen. In: Jahrbuch des Vereins für niederdeutsche Sprachforschung 37 (1911), S. 147-152.
Niederrhein (nördl. v. Kempen): Abhandlung über die zweifache Entwicklung von westgermanischem *ai*: Zirkumflexion oder eingipfliger Vokal / Vorkommen/ Bedingungen/ Erklärung.

389. HEINRICHS, Heinrich Matthias: Die Entstehung des niederfränkisch-mittelfränkischen 'gen'-Artikels. In: Niederdeutsche Mitteilungen Lund 8 (1952), S. 23-35.
Niederrhein: Entstehung und Verbreitung des Artikels 'gen' anhand von Belegen ab dem 14. Jh./ diachron.

390. HEINRICHS, Heinrich Matthias: Zur Chronologie der Rheinischen Gutturalisierung. In: Rheinische Vierteljahrsblätter 20 (1955), S. 237-252.
Amern (westl. v. Dülken): Untersuchungen des Phänomens der Gutturalisierung bzw. Velarisierung/ diachron.

391. HEINRICHS, Heinrich Matthias: Der Kölner Raum. In: Korrespondenzblatt des Vereins für niederdeutsche Sprachforschung 80 (1973), S. 1-3.
Köln und Umgebung: Knappe Charakterisierung der Mundart/ einige Merkmale aus Lautlehre und Wortschatz/ diachron.

392. HEINRICHS, Werner: Bergisch Platt. Versuch einer Bestandsaufnahme. Burscheid 1978. 2. Aufl. Remscheid 1985.
Burscheid (Bergisches Land): Alphabetisches Wörterbuch Ma.-Hd. mit Beispielsätzen/ Anmerkungen zur Grammatik der bergischen Mundart/ Aussprache/ Formenlehre/ dialektgeographische Einordnung/ lateinische und französische Einflüsse/ Sprichwörter.

393. HEINZ, Gabriele: Die dialektgeographische Situation im Raum Oberbruch. In: Überlegungen und Materialien zur gesprochenen Sprache in einem Industrialisierungsgebiet. Eingel. und hrsg. v. Werner BESCH und Klaus MATTHEIER. Bonn 1973, S. 19-51.
Oberbruch (bei Heinsberg): Dialektgeographische Arbeit/ Sprachgrenzen anhand des Konsonantismus (2. Lautverschiebung)/ Vokalismus/ Wortbildung/ im Anhang: Wortbeispiele.

HEINZ, Gabriele: s. 996.

394. HEINZERLING, Jakob: Über den Vokalismus und Konsonantismus der Siegerländer Mundart. Eine sprachgeschichtliche Untersuchung. Diss. Marburg 1871.
Siegerland: Lautlehre/ diachron.

395. HEINZERLING, Jakob: Die Siegerländer Mundart. In: 37. Jahresbericht der Realschule erster Ordnung zu Siegen 1874, S. 3-18.
Siegerland: Dialektgeographische Einordnung/ Regionalgeschichte/ Lautlehre/ 1 Karte.

396. HEINZERLING, Jakob: Probe eines Wörterbuchs der Siegerländer Mundart. (= Beilage zum LIV. Jahresbericht des Realgymnasiums zu Siegen). Siegen 1891.
Siegerland: Wörterbuchausschnitt Buchstabe *b*: Ma.-Hd.

397. HEINZERLING, Jakob: Die Siegerländer Mundart. In: Siegerländer Heimatbuch. Hrsg. v. Georg MOLLAT. Siegen 1914, S. 51-60.
Siegerland: Abgrenzung der Mundart vom Sauerländischen/ Einzelheiten aus Lautlehre, Formenlehre, Wortschatz/ lautgeographische Einordnung.

398. HEINZERLING, Jakob : Die kölnische Hecke zwischen Siegerland und Sauerland als Sprach- und Stammesgrenze. In: Sauerländischer Gebirgsbote 30 (1922), S. 10f.
Siegerland: Abgrenzung zum sauerländischen Westfälisch anhand lautlicher, morphologischer und namenkundlicher Merkmale.

399. HEINZERLING, J[akob]: Die siegerländer Mundart. In: Heimat 6 (1924), S. 239-243.
Siegerland: Kurze Charakteristik der Mundart/ dialektgeographische Einordnung/ Einzelheiten aus Lautlehre und Wortschatz.

400. HEINZERLING, Jakob/ REUTER, Hermann: Siegerländer Wörterbuch. 2. Aufl. neu bearb. v. Hermann REUTER. Mit Abb. im Text. 65 Sprachkarten nebst Kirchspiel- und Ämterkarte u. einem schriftdeutschen Register. Siegen 1968. [1. Aufl. 1938].
Siegerland: Alphabetisches Wörterbuch Ma.-Hd./ 65 Karten.

401. HELLBERG, Helmut: Mundartgeographie am Niederrhein. In: Rheinische Blätter 13 (1936), S. 706-710.
Niederrhein (nördl. v. Düsseldorf): Mundartgrenzen/ Territorialgrenzen/ sprachliche Unterschiede.

402. HELLBERG, Helmut: Studien zur Dialektgeographie im Ruhrgebiet und im Vest Recklinghausen. (= Deutsche Dialektgeographie 37). Marburg 1936.
Ruhrgebiet: Vokalismus/ Konsonantismus/ Sprachgrenzen/ 1 Karte.

403. HELLBERG, Helmut: Wortgeographie im Ruhrlande. In: Zeitschrift für Mundartforschung 13 (1936), S. 16-20.
Ruhrgebiet (westliches): Wortgrenzen im Gebiet zwischen Rhein, Lippe und Angerbach/ 1 Karte.

404. HENNE, Reinhard: Oberbergische Mundartstudie. In: Oberbergische Heimat 6 (1952), S. 25; 7 (1953), S. 2; 8 (1954), S. 39; 9 (1955), S. 52; 10 (1956), S. 44.
Oberbergisches Gebiet: Sammlung von mundartlichen Ausdrücken und Wendungen mit Angabe der Bedeutung im fortlaufenden Text.

405. HENRICH: Die Siegerländer Mundart und die Schriftsprache. In: Heimatland. Beilage zur Siegener Zeitung 9 (1934), S. 110f.
Siegerland: Kurze Charakterisierung der Mundart/ Aussprache/ Lautlehre/ Wortbildung.

406. HENRICHS, Winfried: Mülheim-Kärlicher Mundart. "Mie schwätze Plat.". Mülheim-Kärlich 1992.
Mülheim-Kärlich: Alphabetisches Wörterbuch Ma.-Hd./ dialektgeographische Einordnung/ Redensarten/ Textsammlung/ 19 Karten.

407. HENTRICH, Konrad: Vom rheinischen Akzent. In: Der Niederrhein 29 (1962), S. 45f.
Rheinlande: Aussprache und Sprachmelodie.

408. HERBORG, Ute/ SCHMITT, Eva-Maria: Volkskundliche Begleit- und Mundartdokumentation der Reiderei Krebs. In: Ute HERBORG/ Jochen PUTSCH/ Eva-Maria SCHMITT/ Dagmar THIEMLER, Einsteckreiderei Krebs. (= Historische Handwerkstätten der Solinger Schneidwarenindustrie). Köln 1989, S. 46-80; hier: S. 72-80: Aus dem Fachwortschatz des Einsteckreiders.
Solingen: Alphabetisches Wörterverzeichnis Ma.-Hd. des Fachwortschatzes der Einsteckreiderei/ Satzbeispiele.

409. HERDES, Hans: Eine 'Sprachgrenze' an der Untermosel. Eine kleine Betrachtung zur heimischen Mundart. In: Heimat-Jahrbuch Landkreis Mayen-Koblenz 1987, S. 156f.
Mayen, Koblenz und Umgebung: Anmerkungen zur *g-/j-* Linie im Anlaut.

410. HERMANN: Der "Hennese-Flick". Eine sprachliche Untersuchung der Breyeller Händlersprache. In: Die Heimat. Mitteilungen des Vereins für Heimatkunde in Krefeld 5 (1926), S. 185-188.
Breyell (Nettetal): Herkunft und Entstehung der Breyeller Händlersprache/ Bildung aus der einheimischen Mundart, dem Französischen, Niederländischen und dem Rotwelsch/ Wortschatzsammlung (z. T. aus einem Aufsatz von 1807 im Crefelder Wochenblatt) thematisch geordnet, mit etymologischen Hinweisen.

411. HERMANNS, Will: Aachener Sprachschatz. Wörterbuch der Aachener Mundart. Im Auftrag des Vereins 'Öcher Platt' für den Druck überarb. u. hrsg. v. Rudolf LANTIN. (= Beiträge zur Kultur- und Wirtschaftsgeschichte Aachens und seiner Umgebung 1). Aachen 1970. -- Nachdr. Aachen 1992 in 2 Bänden.
Aachen: Alphabetisches Wörterbuch Ma.-Hd./ Beispielwendungen/ teilweise Angabe der niederländischen Entsprechung, der Entsprechung in Kölner und Maastrichter Mundart/ teilweise Angabe älterer Wortformen.

412. HERMES, Willy: Krieewelsch van A-Z. Mundartwörterbuch. Krefeld 1978.
Krefeld: Alphabetisches Wörterbuch Ma.-Hd./ dialektale Einordnung/ Einflüsse auf den Wortschatz/ Besonderheiten im Sprachgebrauch/ Hinweise zur Etymologie.

413. HERMES, Willy: Traarer Platt. In: Traar. Ein Haus- und Heimatbuch. Hrsg. v. Theodor GIESBERTS/ Bernd GIESBERTZ. Krefeld-Traar 1986, S. 318f.
Traar (zu Krefeld): Wenige Anmerkungen zu Dialektgeographie und Wortschatz.

414. HERMKENS, Josef: Ennije dusend Wöet Anröttsch Platt. In: Anrather Heimatbuch 13 (1990), S. 47-50.
Anrath (bei Viersen): Alphabetisches Wörterverzeichnis Ma.-Hd.

415. HERRGEN, Joachim: Koronalisierung und Hyperkorrektion. Das palatale Allophon des /ch/-Phonems und seine Variation im Westmitteldeutschen. (= Mainzer Studien zur Sprach- und Volksforschung 9). Stuttgart 1986.
Rheinlande südl. der Ahr (bis Saarland und Elsaß): Untersuchung der Koronalisierung von *ch, g* in verschiedenen Umgebungen zu *sch* / Entstehung und Dialektgeographie/ 5 Karten.

HERRGEN, Joachim: s. 55.

416. HERRGEN, Joachim/ SCHMIDT, Jürgen Erich: Zentralisierung. Eine phonetisch-phonologische Untersuchung zu Konstanz und Wandel vokalischer Systeme. In: BELLMANN, Günter (Hrsg.): Beiträge zur Dialektologie am Mittelrhein (= Mainzer Studien zur Sprach- und Volksforschung 10). Stuttgart 1986, S. 56-100.
Mertesdorf (bei Trier): Akustisch-phonetische und phonologische Analyse des Lokaldialekts von Mertesdorf im Vergleich zum Stadtdialekt von Ludwigshafen/ Vokalismus/ diachron.

417. HESS, Reinhard: Selten gewordene trierische Wörter und solche, die nicht im Wörterbuch der Trierer Mundart von Peter CHRISTA stehen. In: Neues Trierisches Jahrbuch 1978, S. 104-111 (I); 1979, S. 107-110 (II); 1980, S. 102-106 (III); 1981, S. 108-112 (IV); 1982, S. 124-128 (V).
Trier: Alphabetisches Wörterverzeichnis Ma.-Hd.

418. HESSEL, Karl: Kreiznach is Trump. Lokal-Schwank mit Abhandlung über Kreuznacher Mundart und Wörterbuch. Kreuznach, 2. Aufl. 1892.

Kreuznach: Alphabetisches Wörterverzeichnis Ma.- Hd. mit Angaben zur Aussprache und zur Bedeutung/ Vokalbestand/ Konsonantismus/ Flexionslehre/ Wortschatz und Wortbildung/ Syntax.

419. HILDEBRAND, Rudolf: Ein wunderlicher rheinischer Akkusativ. In: Zeitschrift für deutsche Philologie 1 (1869), S. 422-448.
Rheinlande (und das Gebiet des Alemannischen): Erläuterung einer Besonderheit der Formenlehre/ Textbelege/ diachron.

420. HILGER, Josef: Die hauptsächlichsten Abweichungen der Mayener Mundart von der hochdeutschen Schriftsprache in Wortbildung und Satzbau. Mayen 1910.
Mayen: Formen- und Satzlehre.

421. HILGERS, Elisabeth: Von "jreese, mutze, jrotze on jriene". Eine sprachkundliche Plauderei über plattdeutsche Tätigkeitswörter. In: Die Heimat. Blätter für heimatliche Geschichte, Volks- und Naturkunde. Heinsberg 19 (1939), S. 55f.
Heinsberg und Umgebung: Bedeutungserläuterungen zu mundartlichen Verben/ Gliederung nach Wortfeldern.

422. HIMMELREICH, Hildegard: Das Ruhrgebiet im deutschen Sprachatlas. In: Heimat und Reich 7 (1940), S. 168-172.
Ruhrgebiet: Beschreibung der Sprachgrenze zwischen Rheinisch und Westfälisch.

HIRSCHBERG, Martin: s. 602.

HOCHHAUS, Klaus: s. 602.

423. HÖFER, A.: Die nassauische Sprache. In: Karl JACOBI (Hrsg.): Nassauisches Heimatbuch. Wiesbaden 1913, S. 661-679.
Nassau (Gebiet an der Lahn): Dialektgeographische Einordnung/ Merkmale aus Laut-, Formen- und Satzlehre/ Darstellung der gegenwärtigen Lautverhältnisse auf der Grundlage des Mittelhochdeutschen / diachron.

424. HÖNIG, Fritz: Wörterbuch der Kölner Mundart nebst Einleitung von Fr. W. WAHLENBERG. Köln 1877. 2. erw. Aufl. Köln 1905. -- Nachdr. der 2. Aufl. Köln 1952.
Köln: Alphabetisches Wörterbuch Ma.-Hd./ Übersicht über Vokal- und Konsonantenbestand v. WAHLENBERG (s.d.): S. 13-31 (1. Aufl.), S. XV-XXVI (2. Aufl.).

425. HÖNIG, Fritz: Wandlung der Zeitwörter. In: Ders.: Wörterbuch der Kölner Mundart. 2. erw. Aufl. Köln 1905, S. 215-310.
Köln: Konjugationstabellen zu den Verben im Wörterbuch.

426. HOFFMANN, Jean-Paul: Standardsprache und Dialekt in der saarländisch-lothringisch-luxemburgischen Dreiländerecke. Grundlegung zu einer dialektgeographischen Untersuchung in diatopischer, synchronischer sowie diastratischer Perspektive, am Beispiel des Substantivs. Diss. Bonn 1984. Auch: Luxemburg 1985.
Grenzgebiet Saarland-Lothringen-Luxemburg: Einfluß der Standardsprachen auf den Wortschatz der Mundarten/ 47 Karten.

427. HOFFMANN, Jean-Paul: Sind Staatsgrenzen auch Mundartgrenzen? Zum Verhältnis von Standardsprache und Dialekt im saarländisch-lothringisch-luxemburgischen Grenzgebiet. In: Grenzdialekte. Studien zur Entwicklung kontinentalwestgermanischer Dialektkontinua. Hrsg.v. Ludger KREMER und Hermann NIEBAUM. (= Germanistische Linguistik 101-103). Hildesheim u.a. 1990, S. 153-191.
Grenzgebiet Saarland-Lothringen-Luxemburg: Einfluß der Standardsprachen auf den jeweiligen Dialekt/ dialektgeographische Untersuchung/ diachron/ 7 Karten.

428. HOFFMANN, Karl: Laut- und Flexionslehre der Mundart der Moselgegend von Oberham bis zur Rheinprovinz. In: Jahrbuch der Gesellschaft für Lothringische Geschichte und Altertumskunde 12 (1900), S. 61-147.
Moselgebiet: Laut- und Formenlehre/ diachron.

429. HOFFMANN VON FALLERSLEBEN, August Heinrich: Die Eifeler Mundart. In: Die Deutschen Mundarten 6 (1859), S. 11-21.
Eifel: Alphabetisches Wörterverzeichnis Ma.-Hd./ etymologische Hinweise.

430. HOLTHAUS, E.: Die Ronsdorfer Mundart. In: Zeitschrift für deutsche Philologie 19 (1887), S. 339-368, 421-439.
Ronsdorf (zu Wuppertal): Lautlehre/ diachron, teilweise synchron/ Textbeispiele zur Mundart.

431. HOLTHAUSEN, Ferdinand: Die Remscheider Mundart. In: Beiträge zur Geschichte der deutschen Sprache und Literatur 10 (1885), S. 403-425, 546-576.
Remscheid: Lautbestand/ Lautlehre (diachron)/ Formenlehre (diachron und synchron)/ Anhang: mundartliche Textbeispiele mit Übersetzung.

432. HOMMER, Emil: Studien zur Dialektgeographie des Westerwaldes. Diss. Marburg 1910. In: Deutsche Dialektgeographie Bd. 4. Marburg 1915, S. 1-63. -- Nachdr. Walluf 1974.
Westerwald (nördlicher): Lautlehre/ dialektgeographischer Überblick/ diachron.

433. HONNEN, Peter: Das "Grafschafter Platt". Eine mundartliche Grenzwanderung: In: Jahrbuch 4 (1987/88). Beiträge zur Heimat- und Kulturpflege. Hrsg. v. "Freundeskreis lebendige Grafschaft e.V." [Duisburg-Rheinhausen], S. 15-21.
Moers: Dialektgeographische Abgrenzung der Mundarten der alten Grafschaft Moers/ Lautlehre/ Wortschatz/ Mundarttexte.

434. HONNEN, Peter: Kümmeltürmerei. Von den Resten einer Gaunersprache. In: Volkskultur an Rhein und Maas 12 (1993), H. 1, S. 25-33.
Stotzheim (bei Euskirchen): Vorstellung einer untergehenden Gaunersprache anhand schriftlicher Aufzeichnungen/ kleine Wörterverzeichnisse.

HONNEN, Peter: s. 181. 182.

435. HORSTMANN, Siegfried/ HORSTMANN, Jürgen: Bergischer Sprachschatz. II. Teil. Hochdeutsch - Platt. Grund- und Aufbauwortschatz der Remscheider Mundart. Remscheid 1983.
Remscheid: Alphabetisches Wörterverzeichnis Hd. - Ma. (zugleich Register zu Gustav Hermann HALBACHs 'Bergischem Sprachschatz', s. d.).

436. HOUBEN, Alfons: Do beste platt. Düsseldorfer Mundartbrevier. Mit Zeichnungen v. Manfred BÖHM. Düsseldorf 1988.
Düsseldorf: Alphabetisches Wörterverzeichnis wenig geläufiger Mundartwörter/ hochdeutsche Erklärung.

437. HOUBEN, Heinrich: Leitfaden zum Krämerlatein, genannt der Henese-Fleck. Breyell 1888.
Breyell (Nettetal): Formenlehre und Wortschatz der Geheimsprache nach Wortarten/ Satz- und Textbeispiele.

438. HUBER, Walter: Die Lauschieder haben eine eigene Sprache. In: Naheland-Kalender. Ein Heimatbuch für Jung und Alt (1983), S. 129f.
Lauschied (bei Meisenheim): Dialektgeographische Arbeit/ Einordnung der Mundart anhand von lexikalischen Merkmalen.

439. HÜGEN, Ludwig: Dreedusend Wöörd platt jekallt. Niederrheinisches Mundart-Wörterbuch. O.O. [Willich], o.J. [1991].

Willich-Schiefbahn und Umgebung: Alphabetisches Wörterbuch Ma. - Hd. und Hd. - Ma./ Redewendungen/ 1 Karte.

440. HÜLSEMANN, Egon: Der Sprache auf der Spur. Verballhornungen französischer Wörter in der niederrheinischen Umgangssprache. In: St. Töniser Heimatbrief 35 (1988), S. 20f.
Krefeld und Umgebung: Einige Beispiele französischer Entlehnungen in der Mundart.

441. HUNDER, Hans: Glossarium. [Annenache Wöédebooch]. In: E Annenache Wöédebooch. Ein Andernacher Wörterbuch. Hrsg. v. der Stadtverwaltung Andernach. (= die kleinen Hefte 1). Andernach 1984, S. 26-68.
Andernach: Alphabetisches Wörterverzeichnis Ma.-Hd.

442. HUNDER, Hans: Die Mundarten. In: E Annenache Wöédebooch. Ein Andernacher Wörterbuch. Hrsg. v. der Stadtverwaltung Andernach. (= die kleinen Hefte 1). Andernach 1984, S. 7-24.
Andernach: Kurze Charakterisierung der Mundart.

443. HUNDHAUSEN, Emil: D'r letzte "Chlöckner". Ein bergischer Wortschatz. 2 Teile. Stromberg bei Herchen a. d. Sieg 1968.
Bergisches Land: Alphabetisches Wörterverzeichnis Ma.-Hd./ Textsammlung von Gedichten, Sprichwörtern und Wetterregeln.

444. HUNOLD, F. J.: Aus dem Wortschatz der Kölner Mundart. In: Alt-Köln 12 (1919), S. 15-17.
Köln: Sammlung einzelner Wörter mit Bedeutungsangaben und Erläuterungen zur Verwendung, Herkunft und Entstehung.

445. IDELBERGER, Wilhelm: Die Umgangssprache (Mundart) in meiner Dorfheimat Mammelzen. In: Heimatkalender des Kreises Altenkirchen (Westerwald) 1963, S. 60-63.
Mammelzen (bei Altenkirchen): Einordnung der Mundart/ Sprachgrenzen/ Besonderheiten der Mundart in Wortschatz, Flexionslehre und Lautlehre/ 1 Skizze.

446. IMME, Theodor: Allerlei Sprachproben aus der Essener Volkssprache. In: Mitteilungen aus dem Essener Quickborn 9 (1915), S. 30f.
Essen: Besonderheiten der Formenlehre/ Sammlung von Ausdrücken und Wörtern.

447. JAHN, Robert: Die Mundarten des Kreises Gummersbach (Oberbergisches

Land). In: Bergische Geschichtsblätter 3 (1926), S. 90f. -- Auch in: Heimatbuch des Kreises Gummersbach 1926, S. 58f.
Gummersbach und Umgebung: Dialektgeographische Differenzierung der Gummersbacher Mundart mit Beispielen/ diachron.

448. JANSEN, Hanni: Wittlaer Sprachunterricht in Worten und Sätzen. In: Heimat-Jahrbuch Wittlaer 1987, S. 146f.; 1988, S. 105f.
Wittlaer (nördl. v. Düsseldorf): Kleine Wort- und Redensarten-Listen Ma.-Hd.

JANSEN, Horst-Dieter: s. 757.

449. JANSEN, Peter: Unsere heimische Mundart und die englische Sprache. Gemeinsamkeiten im Wortschatz. In: Heimatkalender des Selfkantkreises Geilenkirchen-Heinsberg 1951, S. 106-114.
Selfkant: Vergleichendes Wörterverzeichnis Englisch - Ma. - Hd.

450. JANSEN, Peter: Bausteine zur heimatlichen Sprachkunde. Lautverschiebung bei den Zahlwörtern der Zehner. In: Selfkantheimat 1 (1955), S. 8.
Selfkant: Unterschiede im Lautverschiebungsstand der Zehner-Zahlwörter.

451. JANSEN, Peter: Der *r*-Umsprung in unserer heimischen Mundart. In: Selfkantheimat 10 (1964), S. 61-63.
Selfkant: Besonderheit des Lautwechsels ("*r*-Metathese") mit Beispielen.

452. JANSEN, Peter: Sprachecke. In: Heimatkalender Geilenkirchen-Heinsberg 13 (1963), S. 94-97; 14 (1964), S. 111-113; 15 (1965), S. 126-129; 16 (1966), S. 89-93; 17 (1967), S. 109-112; 18 (1968), S. 95-99.
Selfkant: Zusammenstellung weniger bekannter Wörter/ Anmerkungen zur Wortbedeutung, Etymologie, Wortbildung/ Angabe von verwandten Wörtern.

453. JANßEN, Angelika: Phonetisch-phonemische Analyse als Teil einer kontrastiven Untersuchung Mundart - Hochsprache im Raum Kleve. Examensarb. (masch.) Bonn 1974.
Kleve und Umgebung: Dialektgeographische Einordnung des Niederfränkischen/ Phonetisch-phonemische Analyse.

454. JARDON, Arnold: Grammatik der Aachener Mundart. 1. Teil: Laut- und Formenlehre. Aachen 1891.
Aachen: Vokalismus und Konsonantismus an ausgewählten Beispielen/ Deklination/ Konjugation/ diachron.

455. JARDON, Arnold: Vergleich zwischen der Aachener und Kölner Mundart. In: Aus Aachens Vorzeit 16 (1903), S. 120-124; 18 (1905), S. 16-33; 19 (1906), S. 157-167; 20 (1907), S. 80-99 u. 151-206.
Aachen und Köln: Vergleich des Lautstandes/ Vergleich des Wortschatzes.

456. JOERRES, P.: Sparren, Spähne und Splitter von Sprache, Sprüchen und Spielen aufgelesen im Ahrtal. Ahrweiler 1888.
Ahrtal: Lautlehre/ Vokalismus, Konsonantismus/ Wortbedeutungen/ Hinweise zum Satzbau/ Redewendungen/ diachron.

457. JOHNSON, Theodore C.: Vowel Fronting and Rounding in Kölsch: A Conspiracy. In: Kwartalnik Neofilologiczny 35 (1988), S. 43-46.
Köln: Phonologische Regeln über das Auftreten von gerundeten vorderen Vokalen im Kölnischen.

458. de JONG, Leo: Ist der Jülicher Dialekt Jülicher Platt? In: Jahrbuch des Kreises Düren 1977, S. 68f.
Jülich: Kurze Diskussion von Mundartgrenzen im Jülicher Raum.

459. JONGEN, René: Sind unsere Mundarten Sprachen? In: Im Göhltal 2 (1967), S. 3-7.
Göhltal (Eupen bis Aachen): Rheinische Akzentuierung/ Lexik.

460. JONGEN, René: Het fonologisch karakter van de Moresnetse sleep- en stoottoon. In: Taal en Tongval 19 (1967), S. 141-152.
Göhltal (Eupen bis Aachen): Rheinische Akzentuierung.

461. JONGEN, René: Unsere Mundarten. Der geographisch-historische Aspekt. In: Im Göhltal 5 (1969), S. 4-13.
Göhltal (Eupen bis Aachen): Dialektgeographische Einordnung (Übergangsmundarten zwischen Limburgisch und Ripuarisch).

462. JONGEN, René: Die Signalisation von wort- und satzprosodischen Merkmalen. In: HAVER, J. van (Hrsg.): Handelingen van het XXVIIe Vlaams Filologencongres, Brussel 8-10 april 1969. Zellik 1969, S. 148-153.
Rheinlande: Intonation und Rheinische Akzentuierung.

463. JONGEN, René/ 'T HART, Johan: Rhenish accentuation and sentence intonation. In: IPO annual progress report 5 (1970), S. 94-97.
Rheinlande: Rheinische Akzentuierung.

464. JONGEN, René: Rheinische Akzentuierung und sonstige prosodische

Erscheinungen. Eine Beschreibung der suprasegmentalen Zeichenformdiakrise in der Moresneter Mundart. (= Rheinisches Archiv 83). Bonn 1972.
Moresnet (bei Eupen) und Rheinlande: Abhandlung über Wortakzent u. Satzakzent (Rheinische Akzentuierung)/ strukturalistisch orientiert.

465. JÜNGER-GEIER, Ursula: Die Ortssprache des rheinischen Dorfes Kelzenberg. Empirische Studie zur situativen Sprachverwendung im Bereich Dialekt - Hochsprache. (= Rheinisches Archiv 126). Köln, Wien 1989.
Kelzenberg (bei Grevenbroich): Sprachsoziologische Diglossie-Studie/ Einige wenige Merkmale der Ortsmundart.

466. JUNGANDREAS, Wolfgang: Der Lautwandel *i>a* im Moselfränkischen. In: Zeitschrift für Mundartforschung 34 (1967), S. 142-146.
Moselfränkisches Sprachgebiet: Erklärung des Lautwandels *i>a* und Belege/ diachron.

467. JUNG-EISEL, Ännchen: Mundart - bildhaft und kraftvoll. In: Rhein-Lahnfreund. Bote vom Taunus und Westerwald 28 (1983), S. 124.
Irmtraut (bei Dornburg): Alphabetisches Wörterverzeichnis Ma.-Hd.

468. JUNG-EISEL, Ännchen: Westerwälder Mundart trifft stets den Nagel auf den Kopf. In: Rhein-Lahnfreund. Bote vom Taunus und Westerwald 29 (1984), S. 109-113.
Westerwald (Nassau): Kurze Charakteristik der Mundart/ Verwandtschaft und Entlehnung im Wortschatz/ Sprichwörter, Redensarten, Gedichte.

469. JUNG-EISEL, Ännchen/ HEEP, Walter: Mundart im Wandel. Ein Beitrag zur Dialektkunde im mittleren Westerwald. 1. Aufl. o.O. 1985, 2. Aufl. o. O. 1986.
Irmtraut, Langendernbach (bei Dornburg): Ma.-Hd. - Wortsynopse, in der der heutige Wortschatz mit Wörterbüchern des 18. und 19. Jahrhunderts verglichen wird, z. T. nach Sachgebieten, z. T. alphabetisch sortiert.

470. KALL-HOLLAND, Angelika: Unterschiedlicher Präpositionsgebrauch in Dialekt und Hochsprache, dargestellt am Beispiel des rheinischen Ortes Erftstadt-Erp. Examensarb. (masch.) Bonn 1977.
Erftstadt-Erp: Allgemeines zur Entstehung und Verwendung von Präpositionen/ Unterschiede im Gebrauch der Präposition *zu* in Dialekt und Standardsprache.

471. KAMPS, Matthias: Lobbericker Plott. Wörterverzeichnis von Aap bis Zibbel. Über 1750 Worte. Lobberich 1992.
Lobberich (Nettetal): Alphabetisches Wörterbuch Ma.-Hd.

472. KANIES, Helga: "Sarret ährlich". Die Sprache im Ruhrgebiet. Bonn 1991.
Ruhrgebiet: Alphabetisches Wörterbuch Ruhrdeutsch - Hd./ Redewendungen/ Beispielsätze mit Übersetzung.

473. KASPERS, Wilhelm: Die Mundart des Kölner Sprachraums. Zur Einordnung und Bedeutung unserer Mundart. In: Dürener Geschichtsblätter 30 (1962), S. 639-647.
Köln-Dürener Raum: Dialektgeographische Einordnung/ Sprachbewegungen/ kulturelle Einflüsse/ Sprachgrenzen mit Beispielen/ Besonderheiten der Lautlehre/ ältere Sprachschichten / Einzelheiten zur Flexionslehre/ Satzlehre.

474. K[au], J[akob]: Auch der Wittlaerer sollte seine Mundart pflegen. Interessante Einzelheiten aus dem niederrheinischen Wörterbuch. In: Heimat-Jahrbuch Wittlaer 1983, S. 111-113.
Wittlaer (nördl. v. Düsseldorf): Dialektgeographie/ Einflüsse der Fremdsprachen auf die Mundart.

475. KAUFMANN, Otto: Fünf Mundarten im Oberbergischen Kreis. In: Oberbergische Heimat 4 (1950), S. 30f.
Oberbergischer Kreis: Dialektgeographische Einordnung/ jeweils Charakterisierung des lokalen Vorkommens der fünf Mundarten/ lautliche Merkmale/ 2 Karten.

476. KAUFMANN, Otto: Oberbergische Mundarten und ihre Pflege. In: Kreissynode an der Agger in ihrer Tagung am 5. Juni 1962 in Bielstein/ Rheinland. Gummersbach 1962, S. 3-13.
Oberbergischer Kreis: Charakterisierung der Mundart mit Einzelheiten zur Laut- und Formenlehre/ Ansätze zu einer Dialektgeographie.

477. KAUFMANN, Otto: Die Mundarten im Oberbergischen Kreise. In: Der Oberbergische Kreis (= Die Landkreise in NRW, Reihe A: Nordrhein 6). Bonn 1965, S. 142-158.
Oberbergischer Kreis: Lautlehre/ Differenzierung der Mundarten im Oberbergischen Kreis/ Besonderheiten der einzelnen Dialekte/ mehrere Karten zur Laut- und Wortgeographie.

478. KAUFMANN, Otto: Oberbergische Mundarten. Nümbrecht 1978.
Oberbergischer Kreis: Darstellung der verschiedenen Mundarten/ Unterschiede in der Lautlehre/ Verlauf der Sprachgrenzen/ Einzelheiten zur Formenlehre/ Unterschiede im Wortschatz/ jeweils mit Beispielwörtern und -wendungen der verschiedenen Mundartregionen.

479. KAUFMANN, Otto: Unsere oberbergische Mundart. In: Ders. (Hrsg.): Homburgische Bräuche. Bauern, Handwerker, Bräuche, Mundart, Volksdichtung und Volksglaube im Homburger Land. (= Oberbergische Reihe 1). Gummersbach 1981, S. 22-32.
Oberbergischer Kreis: Beschreibung der Mundartgrenzen/ Lautlehre/ Auswahl mundartlicher Wörter und Wendungen/ 1 Karte.

480. KEIL, Karlheinz: Einführung in die Neußer Mundart. Ms. O. O. 1922.
Neuss: Lautlehre/ Formenlehre/ Alphabetisches Wörterverzeichnis Ma. - Hd.

481. KEIL, Karlheinz: Die Neußer Mundart. In: Heimatvolk und Heimatflur 7 v. 28.11.1928, Nr. 45, [o.Z.].
Neuss: Phonetik/ Wortbildung (Ableitungen)/ Wortschatzbeispiele/ diachron.

482. KEIL, Karlheinz: Sprachgrenzen bei Neuß. In: Heimatvolk und Heimatflur 8 v. 24.04.1929, Nr. 16 [o. Z.].
Neuss und Umgebung: Lautlehre/ Wortgrenzen/ diachron.

483. KEINTZEL, G.: Kölnische Idiotismen. In: Korrespondenzblatt des Vereins für siebenbürgische Landeskunde 11 (1888), Nr. 1, S. 1-3.
Köln: Kontrastive Untersuchung von Wörtern der Kölner und der siebenbürgisch-sächsischen Mundart.

484. KELKEL, Franz: Winterspelter Wörterbuch. 2000 Ausdrücke, Redewendungen und Sprichwörter der Mundart des südlichen Schneeifelvorlandes zwischen Prüm und Our. Winterspelt 1981.
Winterspelt (bei Prüm): Alphabetisches Wörterbuch Ma.-Hd./ z. T. Satzbeispiele.

485. KELLER, Heinrich: Der Einfluß der französischen Sprache auf die Kölner Mundart. In: Alt Köln 3 (1949), S. 30.
Köln: Verzeichnis von Lehnwörtern aus dem Französischen, z.T. mit Herkunftsangaben.

486. KELLER, Leonhard: Öcher Dütsch. Prosa und Gedichte. 2. Aufl. Aachen 1881.
Aachen: Texte in Aachener Mundart/ Abhandlung über die Grammatik der Mundart (Lautlehre, Formenlehre, Wortarten)/ alphabetisches Wörterverzeichnis Ma.-Hd./ teilweise fremdsprachige Entsprechungen.

487. KELLERMANN, Otto: Ratinger Wortsammlung. Hrsg. v. Otto SAMANS. Ms. (masch.) Ratingen 1985.

Ratingen: Alphabetisches Wörterverzeichnis Ma.-Hd.

488. KEMPEN, Josef: Zum Rückgang der niederrheinischen Mundart. In: Sprachwart, Beilage zu "Form und Technik" (Fachzeitschrift der IG Druck und Papier) 16 (1966), S. 56-62 u. 66f.
Niederrhein: Sprachsoziologische Darstellung/ kurze Charakterisierung des Neusser Dialekts mit Einzelheiten aus der Formen- und Lautlehre.

489. KEMPEN, Josef: Niederländisch-niederrheinische Kultur- und Sprachbeziehungen. In: Études Germaniques 39 (1984), S. 379-387.
Niederrhein: Einzelheiten zur Laut- und Formenlehre.

490. KEMPEN, Josef: Sandhi-Erscheinungen am Rhein? In: Études Germaniques 39 (1984), S. 412f.
Rheinlande: Zur Silbentrennung.

491. KENTENICH, G.: Die eigenartige Stellung des Gebietes der unteren Mosel in der rheinischen Wortgeographie. In: Trierer Zeitschrift 1 (1926), S. 135f.
Cochem bis Koblenz: Kurze Abhandlung über die Sonderstellung des Gebietes hinsichtlich seines Wortschatzes/ Beispiele/ diachron.

492. KESTERNICH, Hermann Josef: Liif on Siel. Mundartwörterbuch und -lesebuch aus der Antweiler Senke. (= Geschichte im Kreis Euskirchen 3). Euskirchen 1989. -- Auszug aus dem Manuskript in: Volkskultur an Rhein und Maas 7 (1988). H. 2, S. 3-8.
Antweiler Senke (bei Euskirchen): Nach Sachgebieten geordnetes Wörterverzeichnis Hd.-Ma./ zahlreiche Satzbeispiele/ Redewendungen/ Erläuterungen zur Lautlehre/ Mundarttexte im Anhang.

493. KIEFER, Karl: Vokalismus und Accentverhältnisse der moselfränkischen Mundart von Nennig. Ms. Bonn o. J.
Nennig (südwestl. v. Trier): Vokalismus und Akzentverhältnisse ausgehend vom Mittelhochddeutschen/ diachron.

494. KIPPES, Benedikt: Unser Düsseldorfer Platt. In: Das Tor. Düsseldorfer Heimatblätter 26 (1960), S. 178-180.
Düsseldorf: Abhandlung über die Schwierigkeiten einer Orthographie/ beiläufige Nennung von Charakteristika des Düsseldorfer Platts (Ausdrücke, Aussprache, Lautliches).

495. KIRCHBERG, Carl: Laut- und Flexionslehre der Mundart von Kirn an der

Nahe, mit Berücksichtigung der näheren Umgebung von Straßburg. Diss. Straßburg 1906.
Kirn a. d. Nahe und Umgebung: Laut- und Formenlehre.

496. KISCH, Gustav: Die Bistritzer Mundart verglichen mit der moselfränkischen. In: Beiträge zur Geschichte der deutschen Sprache und Literatur 17 (1893), S. 347-411. [= Diss. Tübingen 1893]
Bistritz (Siebenbürgen) u. moselfränkisches Sprachgebiet: Vokalismus und Konsonantismus der Bistritzer Mundart/ Erläuterung der Herkunft aus dem moselfränkischen Raum/ diachron.

497. KISCH, Gustav: Moselfränkisch und Ripuarisch. In: Korrespondenzblatt des Vereins für siebenbürgische Landeskunde 28 (1905), S. 137-141.
Moselfränkisches Sprachgebiet: Lautliche Charakteristika (Konsonantismus) des Moselfränkischen und Ripuarischen/ Vergleich mit dem Siebenbürgischen/ diachron.

498. KISCH, Gustav: Vergleichendes Wörterbuch der Nösner (siebenbürgischen) und moselfränkisch-luxemburgischen Mundart nebst siebenbürgisch-niederrheinischem Orts- und Familiennamenverzeichnis sowie einer Karte zur Orientierung über die Urheimat der Siebenbürger Deutschen. (= Forschungen zur Volkskunde der Deutschen in Siebenbürgen 1). Hermannstadt 1905.
Siebenbürgen und moselfränkisches Sprachgebiet: Alphabetisches Wörterbuch Ma. - moselfränkische Entsprechung - Hd./ teilweise Angaben zur Herkunft.

499. KLAR, Hugo: Formenlehre und Wortbildungslehre der Mundart von Idar an der Nahe (nebst einem Abriß der Lautlehre). Diss. Bonn 1924. [Original existiert vermutlich nicht mehr.] -- Auszug in: Jahrbuch der Philosophischen Fakultät der Rheinischen Friedrich Wilhelms-Universität zu Bonn 2 (1923/1924). 2. Halbbd.: Sommerhalbjahr 1924. Bonn 1925, S. 38-41.
Idar: Lautlehre/ Formenlehre/ Wortbildung.

500. KLAR, Hugo: Von unseren heimatlichen Mundarten. In: Mitteilungen des Vereins für Heimatkunde im Landesteil Birkenfeld 2 (1928), S. 4-7.
Birkenfeld: Dialektgeographische Einordnung anhand lexikalischer Merkmale.

501. KLAR, Hugo: Fremdwörter in der Mundart. In: Mitteilungen des Vereins für Heimatkunde im Landesteil Birkenfeld 3 (1929), S. 49-52.
Birkenfeld und Umgebung: Sammlung von Lehnwörtern im Dialekt, die im Hochdeutschen nicht vorkommen/ teilweise Angaben zu Aussprache und Entstehungszeit/ diachron.

502. KLAR, Hugo: Mundart und Hochdeutsch. In: Hunsrückkalender 1964, S. 79-80.
Hunsrück: Einige Merkmale aus Lautlehre und Wortschatz.

503. KLAR, Hugo: Über die Mundarten im Landkreis Birkenfeld. In: Ders.: Aufsätze zur Heimatkunde des Landkreises Birkenfeld. (= Mitteilungen des Vereins für Heimatkunde im Landkreis Birkenfeld. Sonderh. 16). O.O., o.J. [1969], S. 147-196.
Birkenfeld und Umgebung: Kleine alphabetisierte Wörterverzeichnisse Ma.-Hd. zu verschiedenen Sachgebieten/ Bemerkungen zu Konsonantismus, Vokalismus, Flexion/ dialektgeographische Einordnung/ Fremdspracheneinflüsse/ diachron.

504. KLAR, Hugo: Die Mundarten in Idar-Oberstein. In: Mitteilungen des Vereins für Heimatkunde im Landkreis Birkenfeld und der Heimatfreunde Oberstein 33 (1970), S. 18-22.
Idar-Oberstein und Umgebung: Dialektgeographische Gliederung mit Beispielen aus Lautlehre und Wortschatz/ Mundartgrenzen.

505. KLAR, Hugo: Von der Idarer Mundart. In: August BRILL (Hrsg.): Idar. Aufsätze über Natur und Geschichte des Stadtteiles und seiner Umgebung. 2. Bd. Idar o.J., S. 132-136.
Idar-Oberstein und Umgebung: Sammlung aussterbender, altertümlicher oder entlehnter Mundartwörter/ Lautlehre/ Formenlehre/ dialektgeographische Einordnung/ Sprachgrenzen.

506. KLEIBER, Wolfgang: Die romanische Sprachinsel an der Mosel im Spiegel der Reliktwörter. In: Kurtrierisches Jahrbuch 14 (1974) (= Festgabe für Wolfgang JUNGANDREAS), S. 16-34.
Moselgebiet: Analyse des romanischen Substrates im Moselgebiet anhand der Fachsprache der Winzer und der Landwirtschaft mit Wortbeispielen/ diachron.

507. KLEIBER, Wolfgang: Zur arealen Gliederung der rheinischen Winzerterminologie (mit 10 Karten). In: Fs. für Karl BISCHOFF zum 70. Geburtstag. Hrsg. v. Günter BELLMANN, Günter EIFLER, Wolfgang KLEIBER. Köln/ Wien 1975, S. 130-156.
Moselgebiet: Wortgeographische Studie der Fachsprache der Winzer/ lexikalische Bezeichnungs-Unterschiede/ diachron.

508. KLEIBER, Wolfgang: Das moselromanische Substrat im Lichte der Toponymie und Dialektologie. Ein Bericht über neuere Forschungen (mit 13 Karten). In: Zwischen den Sprachen. Siedlungs- und Flurnamen in germanisch-romanischen Grenzgebieten. Beiträge des Saarbrücker Kolloquiums vom 9.-11.

Oktober 1980. Hrsg. v. Wolfgang HAUBRICHS und Hans RAMGE. (= Beiträge zur Sprache im Saarland 4). Saarbrücken 1983, S. 153-192.
Moselgebiet: Forschungsüberblick zu Entlehnungen aus dem Romanischen, bes. in Namen/ diachron/ 13 Karten.

509. KLEIBER, Wolfgang: Sprachliche Kontinuität an Mosel und Mittelrhein, am Oberrhein und im Schwarzwald. (Mit 22 Karten). In: Wolfgang KLEIBER und Max PFISTER: Aspekte und Probleme der römisch-germanischen Kontinuität. Sprachkontinuität an Mosel, Mittel- und Oberrhein sowie im Schwarzwald. Mit 28 Karten. Stuttgart 1992, S. 11-43; hier: S. 11-18: Die Mosella Romana.
Moselgebiet: Überblicksdarstellung der romanischen Relikte im Wortschatz (Namen, Betonung, Lautliches)/ diachron/ 22 Karten.

510. KLEIBER, Wolfgang/ VENEMA, Johannes: Germanisch-romanische Lehnbeziehungen in der Winzerterminologie. (= Geschichtlicher Atlas der Rheinlande X. 2. 1 Beiheft, 2 Karten). Köln 1992.
Rheinlande: Entlehnungen aus dem Romanischen im Fachwortschatz der Winzer und in Flurnamen mit Beleglisten/ diachron / 2 Kartenblätter.

511. KLEIN, Eva/ MATTHEIER, Klaus/ MICKARTZ, Heinz: Rheinisch (= Dialekt - Hochsprache - kontrastiv. Sprachhefte für den Deutschunterricht. Hrsg. v. Werner BESCH u.a. H. 6). Düsseldorf 1978.
Rheinlande (Köln als Zentrum): Arbeitsheft für den Deutschunterricht/ Charakterisierung der Mundarten/ Lektionen zu Aussprache, Orthographie, Grammatik, Wortschatz, Wortbildung und Satzlehre.

512. KLEIN, J. H.: Sammlung von plattdeutschen Worten aus der Gegend der Niederwupper nebst Erklärungen dazu. In: Monatsschrift des Bergischen Geschichtsvereins 16 (1909), S. 179-185 u. 204-210.
Bergisches Land (Tal der Wupper): Ungeordnete Wörtersammlung Ma.-Hd./ diachron.

513. KLINGER, Walter: Französische Ausdrücke in unserer Mundart. In: Bliesmengen-Bolchen unsere Heimat. Heimatbuch der Gemeinde Mandelbachtal. Homburg 1980, S. 531f.
Mandelbachtal (Saarland): Zusammenstellung von Mundartwörtern französischer Herkunft.

514. KLOBES, Karl: Unser Grafschafter Wortschatz. In: Jahrbuch. Beiträge zur Heimat- und Kulturpflege. Hrsg. v. "Freundeskreis lebendige Grafschaft e.V." [Duisburg-Rheinhausen] 3 (1986/87), S. 72f.; 4 (1987/88), S. 113f.; 5 (1988/89), S. 118f.; 6 (1989/90), S. 88f.

Moers und Umgebung: Kurze alphabetische Wörterverzeichnisse Hd.-Ma.

KLÖCKNER, H.: s. 60.

515. KLOEKE, G. G.: Die Anredeformen im Niederländischen und im Deutschen und in den Mundarten an der niederländisch-deutschen Grenze. In: Teuthonista 2 (1925/26), S. 81-90.
Grenzgebiet Deutschland-Niederlande: Vergleichende Abhandlung über die Verwendung der verschiedenen Anredeformen/ regionale Verteilung/ diachron.

516. KLOEKE, G. G.: Ostniederländische Diminutiva. In: Jahrbuch des Vereins für niederdeutsche Sprachforschung 1929, S. 1-24.
Grenzgebiet Deutschland-Niederlande: Unterschiede in der Bildung der Diminutiva/ regionales Vorkommen/ Beispiele/ diachron.

517. -- Op KLOMPE tösche de Pompe. Mundartliches aus Orsoy und Umgebung. (= Schriften der Stadt Rheinberg zur Geschichte und Heimatkunde 5). Rheinberg 1990.
Orsoy (zu Rheinberg): Alphabetisches Wörterbuch Ma. - Hd./ Hinweise zur Grammatik/ Mundarttexte.

518. KNÄPPER, Fritz: Mundartliche Fachausdrücke aus der Feilenbranche. In: Die Heimat spricht zu Dir. Monatsbeilage des Remscheider Generalanzeigers 38 (1971), Nr.2, [o.Z.].
Remscheid: Mundartliche Bezeichnungen aus dem Fachwortschatz der Feilenschmiede.

519. KNÜBEL, Hans: Zur Dialektgeographie unserer Heimat. Die Benrather Linie. In: Unsere bergische Heimat. Heimatkundliche Monatsbeilage zum General-Anzeiger der Stadt Wuppertal. (= Mitteilungsblatt des Bergischen Geschichtsvereins 7 (1958)), Nr. 4, S. 3f. -- Nachdr. in: H. STRANGMEIER/ U. MÜLLER-SCHARRENBERG (Hrsg.): Aus Kulturgeschichte und Volkskunde I (= Niederbergische Beiträge 31). Hilden 1974, S. 301-313.
Bergisches Land (Gebiet der Benrather Linie): Dialektgeographische Merkmale des Raumes nördlich und südlich der Linie/ Besonderheiten des Kölner Sprachraums/ diachron/ 1 Karte.

520. KNÜBEL, Hans: Die Benrather Linie. Ein Blick in die Dialektgeographie. [ursprünglich 1955]. In: Benrath - historisch. Ein Stückchen Alt-Benrath. (= Schriftenreihe des Archivs der Heimatgemeinschaft Groß-Benrath. H. 6). Düsseldorf 1986, S. 50-54.

Benrath und Gebiet der Benrather Linie: Kurze Darstellung der dialektgeographischen Merkmale der Benrather Linie/ diachron/ 1 Karte.

521. KNÜFERMANN, Arnold: Bericht über eine Mundartwortsammlung für ein Mundartwörterbuch der Grafschaft Moers. In: Heimatkalender des Kreises Wesel 6 (1985), S. 81-84.
Moers und Umgebung: Vorbericht zum nachfolgenden Wörterbuch.

522. KNÜFERMANN, Arnold: Grafschafter Mundartlexikon. Leben und Arbeiten in der alten Grafschaft Moers. Hrsg. v. Arbeitskreis 'Grafschafter und Vogteier Mundart und Volkskunde' in Zusammenarbeit mit dem Amt für rheinische Landeskunde. (= Rheinische Mundarten. Beiträge zur Volkssprache aus den rheinischen Landschaften Bd. 6). Köln 1993.
Moers und Umgebung: Wörterbuch Ma.- Hd. nach Sachgebieten/ hochdeutsches Register.

523. KOCH, Franz: Die Laute der Werdener Mundart in ihrem Verhältnisse zum Altniederfränkischen, Altsächsischen, Althochdeutschen (= Jahresbericht über das Königliche Gymnasium zu Aachen für das Schuljahr 1878/79). Aachen 1879. [Diss. Münster 1879].
Werden (zu Essen) und Umgebung: Lautlehre/ diachron.

524. KOCH, Friedrich: Die Mundart des mittleren Bröltales. In: Ruppichteroth im Spiegel der Zeit. Hrsg. v. Harry HENDRIKS. Bd. III. Siegburg 1988, S. 289-374.
Ruppichteroth (bei Waldbröl) und Bröltal: Dialektgeographische Einordnung/ Laut- und Formenlehre/ Wörterverzeichnisse Hd.-Ma. nach Sachgebieten und Ma.-Hd. nach Erläuterungsbedarf/ Redensarten/ Mundarttexte.

525. KÖHNEN, G.: Von der niederrheinischen Mundart. In: Heimatkalender für den Kreis Moers 15 (1958), S. 84-88.
Niederrhein: Dialektgeographische Einordnung/ Besonderheiten in Wortschatz, Phonetik, Tonfall.

526. KÖHNEN, Hubert: "Unges Platt". Ein Wörterbuch der in der Stadt Korschenbroich und ihrer Umgebung gesprochenen Mundart. Hrsg. v. der Stadt Korschenbroich. Korschenbroich 1982.
Korschenbroich (bei Neuss): Alphabetisches Wörterbuch Ma.-Hd., meist Satzbeispiele/ 2 Karten.

527. KÖLLER, Josef: Mundart - Ausdrücke - Redensarten - Sprüche in Hürtgenwald-Gey, Straß, Horm. Hektographiertes Ms. Gey 1978.

Hürtgenwald-Gey, Straß und Horm (bei Düren): Alphabetisches Verzeichnis alter Mundartausdrücke/ Sammlung von Redewendungen und Sprüchen mit Bedeutungsangaben.

528. KÖLLER, Josef: Die Mundart von Hürtgenwald-Gey. Hochdeutsch - Mundartliches Register zu der im Amt für rheinische Landeskunde, Bonn archivierten Karteikartensammlung (Ma.-Hd.) in alphabetischer Reihenfolge. Ms. (masch.) o.O. [Bonn], o.J. [1986].
Hürtgenwald-Gey (bei Düren): Alphabetisches Wörterverzeichnis Hd.-Ma.

529. KOHLER, Klaus J.: Phonetische Explikation in Mundartforschung und historischer Lautlehre. In: Zeitschrift für Dialektologie und Linguistik 50 (1983), S. 44-53.
Rheinlande: Beitrag zur Gutturalisierung von Dentalen und zum Wandel von *ft* zu *xt*.

KOLVENBACH, Monika: s. 99.

530. KOMES, Renate: Grußformeln und die Regeln ihrer Anwendung. Eine empirische Untersuchung zur Pragmalinguistik in Bergweiler, Kreis Wittlich. In: Beiträge zur Dialektologie am Mittelrhein. Hrsg. v. Günter BELLMANN. (= Mainzer Studien zur Sprach- und Volksforschung 10). Stuttgart 1986, S. 256-284.
Bergweiler (bei Wittlich): Syntaktisch-pragmatische Studie unter Berücksichtigung des Dialektgebrauchs.

531. KONRADS, Manfred: Eifeler Platt auf Schwedisch. Eine interessante Parallele neu betrachtet. In: Jahrbuch des Kreises Euskirchen 1978, S. 166-170.
Manscheid, Wildenburg, Krekel (Nordeifel): Eifeler Mundartausdrücke und schwedische Entsprechungen.

532. KONRADS, Manfred: Wörter und Sachen im Wildenburger Ländchen. (= Rheinische Mundarten. Beiträge zur Volkssprache aus den rheinischen Landschaften Bd. 1). Köln, Bonn 1981.
Wildenburger Ländchen (Nordeifel): Dialektaler Kernwortschatz nach Sachgebieten/ kurzer Abriß der Formenlehre/ Mundarttext/ 2 alphabetische Register (Mundartwörter/ hochdeutsche Wörter).

533. KOULEN, Josef: Der Stabreim im Munde des Volkes zwischen Rhein und Rur. (= Beigabe zum Programm des Gymnasiums zu Düren). Düren 1896.

Rheinlande (zwischen Köln und Aachen): Wortbildung/ Stabreim und Alliteration/ verschiedene Formen, Bedingungen, Beispiele, regionale Angaben/ Sammlung stabreimender Sprichwörter und Redensarten in thematischer Gliederung.

534. KRACH, Gottfried: Min Modersprok. Die Mundart in der ehemaligen Grafschaft Moers. Moers 1924. -- Nachdr. Moers 1977.
Moers und Umgebung: Kleine Wörterverzeichnisse Ma.-Hd. nach Wortarten/ Sprichwörter/ Mundartdichtung.

535. KRAEBER, Hannelore: Neues Wörterbuch der Koblenzer Mundart. Koblenz 1991, 2. Aufl. 1992.
Koblenz: Alphabetisches Wörterbuch Ma.-Hd. mit Beispielsätzen/ Suchregister Hd.-Ma. im Anhang/ Sprichwörter/ mehrere Abb./ 1 Karte.

536. KRAEMER, Waltraud: Umsetzungsschwierigkeiten von Dialektsprechern bei dem Gebrauch der Schriftsprache. Am Beispiel einer phonologischen Fehleranalyse in Bad Ems/ Lahn (Grund- und Hauptschulklassen). In: Rolf MÜLLER/ Eugen GABRIEL / Waltraud KRAEMER: Laut und Schrift in Dialekt und Standardsprache. (= Zeitschrift für Dialektologie und Linguistik. Beih. N.F. 27). Wiesbaden 1978, S. 93-219.
Bad Ems: Kurze dialektgeographische Einordnung/ Kontrastierung der Phoneminventare Ma.-Hd./ Darstellung dialektbedingter Fehler.

537. KRÄMER, Robert: Ich habe kein "Gehächnis" mehr! Was die Eifeler Mundart treffender als die Schriftsprache ausdrückt - Einige Wortproben beweisen es. In: Die Brücke. Heimatbeilage der Rheinischen Zeitung 1 (1954), Nr. 10.
Trier: Artikel zur Wortbedeutung von "Gehächnis"/ [nahezu identisch mit LEHNERT, Aloys: Ich habe kein "Geheichnis" mehr, s. d.].

538. KREINER, Karl: Das Neusser Alphabet. Neuss 1978.
Neuss: Alphabetisches Wörterbuch Ma.-Hd. mit Beispielsätzen und etymologischen Hinweisen.

539. KREISCHER, Georg: Platte Wört - gau verklört. Grafschafter Mundart aus Baerl und Umgebung. Mit dem Mundartkreis "Baalsche Kraien" zusammengetragen und verfaßt von Georg KREISCHER. Mit Zeichnungen von Heinrich ZÖLLNER. Hrsg. vom Mundartkreis "Baalsche Kraien". Duisburg-Baerl 1984.
Baerl (zu Duisburg): Alphabetisches Wörterbuch Ma.- Hd., z. T. Satzbeispiele.

540. KREISCHER, Georg: Kostproben des Grafschafter Speisezettels. In: Jahrbuch. Beiträge zur Heimat- und Kulturpflege. Hrsg. v. "Freundeskreis Lebendige Grafschaft e.V." [Duisburg-Rheinhausen] 5 (1988/89), S. 79-81.
Moers und Umgebung: Mundartlicher Wortschatz des Sachgebietes Essen und Trinken.

541. KREISCHER, Georg: Nachtrag zu Platte Wört - gau verklört. Grafschafter Mundart aus Baerl und Umgebung. Hrsg. v. Mundartkreis "Baalsche Kraien". Duisburg-Baerl 1993.
Baerl (zu Duisburg): Ergänzendes Wörterverzeichnis Ma.-Hd. zum vorhergehenden Wörterbuch.

542. KREMER, Heinrich: Die Wortbildung der Mundart von Lechenich. Diss. Bonn. Schwetzingen 1938.
Lechenich (südwestl. v. Köln): Wortbildung in der Mundart: Ableitung und Zusammensetzung in den verschiedenen Wortarten.

543. KREMER, Ludger: Kontinuum oder Bruchstelle? Zur Entwicklung der Grenzdialekte zwischen Niederrhein und Vechtegebiet. In: Grenzdialekte. Studien zur Entwicklung kontinentalwestgermanischer Dialektkontinua. Hrsg. v. Ludger KREMER und Hermann NIEBAUM. (= Germanistische Linguistik 101-103). Hildesheim u.a. 1990, S. 85-123.
Kleverland (grenzüberschreitend): Wortgeographie/ Laut- u. Formengeographie/ lexikalische, lautliche, morphologische und syntaktische Veränderungen/ diachron/ 8 Karten.

544. KRIEGER, Michael: Herausforderung >Textanfang<. Verfahrensweisen der sprachlichen Gestaltung des Textanfangs in spontan gesprochenen Erzähltexten aus dem Rheinland. In: Volkskultur an Rhein und Maas 12 (1993), H. 1, S. 34-41.
Rheinlande: Syntaktische Merkmale des Textanfangs in 30 mundartlichen Erzähltexten zum Thema 'Hochzeit'.

KRIEGER, Michael: s. 183.

KRIEGESKOTTE, Erich: s. 859.

545. KRINGS, Th.: Mundartliche Fremdwörter aus Rheinland und besonders der Mitteleifel. In: Westdeutsche Lehrerzeitung 21 (1913), S. 175-177. -- Ebenso in: Eifel-Heimatbuch. Hrsg. von Michael ZENDER. Bonn 1924, S. 428-431. -- Kurzform: Mundartliche Fremdwörter aus der Mitteleifel. In: Eifelvereinsblatt 14 (1913), S. 12. -- Nachdr.: Jahrbuch für den Kreis Bernkastel-

Wittlich 1977, S. 216f.
Rheinlande (bes. Mitteleifel): Sammlung von Fremdwörtern in der Mundart mit Angaben zu Bedeutung und Herkunft.

546. KRÜKEL, Lambert: Mundartliche Ausdrücke und Redensarten aus dem Gebiete des Selfkantkreises Geilenkirchen-Heinsberg. In: Heimatkalender Geilenkirchen-Heinsberg 15 (1965), S. 133-136; 16 (1966), S. 95-99; 17 (1967), S. 113-118; 18 (1968), S. 87-91; 19 (1969), S. 107-109.
Birgden und Honsdorf (Selfkant): Alphabetisches Wörterverzeichnis Ma. - Hd./ Vergleich der beiden Ortssprachen auf lexikalischer Ebene.

547. KÜPPER, Karl J.: Place Variation in the Consonant System: The Rhenish Velarization Revisited. In: The Canadian Journal of Linguistics/ La Revue Canadienne de Linguistique 37 (1992), S. 17-40.
Rheinlande: Velarisierung (phonologische Probleme synchron und diachron, sprachenvergleichende Einordnung).

548. KÜSTERS, Hein: Thematische Wortschatzsammlung. In: Alsdorfer Mundart, Gedichte und Themen. Hrsg. von Hans GOHR. Alsdorf 1987, S. 65-92. -- Ebenso in: Platt es Truff. Hrsg. v. der Volkshochschule Alsdorf/Baesweiler. Alsdorf 1989, S. 5-41.
Alsdorf (bei Aachen): Nach Sachgebieten geordnetes Wörterverzeichnis Hd.-Ma.

549. KUHLA, Wilhelm: Droosdorewe Rosinge, droosdorewe rosenge, Troisdorfer Rosinen. Ein ganz besonderes Wörterbuch der Troisdorfer Mundart. Troisdorf 1992.
Troisdorf: Alphabetisches Wörterbuch Ma.-Hd.

550. KUNTZE, Erich: Studien zur Mundart der Stadt Saarbrücken. (= Deutsche Dialektgeographie 31). Marburg 1932.
Saarbrücken: Lautlehre (Vokalismus und Konsonantismus)/ diachron.

551. LABOUVIE, Erich: Studien zur Syntax der Mundart von Dillingen an der Saar. (= Deutsche Dialektgeographie 13). Marburg 1938.
Dillingen: Studien zur Satzlehre (Einzelsatz, Satzgruppe, Tempora und Modi, Wortstellung, Präpositionen und Konjunktionen).

552. LANGENSIEPEN, Fritz: Gesprochene Mundart als aktuelle Aufgabe für die Schule. In: Unsere Heimatdialekte - Umgangssprache auch in der Zukunft? - Hrsg. v. Kreis Neuss. Neuss 1985, S. 13-26.
Neuss und Umgebung: Sprachsoziologischer Beitrag/ dialektgeographische

Unterschiede in der Lautlehre und im Wortschatz am Beispiel des Wortfeldes 'Schmutz'.

553. LANGENSIEPEN, Fritz: Schnaps ist Schnaps und Platt ist Platt? Zum Verhältnis von Fachsprache und Mundart. In: Volkskultur an Rhein und Maas 6 (1987), H. 2, S. 20-24.
Kirchberg (bei Simmern): Bemerkungen zur mundartlichen Fachsprache der Brennerei mit einigen Wortbeispielen/ Text.

553 a. LANGENSIEPEN, Fritz: 'Schraai duun' oder 'schraiie'. Zum Verbstil des Hunsrücker Platt. In: Hunsrücker Heimatblätter 32 (1987), Nr. 87, S. 301-304.
Hunsrück: Gebrauch von Funktionsverbgefügen aus Substantiv und Verb statt Verben/ diachron.

553 b. LANGENSIEPEN, Fritz: Moselfränkisch in der Südwesteifel. In: Landschaft ohne Grenzen. Eifel - Ardennen. Geschichte. Kultur. Radtouren. Wanderungen. Hrsg. v.d. Naturfreunde-Internationale. Köln 1993, S. 132-136.
Bitburg und Umgebung: Einige lautliche und syntaktische Merkmale der Mundarten.

LANGENSIEPEN, Fritz: s. 182.

LANTIN, Rudolf: s. 411.

554. LAUBENTHAL, Wilhelm: So manches Wort blieb bei uns hängen. Wie die Juden nach Merzig kamen. Von "ausbaldowern" bis "Zores" ist das Jiddische noch lebendig. In: Geschichte und Landschaft. Heimatblätter der Saarbrücker Zeitung 320 (1985), [o.Z.].
Merzig (Saar): Vereinzelte Anführung von Mundartwörtern, die auf das Jiddische zurückgehen.

555. LAUSBERG, Helmut: Situative und individuelle Sprachvariation im Rheinland. Variablenbezogene Untersuchung anhand von Tonbandaufnahmen aus Erftstadt-Erp. (= Rheinisches Archiv 130). Köln u.a. 1993.
Erftstadt-Erp: Linguistische Analyse von zehn lautlichen Variablen bei zwanzig Mundartsprechern in je zwei Situationen (ungezwungen - Interview)/ Klassifizierung der Variablen (labile, heterogene, stabile Merkmale) und der Sprechertypen (Code-Switcher, Code-Mixer, Dialektsprecher).

556. -- LAUTSTAND der Mundart von Aldenrade. Ms. Bonn o.J.
Aldenrade (Niederrhein): Vokalismus ausgehend vom Mittelhochdeutschen.

557. -- Der LAUTSTAND und die schriftliche Wiedergabe der Essenschen Mundart im Lauf der Zeiten. In: Essener Anzeiger, 14.12.1919.
Essen: Diskrepanzen zwischen geschriebener und gesprochener Mundart/ Aufdeckung 'falscher' Schreibweisen und 'falschen' Wortgebrauchs.

558. LAVEN [Franz Hermann]: Bemerkungen zur stadttrierer Mundart. Den Mitgliedern des Vereins für Denkmalpflege und Heimatkunde gelegentlich der Tagung in Trier, September 1909, gewidmet von Pfarrer LAVEN und Verleger KOCH. Trier 1909.
Trier: Mundartgrammatik/ Laut- und Formenlehre / Verzeichnis von Substantiven und Verben mit Angaben zur Schreibweise.

559. LAVEN, Ph.: Gedichte in trierischer Mundart (mit Glossar). Trier 1858.
Trier: Bemerkungen zur Mundart (Vokal- und Konsonantenbestand, Aussprache usw.) / Gedichtsammlung / Wörterverzeichnis zu den Gedichten.

560. LEENEN, J.: Van Muis naar Maus. In: Bulletin de la Commission royale de toponymie et de la dialectologie 4 (1930), S. 165-215.
Grenzgebiet Deutschland-Belgien-Niederlande: Lautlehre / Einteilung in 4 Diphthongierungszonen.

561. LEENEN, J.: Tussen Oud, Old en Alt. In: Bulletin de la Commission royale de toponymie et de la dialectologie 15 (1941), S. 305-355.
Niederfränkisches Sprachgebiet: Lautlehre/ Limburgische Vokalisierung *old : oud.*

562. LEENEN, J.: Limburgse klankgrenzen. In: Limburgse dialectgrenzen. Lezingen, gehouden voor de Dialectencommissie der Koninklijke Nederlandse Akademie van Wetenschappen op 18. januari 1947 door Dr. J. LEENEN, S. VAN DER MEER en Dr. W. ROUKENS (= Bijdragen en Mededelingen der Dialectencommissie van de Koninklijke Nederlandse Akademie van Wetenschappen 9). Amsterdam 1947, S. 1-13.
Grenzgebiet Deutschland-Belgien-Niederlande: Beschreibung der lautlichen Isoglossen.

563. LEENEN, J.: De ware betekenis van de Uerdinger Lijn. In: Niederrheinisches Jahrbuch 8 (1965), S. 124-128.
Uerdingen bis Venlo und Niederlande (südöstliche): Dialektgeographische Darstellung des Südniederfränkischen/ 1 Karte.

564. LEHMHAUS, Fritz: Vergehende und vergangene Wörter und Wendungen aus rheinischen und westfälischen Urkunden. In: Mitteilungen des Bergischen Geschichtsvereins 1 (1932), S. 7-10.
Bergisches Land: Historische Anmerkungen zu einzelnen Mundartwörtern.

565. LEHNERT, Aloys: Studien zur Dialektgeographie des Kreises Saarlouis (mit 1 Karte). (= Rheinische Beiträge und Hilfsbücher zur germanischen Philologie und Volkskunde 12). Bonn 1926.
Saarlouis und Umgebung (bes. Diefflen): Laut- und Formenlehre/ diachron/ 1 Karte.

566. LEHNERT, Aloys: Das Diminutivum (Verkleinerungsform) in der Mundart von Diefflen, Kreis Saarlouis. In: Unsere Saar 7 (1932), S. 19-22.
Diefflen (bei Saarlouis): Diminutivbildung in der Mundart.

567. LEHNERT, Aloys: Die saarländischen Mundarten. In: Unsere Heimat an der Saar. Neunkirchen 1951. S. 101-103.
Saarland: Dialektgeographische Einordnung/ Einzelheiten zur Lautlehre/ Vergleich Moselfränkisch - Rheinfränkisch.

568. LEHNERT, Aloys: Ich habe kein "Geheichnis" mehr. In: Trierisches Jahrbuch 5 (1954), S. 83-85.
Trier: Artikel zur Wortbedeutung von "Geheichnis"/ [nahezu identisch mit KRÄMER, Robert: Ich habe kein "Gehächnis" mehr, s. d.].

569. LEHNERT, Aloys: Die saarländische Sprachlandschaft. In: Zeitschrift für die Geschichte der Saargegend 6/7 (1956/57), S. 157-188.
Saarland: Sprachgeschichtliche Entwicklung der Mundart(en)/ Wortgeographie/ diachron/ 28 Karten.

570. LEHNERT, Aloys: Die saarländischen Mundarten. Ein Spiegel friedlichen Ausgleichs zwischen verschiedenartigen Kulturgütern. In: Das Parlament 7 (1957), Nr. 1, S. 15.
Saarland: Lautgeographie.

571. LEHNERT, Aloys: Die saarländischen Mundarten. In: Das Saarland. Ein Beitrag zur Entwicklung des jüngsten Bundeslandes in Politik, Kultur und Wirtschaft. Saarbrücken 1958, S. 409-439.
Saarland: Allgemeines zur sprachgeschichtlichen Entwicklung und zur dialektalen Einordnung der Mundarten / Unterschiede zwischen Mosel- und Rheinfränkisch: Vokalismus, Konsonantismus, Wortschatz / Besonderheiten der saarländischen Mundarten.

572. LEHNERT, Aloys: Zur Dialektgeographie des Kreises Saarlouis. Die saarländischen Mundarten - ein Spiegel friedlichen Ausgleichs zwischen verschiedenartigen Kulturgütern. In: Heimatkundliches Jahrbuch des Landkreises Saarlouis 1966, S.231-240.
Saarlouis und Umgebung: Dialektgeographische Einordnung mit den wichtigsten lautlichen Unterschieden zwischen dem Mosel- und Rheinfränkischen.

573. LEHNERT, Aloys und E.: Wörterbuch der saarländischen Mundarten. (= Deutsche Sprachbüchlein 5). Saarlouis 1931.
Saarland: Alphabetisches Wörterbuch Ma.-Hd. mit Hinweisen zur Etymologie/ Unterschiede zwischen dem Mosel- und Rheinfränkischen in Lautlehre und Wortschatz.

LEHNERT, Charly: s. 135. 136.

574. LEIHENER, Erich: Einleitung zum Cronenberger Wörterbuch. Diss. Marburg 1907.
Cronenberg (zu Wuppertal), Remscheid, Ronsdorf (zu Wuppertal), Wermelskirchen: Vergleichende Laut- und Flexionslehre auf historischer (westgermanischer) Grundlage/ dialektgeographischer Überblick/ 1 Karte.

575. LEIHENER, Erich: Cronenberger Wörterbuch (mit ortsgeschichtlicher, grammatischer und dialektgeographischer Einleitung). (= Deutsche Dialektgeographie 2). Marburg 1908. -- Nachdr. Walluf 1974.
Cronenberg (zu Wuppertal), Remscheid, Ronsdorf (zu Wuppertal), Wermelskirchen: Alphabetisches Wörterbuch Ma.-Hd./ kurze Grammatik (Laut- und Flexionslehre)/ dialektgeographische Einleitung (s. vorhergehende Arbeit)/ 1 Karte.

576. LEITHAEUSER, J[ulius]: Gallicismen in niederrheinischen Mundarten. 2 Teile. (= Jahresberichte des Realgymnasiums zu Barmen 1891 u.1894, Beilage). Barmen 1891/94.
Niederrhein: Verzeichnis von Fremd- und Lehnwörtern französischer Herkunft.

577. LEITHAEUSER, J[ulius]: Über die Wuppertaler Mundart. Vortrag zu Barmen vom Februar 1895. In: Rheinische Geschichtsblätter 2 (1895/96), Nr. 10, S. 289-305.
Barmen (zu Wuppertal): Kurze Laut- und Formenlehre anhand ausgewählter Beispiele/ Wortschatz/ Satzlehre/ diachron.

578. LEITHAEUSER, Julius: Volkskundliches aus dem Bergischen Lande. Barmen 1906/07. [I. Tiernamen im Volksmunde. 1. Teil: Barmen 1906. 2. Teil: Barmen 1907.]
Bergisches Land: Verzeichnis von Tierbezeichnungen Hd. - Ma./ Register Ma.-Hd.

579. LEITHAEUSER, Julius: Barmens Alltagsdeutsch. In: Ders.: Rückblicke in Barmens Vergangenheit. Sprachliche und kulturgeschichtliche Skizzen zur Jahrhundert-Feier. Barmen 1908. S. 23-28.
Barmen (zu Wuppertal): Charakterisierung der Mundart mit Einzelheiten zur Laut-, Formen- und Satzlehre.

580. LEITHÄUSER, Julius: Schriftsprache und Mundart im Bergischen Lande. Vortrag gehalten am 10. März 1909 im Allgemeinen Deutschen Sprachverein. Barmen o. J.
Bergisches Land: Sprachgeschichte des Deutschen/ Einige Merkmale der Mundarten aus Lautlehre, Formenlehre, Wortschatz/ Orts- und Flurnamen/ Sprichwörter und Redensarten/ diachron.

581. LEITHAEUSER, Julius: Die Barmer Volkssprache einst und jetzt. In: Blätter für Heimatkunde 23. Wöchentliche Beilage der Westdeutschen Allgemeinen Zeitung. 17.6.1925, S. 3f.
Wuppertal: Kurze Abhandlung über die rheinisch-westfälische Sprachgrenze in Wuppertal/ diachron.

582. LEITHAEUSER, Julius: Bergische Mundarten. In: Bergische Geschichtsblätter 3 (1926), S. 89f.
Bergisches Land: Dialektgeographische Differenzierung der bergischen Mundarten anhand von Wortbeispielen/ diachron.

583. LEITHAEUSER, Julius: Volkssprache. In: Ders.: Volks- und Heimatkunde des Wupperlandes. Elberfeld 1927. Kap. 4, S. 20-29.
Wuppertal: Dialektgeographische Einordnung/ Einzelheiten zur Lautlehre und zum Wortschatz.

584. LEITHAEUSER, Julius: Wörterbuch der Barmer Mundart nebst dem Abriß der Sprachlehre. Elberfeld 1929. -- Nachdr. Wiesbaden 1968.
Barmen (zu Wuppertal): Alphabetisches Wörterbuch Ma.-Hd./ Laut- und Formenlehre.

585. LEITHAEUSER, Julius: Nachträge zum Barmer Wörterbuch. Wuppertal-Elberfeld 1936.

Barmen (zu Wuppertal): Nachträge zum vorhergehenden Titel.

586. LENGLER: Wie unser Birkenfelder Volk redet. In: Heimat. Blätter für Mosel, Hochwald und Hunsrück 3 (1912), S. 9-12.
Birkenfeld und Umgebung: Sammlung von Mundartwörtern und Redewendungen mit Bedeutungsangaben.

587. LENZ, Chr.: Aus der Fundgrube unserer heimatlich-dialektischen Ausdrücke und Sprichwörter. In: Rur-Blumen (1931), S. 1f.
Langweiler und Umgebung (bei Jülich): Sammlung von Mundartwörtern und Redewendungen mit Bedeutungsangaben.

588. LERCHNER, Gotthard: Rheinisch anlautend /ʃ/ und /ts/ für romanisch /s/. Randbemerkungen zur 2. Lautverschiebung im Mittelfränkischen. In: Beiträge zur Geschichte der Deutschen Sprache und Literatur [Halle] 90 (1968), S. 400-419.
Rheinlande: Studie zur Lautentwicklung in Kontakt mit dem Romanischen/ diachron.

589. LERCHNER, Gotthard: Zur II. Lautverschiebung im Rheinisch-Westmitteldeutschen. Diachronische und diatopische Untersuchungen. (= Mitteldeutsche Studien 30). Halle (Saale) 1971.
Westmitteldeutsches Sprachgebiet: Ausführliche Diskussion der Entstehung und räumlichen Verbreitung der II. Lautverschiebung/ Geräuschlautsysteme westmitteldeutscher Ortsmundarten/ lexikalische Dokumentation von 'Ausnahmen'/ diachron.

590. LESON, Willy: Kölsch von A bis Z. Ein Handwörterbuch für Eingeborene, Zugezogene und Durchreisende. Köln 1974. 10. erw. u. überab. Aufl. 1993.
Köln: Alphabetisches Wörterbuch Ma.-Hd./ Konjugationstabellen.

LEßMANN, M.: s. 198.

591. LEVEN, Johannes: Französische Sprachreste und Fremdwörter in der deutschen Sprache und niederrheinischen Mundart. In: Die Heimat. Mitteilungen des Vereins für Heimatkunde in Krefeld 23 (1952), S. 50f.
Niederrhein: Sammlung von französischem Sprachgut in der Mundart mit Angaben zu Bedeutung und Verwendung.

592. LINGEN, Hermann Joseph: 100 Wörter geldrisch Platt. In: Geldrischer Heimatkalender 1952, S. 105-107.
Geldern: Alphabetisches Wörterverzeichnis Ma.-Hd.

593. LOBBES, Otto: Nordbergische Dialektgeographie. In: Deutsche Dialektgeographie 8. Marburg 1915, S. 1-80. -- Nachdr. Walluf 1974.
Bergisches Land (nördliches): Dialektgeographie/ Lautlehre/ Formen- und Wortbildungslehre/ diachron/ 1 Karte.

594. LOCHNER von Hüttenbach, Freiherr: Zur Grammatik des Elten-Emmericher Platt. In: Zeitschrift des Vereins für rheinische und westfälische Volkskunde 1 (1904), S. 126-131.
Elten (nordw. v. Emmerich): Einzelheiten aus der Grammatik (Artikel, Konjugation, Pluralbildung, Pronomina, Adverbien, Präpositionen)/ Parallelen und Unterschiede zum Niederländischen.

595. LOEBER, Karl: Aus der Bergmannssprache des Dillgebietes. In: Heimatjahrbuch für den Dillkreis 4 (1961), S. 118-122.
Dillkreis: Alphabetisches Wörterverzeichnis der Bergmannssprache.

596. LOMBERG, August: Bergische Sprachsünden. Eine Scheltrede. (=Bergische Heimatschriften. Sonderh. 1). Wuppertal 1935.
Bergisches Land: Kontrastierung mundartlicher Merkmale mit den 'korrekten' hochsprachlichen Merkmalen/ Lautlehre/ Formenlehre/ Satzlehre.

597. LOMBERG, August: Mehr Verständnis für unser "Bergisch Platt". Eine Einführung in die urwüchsige Sprache der Heimat mit Proben mundartlicher Dichtung. (= Bergische Heimatschriften 2). Wuppertal-Elberfeld 1938.
Bergisches Land: Dialektgeographische Gliederung anhand von lautlichen Besonderheiten und Unterschieden in der Diminutiv-Bildung/ mundartlicher Wortschatz/ Mundarttexte.

598. LOOK, H. van: Idiotismen des Clevischen Platt, erläutert aus dem Altgermanischen. In: Niederrheinischer Geschichtsfreund (1879), S. 31, 35f., 51f., 66f.
Kleve: Kurze Anmerkung zum Konsonantismus/ Sammlung von Mundartwörtern mit etymologischen Angaben.

599. LOOSEN, Margret: Mundartwandel an der Mosel. Untersuchungen zum Vokalismus der Mundart von Karden. In: Volkskultur an Rhein und Maas 7 (1988), H. 1, S. 22-30.
Karden (bei Cochem): Mundartwandel zwischen 1887 (Fragebogen zum Deutschen Sprachatlas v. WENKER) und 1981 (Neuerhebung)/ Vokalismus.

600. LUDWIG, Johannes: Lautlehre der moselfränkischen Mundart von Sehlem (Reg.-Bez. Trier). Bonn 1906. [Diss. Freiburg 1906]

Sehlem (südl. v. Wittlich): Vokalismus und Konsonantismus, ausgehend vom Mittelhochdeutschen/ diachron.

601. LÜBKE, Anton: Mundartiges von Sieg und Heller. In: Siegerland 62 (1985), S. 77-81.
Siegerland: Kleine Wörtersammlung Ma.-Hd./ Redensarten.

602. LÜTTGAU, Ernst Gustav/ HOCHHAUS, Klaus/ HIRSCHBERG, Martin: Kölsch für anzelore. Frechen o.J.
Köln: Alphabetisches Bildwörterbuch zur Mundart/ alphabetisches Wörterverzeichnis Ma.-Hd. im Anhang.

603. MAAS, Albert: Aus der Geschichte der Eifeler Mundart. Heimatkalender für den Kreis Bitburg 1954, S. 83-85.
Bitburg: Lehn- und Fremdwörter in der Mundart.

604. MACHA, Jürgen: "Wat is hier jebacken?" - Zur Sprache von Handwerksmeistern aus Siegburg, Eitorf und Windeck. In: Heimatblätter des Rhein-Sieg-Kreises 58 (1990), S. 116-132.
Siegburg, Eitorf, Windeck: Sprachgebrauch/ Sprachformen (Laute, Wortschatz) bei Handwerksmeistern im Verhältnis zur alten Mundart.

605. MACHA, Jürgen: Der flexible Sprecher. Untersuchungen zu Sprache und Sprachbewußtsein rheinischer Handwerksmeister. Köln 1991.
Siegburg, Eitorf, Windeck: Neuerhebung zu WENKER-Sätzen und Analyse v.a. lautlicher Merkmale auf ihren Wandel hin/ Varietätenwahl und Varietätenwechsel/ Sprachbiographien.

606. MACHA, Jürgen: Dialekt und Standardsprache. Ausprägung und Gebrauch bei rheinisch-ripuarischen Sprechern. In: Dialect and Standard Language. Dialekt und Standardsprache in the English, Dutch, German and Norwegian Language Areas. Hrsg. v. J.A. van LEUVENSTEIJN u. J.B. BERNS. (= Koninklijke Nederlandse Akademie van Wetenschappen. Verhandelingen. Afd. Letterkunde. Nieuwe Reeks, deel 150). Amsterdam u.a. 1992, S. 271-289.
Rheinlande (mittlere, bes. Rhein-Sieg-Kreis): Wandel von Sprachformen zwischen Dialekt und Standardsprache, bes. im Lautbereich/ Sprachgebrauchsveränderungen.

607. MACHA, Jürgen: Nicht mehr Dialekt - sprachlicher Substandard in rheinischen Grundschulen. In: Vielerlei Deutsch. Umgang mit Sprachvarietäten in der Schule. Hrsg. v. Peter KLOTZ/ Peter SIEBER. Stuttgart 1993, S. 140-150.

Bonn: Studie zu Gebrauch und Korrektur von Dialektmerkmalen in Grundschulen/ sprachsoziologische Auswertung.

608. MACKENBACH, Wilhelm: Dialektgeographie des Siegkreises zwischen Agger und Bröl und der angrenzenden Orte der Kreise Mülheim/ Rhein, Wipperfürth und Gummersbach. Diss. (z. T. hs.) Marburg 1924.
Siegkreis und Teile des Bergischen Landes: Lautlehre/ Formenlehre/ Dialektgeographie/ diachron/ historisch-erklärender Teil/ 1 Karte.

609. MACKENBACH, Wilhelm: Etwas über Seelscheider Platt und Seelscheider Geschichte. In: Bergischer Kalender 5 (1925), S. 158-160.
Seelscheid (bei Siegburg) und Umgebung: Wortschatz / Mundartgrenzen/ diachron.

610. MAIBÜCHEN, Ernst: Drei Sprachlinien im Rhein-Wupper-Kreis. In: Romerike Berge 8 (1958/59), S. 21-28.
Rhein-Wupper-Kreis: Anmerkungen zur Sprachgeschichte/ Lautgeographie/ Verlauf der Sprachgrenzen anhand lautlicher Unterschiede (Benrather-, Uerdinger-, Westfälische Linie)/ 1 Karte.

611. MANGOLD, Max: Das Saarbrücker Wörterbuch von Edith Braun. In: Saarbrücker Hefte 57 (1985), S. 33-36.
Saarbrücken: Kurzer Bericht zum Wörterbuch von Edith BRAUN (s.d.).

612. MANGOLD, Max: Saarbrücker rückläufiges Wörterbuch. Reimwörterbuch und rückläufiges Wörterbuch der Saarbrücker Mundart. (= Beiträge zur Sprache im Saarland 6). Saarbrücken 1986.
Saarbrücken: Rückläufiges Wörterbuch der Mundart.

MANGOLD, Max: s. 106.

613. MARTIN, Bernhard: Wortgeographische Studien in Hessen-Nassau. In: Zeitschrift für Deutsche Mundarten 18 (1923), S. 254-257.
Nassau: Wortgeographie von 'Deichsel'.

614. MARTIN, Bernhard: Sprache [= jeweils Abschnitt 7]. In: Erich KEYSER (Hrsg.): Rheinisches Städtebuch. (= Deutsches Städtebuch III, Nordwest-Deutschland 3). Stuttgart 1956.
Rheinlande (sämtliche Städte): Jeweils knappe dialektgeographische Einordnung und Isoglossen nach dem Deutschen Sprachatlas.

615. MARTIN, Roland: Untersuchungen zur rhein-moselfränkischen Dialekt-

grenze. (= Deutsche Dialektgeographie 11a). Marburg 1922. [Diss. Marburg 1914]. -- Nachdr. Walluf 1974.
Warmsroth und Umgebung (bei Kreuznach): Laut- und Flexionslehre der Mundart von Warmsroth/ Dialektgeographie des rheinfränkisch-moselfränkischen Grenzgebiets.

616. MARTIN, Wilhelm: Die Sprache in Quierschied. In: Ders.: Quierschied. Seine Geschichte und seine Eigenart. O. O. 1956, S. 138-172.
Quierschied (bei Saarbrücken): Wörterverzeichnis Ma.-Hd./ dialektgeographische Einordnung/ Gegenüberstellung Moselfränkisch-Rheinfränkisch/ diachron.

617. MATTHEIER, Klaus J.: Sprachveränderungen im Rheinland. Zum Problem der kontextuellen und situativen Steuerung sprachlicher Veränderungsprozesse. In: Sprachvariation und Sprachwandel. Probleme der Inter- und Intralinguistik. Akten des 3. Symposions über Sprachkontakt in Europa, Mannheim 1979. Hrsg. v. Per Sture URELAND. Tübingen 1980, S. 121-137.
Erftstadt-Erp: Sprachveränderung, dargestellt am Gebrauch der standardsprachlichen Konsonanten *b, p, d, x, g* in dialektaler Alltags- und öffentlicher Sprache bei 50 Sprechern/ sprachsoziologische Auswertung.

618. MATTHEIER, Klaus J.: Koexistenz und Variabilität in der Dialekt-Standard-Situation. Einige linguistische und dialektdidaktische Bemerkungen zur Diglossie an rheinischen Beispielen. In: Dialekt und Hochsprache in der Schule. Hrsg. v. Kurt EGGER. Brixen 1981. Bozen 1982, S. 128-149.
Rheinlande: Sprachsoziologische Darstellung/ Einzelheiten zum Konsonantismus von Erftstadt-Erp.

619. MATTHEIER; Klaus J.: Dialektologische und dialektdidaktische Aspekte des Koexistenzmodells und des Variabilitätsmodells. In: Germanistische Mitteilungen 19 (1984), S. 5-17.
Erftstadt-Erp: Kontrastive Analyse der dialektalen Anteile in Alltags- und öffentlicher Sprache am Beispiel der standardsprachlichen Konsonanten *b, p, x, g*.

620. MATTHEIER, Klaus J.: Beller Platt. Dialektologische Skizze einer Mundart der Nordosteifel. In: Germanistische Linguistik 91-92 (1987), S. 163-182.
Bell (bei Mayen): Vokalismus/ Konsonantismus/ Flexion.

621. MATTHEIER, Klaus J.: Variabilität zwischen Dialekt und Standardsprache. In: Zeitschrift für Germanistik 8 (1987), S. 544-558.

Erftstadt-Erp: Kontrastive Analyse von standardsprachlichem *b* in der Ortsmundart/ Sprachsoziologische Auswertung des variablen Gebrauchs.

MATTHEIER, Klaus J.: s. 511.

622. MAURMANN, Emil: Die Laute der Mundart von Mülheim a. d. Ruhr. Leipzig 1890. [Diss. Marburg].
Mülheim a. d. Ruhr: Lautlehre mit Vokalismus und Konsonantismus/ diachron.

623. MAURMANN, Emil: Grammatik der Mundart von Mülheim a. d. Ruhr. (= Sammlung kurzer Grammatiken deutscher Mundarten 4). Leipzig 1898.
-- Nachdr. Wiesbaden 1969.
Mülheim a. d. Ruhr: Lautlehre/ Formenlehre/ diachron/ Mundarttexte.

624. MAURMANN, Emil: Kleine Beiträge zur Geographie der deutschen Mundarten. In: Zeitschrift für Deutsche Mundarten 1911, S. 289-294; hier:
S. 289: 1. Zur niederdeutschen Sprachgrenze im Rheinland.
Bergisches Land: Verlauf der mittelfränkisch-niederdeutschen Sprachgrenze.

625. MAURMANN, Emil: Zur niederdeutschen Sprachgrenze im Rheinlande. In: Zeitschrift für Deutsche Mundarten 1912, S. 174.
Bergisches Land: Entgegnung auf BREMERs Aufsatz (s.d.).

626. MEEGEN, Alois van: Flexionslehre der Mundart von Uedem am Niederrhein. Examensarb. (masch.) Bonn o.J.
Uedem (bei Kleve): Formenlehre (Deklination, Konjugation), ausgehend vom Mhd./ diachron.

627. MEISEN, Karl: Unsere Heimat in ihrer Mundart. In: Unsere Heimat im Wandel der Zeit. Beilage zum Euskirchener Volksblatt 1 (1924), S. 19-21, 27-29, 75-78.
Euskirchen und Nordeifel: Dialektgeographische Einordnung der Mundart/ Lautlehre, bes. Schärfung (Phänomene, Entstehung, Verbreitung)/ Restformen älterer niederdeutscher Sprache anhand des Vokalismus/ diachron.

628. MEISEN, Karl: Einführung in die Mundartverhältnisse in und um Köln. In: Korrespondenzblatt des Vereins für niederdeutsche Sprachforschung 64 (1957), S. 21f.
Köln und Umgebung: Kurze Skizzierung der verschiedenen Gliederungsansätze der rheinischen Mundarten in der Forschung/ Abgrenzung des Kölner Raumes mit sprachlichen Eigenarten.

629. MEISEN, Karl: Lautersatz in Lehnwörtern der rheinischen Mundarten. Ein Beitrag zur Lautlehre und zum Wortschatz des Rheinischen. In: Rheinisch-Westfälische Zeitschrift für Volkskunde 2 (1955), S. 1-26.
Rheinlande: Konsonantenveränderung in mundartlichen Lehnwörtern/ zahlreiche Beispiele/ 2 Karten.

630. MENGE, Heinz H.: Regionalsprache Ruhr: Grammatische Variation ist niederdeutsches Substrat. Eine forschungsleitende Hypothese. In: Korrespondenzblatt des Vereins für niederdeutsche Sprachforschung 84 (1977), S. 48-59.
Ruhrgebiet: 'Mischsprache' im Ruhrgebiet als Ergebnis einer frühen Zweisprachigkeits-Situation/ grammatische Merkmale/ diachron.

631. MENGE, Heinz H.: Einflüsse aus dem Polnischen im Ruhrgebiet? Exemplarische Behandlung eines Kapitels aus der "Volkslinguistik". In: Niederdeutsches Wort 19 (1979), S. 86-116.
Ruhrgebiet: Problematisierung des 'polnischen' Einflusses auf Lexik, Phonologie und Satzlehre.

632. MENGE, Heinz H.: Sprache. In: Das Ruhrgebiet im Industriezeitalter. Geschichte und Entwicklung. Bd. 2. Hrsg. v. Wolfgang KÖLLMANN u.a. Düsseldorf 1990, S. 339-360.
Ruhrgebiet: Überblick über die Sprachentwicklung und die Situation der Sprachgeschichts-Forschung im Ruhrgebiet.

633. MENGEL, Erich: Der bergische Sprachraum. Wie er ist und wie er wurde. In: Die Heimat spricht zu Dir. Beilage des Remscheider Generalanzeigers Nr. 252 v. 27./ 28.10.1934.
Bergisches Land: Charakterisierung der bergischen Mundart/ Einfluß Kölns/ Dialektgliederung, Sprachlinien und Orte/ alte Mundartwörter.

634. MENGEL, Erich: Bergische Spracheigenheiten und Versuch ihrer Deutung. Remscheid-Lennep 1951.
Bergisches Land: Laut- und Formenlehre/ syntaktische Besonderheiten/ diachron.

635. MENGEL, Erich: Remscheider Sprachraum: Sächsisch oder Fränkisch? - Germanische Stammesgebiete und Mundartgrenzen im Bergischen Land. In: Die Heimat spricht zu Dir. Monatsbeilage des Remscheider Generalanzeigers Nr. 3, Januar 1955.
Remscheid: Problem der Herkunft der Mundarten/ Wortbeispiele.

636. MENGEL, Erich: Altgold, Talmi und Rotwelsch. Ein Gang durch unser mundartliches und umgangssprachliches Wörterbuch. Hrsg. v. Bergischen Geschichtsverein Abt. Remscheid. Remscheid 1961.
Remscheid: Wörtersammlung Ma.-Hd./ mittelhochdeutsche, niederländische und englische Entsprechungen/ Zusammenstellung einzelner Wortfelder/ einige Anmerkungen zur Etymologie/ diachron.

637. MENGEL, Erich: Bergische Sprachgeschichte. Studien zur historischen Grammatik der innerbergischen Mundarten. Teil 1: Die Laute. Band I: Vokale und Diphthonge. Remscheid 1967.
Bergisches Land: Vokalismus/ diachron.

MENGEL, Erich: s. 359.

MENN, Hermann: s. 859.

638. MERGARD, Georg: Die Uhrzeit in den Mundarten des rheinischen Raumes. Ein methodischer Beitrag zur Auswertung einer Frage des Rheinischen Wörterbuchs. Examensarb. (masch.) Bonn 1981.
Rheinlande: Mundartliche Bezeichnungen der Uhrzeiten/ Auswertung des Fragebogenmaterials des Rheinischen Wörterbuchs/ Kartenband.

639. MERGELSBERG, Ernst: Unsere Mutter-Sprache. Oss Modder-Sproch. Kleines Wörterbuch des Linnicher Dialekts. Von A-Z. Ms. (hs.) Linnich 1978. 2. Aufl. [gedruckt] Jülich 1990.
Linnich: Alphabetisches Wörterbuch Ma.-Hd., vereinzelt Satzbeispiele.

640. MERTENS, J.: Dich und Mich! Wie gebraucht es die Jülicher Mundart? In: Heimat-Kalender für den Kreis Jülich 6 (1956), S. 159-161.
Jülich: Kasusprobleme beim Personalpronomen.

641. MERTES, Alois: "Mer schwätzen op Fränkesch". Zur Verbreitung und Pflege moselfränkischer Mundarten. In: Mosella. Heimatblätter des Trierischen Volksfreundes 25 (1977), Nr. 2. -- Ebenso in: Fs. des Regino-Gymnasiums 1977, S. 154-156; Eifel- Jahrbuch 1978, S. 121-123.
Eifel und Luxemburg: Allgemeines über die Mundartpflege/ Zusammenhang der Mundarten in der Eifel und in Luxemburg.

642. MERZHÄUSER, Willi: Die mundartlichen Ausruf- oder Empfindungswörter (Interjektionen) "lugge" und "ojoijo". In: Heimat-Jahrbuch des Kreises Altenkirchen (Westerwald) und der angrenzenden Gemeinden 27 (1984), S. 82f.

Altenkirchen und Umgebung: Kurze Erläuterungen zur Verwendung der beiden Interjektionen.

643. MERZHÄUSER, Willi: Etwas Mundart-Sprachlehre. In: Heimat-Jahrbuch des Kreises Altenkirchen (Westerwald) und der angrenzenden Gemeinden 28 (1985), S. 85f.; 29 (1986), S. 114f.; 30 (1987), S. 138f.; 32 (1989), S. 282f.
Altenkirchen und Umgebung: Einzelheiten zum Wortschatz sowie zur Formen- und Satzlehre.

METTMANNER, Aule: s. 765.

644. MEUTER, Hanna: Der "Henese Fleck" - Geschichtliches/ Sprachliches. In: Breyell, wat huckste knäbbig! Heimatbuch vom alten Kiepenträger-Dorf. Hrsg. v. Hanna MEUTER. (= Schriftenreihe des Landkreises Kempen-Krefeld 12), o.O. 1959, S. 17-88.
Breyell (Nettetal): Geschichte und Herkunft der Breyeller Geheimsprache/ einzelne Wortfelder Geheimsprache - Hd./ Alphabetisches Wörterverzeichnis Geheimsprache - Hd./ Bemerkungen zur Laut- und Formenlehre u. zur Wortbildung/ Auflistung der Pronomina/ im Anhang Redensarten, Texte und Lieder/ mehrere Abbildungen.

645. MEUTER, Hanna: Der "Henese Fleck", das Krämerlatein der Breyeller. In: Die Heimat. Zeitschrift für niederrheinische Heimatpflege 29 (1958), H. 1-4, S. 105-112.
Breyell (Nettetal): Bemerkungen zur Lautlehre der Geheimsprache/ Einfluß des Französischen/ vereinzelte Worterläuterungen/ Bibliographie zum Henese Fleck.

646. MEYER-MARKAU, W[ilhelm]: Die Duisburger Mundart. In: Fs. zu der vom 12. bis zum 14. Juni 1905 zu Duisburg abgehaltenen 14. Hauptversammlung des Allgemeinen Deutschen Sprachvereins. Duisburg 1905. S. 58-80.
Duisburg: Sprachsoziologische, sprachgeschichtliche und volkskundliche Aspekte der Mundart/ Angabe der für den Duisburger beim Gebrauch der Hochsprache typischen Fehler.

647. MEYER-MARKAU, W[ilhelm]: Beiträge zu einem Wörterbuch in Duisburger Mundart. In: Fs. zu der vom 12. bis zum 14. Juni 1905 zu Duisburg abgehaltenen 14. Hauptversammlung des Allgemeinen Deutschen Sprachvereins. Duisburg 1905. S. 81-104.
Duisburg: Alphabetisches Wörterverzeichnis Ma.-Hd./ mundartliche Redensarten und Sprichwörter.

648. MEYER-MARKAU, Wilhelm: Sprachliche Heimatkunde. In: Sammlung pädagogischer Vorträge Bd. 18, H. 4, Minden o.J., S. 107-137.
Duisburg: Kleine kontrastive Grammatik Ma.-Hd. für den Deutschunterricht (Lautlehre, Formenlehre, Wortschatz)/ Kleine Wörterverzeichnisse Hd.-Ma. u. Ma.-Hd.

649. MEYER-MARKAU, Wilhelm: Sprachliche Heimatskunde für Duisburger Schulen. Duisburg 1907.
Duisburg: Veränderte Fassung des vorhergehenden Titels/ Anhang: Duisburger Straßennamen.

650. MEYERS, Fritz: Über Mundart und Mundartdichtung im Kreise Geldern. In: Tösche Kirkture on Appelenboom. Verse und Prosa aus dem Kreise Geldern. Zusammengestellt von Fritz MEYERS. Hrsg. v. der Kreissparkasse Geldern. Geldern 1974, S. 127-138.
Geldern und Umgebung: Anmerkungen zur Mundartdichtung und kurze Charakterisierung der Mundart/ dialektgeographische Einordnung/ Verlauf der Sprachlinien/ lautliche Unterschiede/ innere Differenzierung des Gebietes/ Wortbeispiele.

651. MEYERS, Fritz: Von Hebammen und Pfeilerleckern. Metaphern in geldrisch Platt. In: Geldrischer Heimatkalender 1975, S. 160-165.
Geldern: Wörterverzeichnisse Ma.-Hd. von metaphorischen Personenbezeichnungen.

652. MEYERS, Fritz: Wenn de Klock met Betsches schli'et. Über mundartliche Verkleinerungsformen. In: Geldrischer Heimatkalender 1977, S. 145-148.
Geldern: Formen der Diminuierung/ Wortbeispiele.

653. MEYERS, Heinrich: Beiträge zur Mundart der Schnee-Eifel. Mit Zugrundelegung der Mundart von Ihren, Sellerich und Weinsheim im Kreise Prüm. In: Zeitschrift für deutsche Mundarten (1913), S. 45-54 u. S. 105-130.
Prüm und Umgebung (bes. Ihren, Sellerich, Weinsheim): Alphabetisches Wörterverzeichnis Ma.-Hd.

654. MEYERS, Heinrich: Beiträge zur Volkskunde der Schnee-Eifel: Sprache, Spruch, Lied, Brauch. Bd. I. Ms. Bonn o.J.
Prüm und Umgebung: Alphabetisches Wörterbuch Ma.-Hd. (ausführlicher als die vorhergehende Arbeit)/ Anhang: Sprichwörter, Redensarten, Rätsel, Bauernregeln.

655. MEYNEN, Paul: Über die Mundart von Homberg - Niederrhein. Diss.

(Leipzig) Moers 1911.
Homberg (zu Duisburg): Vokalismus und Konsonantismus/ Verschiedenheiten zwischen Homberger und Mülheimer Mundart/ Satzlehre (Silben-, Wort- und Satzakzent)/ Mundarttexte/ diachron.

656. MEYNEN, Paul: Melodisches der Mundart von Homberg - Niederrhein. Moers 1911.
Homberg (zu Duisburg): Kurze Charakterisierung der Mundart (niederfränkisch)/ musikalischer Silben-, Wort und Satzakzent mit Notenbeispielen/ Proben der Mundart von Homberg zur Satzmelodie.

MICKARTZ, Heinz: s. 511.

657. MIECK: Zur Düsseldorfer Mundart. In: Beiträge zur Geschichte des Niederrheins 2 (1887), S. 133-139.
Düsseldorf: Sammlung charakteristischer Wörter und Wendungen der Düsseldorfer Mundart mit Angaben zur Bedeutung und Herkunft, v.a. der aus dem Französischen und Spanischen entlehnten.

658. MIHM, Arend: Sprachlandschaft Duisburg. In: Literatur und Industriegesellschaft. Schriften der Gesellschaft der Freunde der Niederrheinischen Universität Duisburg 10 (1979), S. 211-236.
Duisburg und Umgebung: Abhandlung über die Sprachverhältnisse im Duisburger Raum/ Darstellung der Sprachschichten/ Einzelheiten zur Laut- und Formenlehre, zur Satzlehre und zum Wortschatz/ dialektale Einordnung und Gliederung der Mundarten/ Spracheinflüsse/ Mundarttexte/ mehrere Karten zu Sprachgrenzen, Territorialgrenzen und einzelnen Wörtern.

659. MIHM, Arend: Zur Entstehung neuer Sprachvarietäten. Ruhrdeutscher Kasusgebrauch und seine Erklärung. In: Zeitschrift für Germanistische Linguistik 10 (1982), S. 263-294. -- Ebenso in: Sprache an Rhein und Ruhr. Dialektologische und soziologische Studien zur sprachlichen Situation im Rhein-Ruhr-Gebiet und ihre Geschichte. Hrsg. v. Arend MIHM. (= Zeitschrift für Dialektologie und Linguistik, Beih. N.F. 50). Stuttgart 1985, S. 245-276.
Ruhrgebiet: Erklärung der Entstehung der regionalen Sprachvarietät 'Ruhrdeutsch' anhand des Kasusgebrauchs/ empirische Erhebung/ teilweise diachron.

660. MIHM, Arend: Alter und neuer Dialekt im Ruhrgebiet. Zum Sprachgebrauch in der Region Duisburg. In: Volkskultur an Rhein und Maas 8 (1989), H. 1, S. 64-77.

Duisburg und Umgebung: Abgrenzung des Dialektgebiets/ Besonderheiten der Laut- und Formenlehre/ Satzbau/ Entstehung des Ruhrdeutschen/ teilweise diachron/ 1 Karte.

661. MITZKA, Walter: Das Alter des mittelfränkischen Glottisverschlusses. In: Fs. für Taylor STARCK. Hrsg. v. Werner BETZ, Evelyn S. COLEMAN u. Kenneth NORTHCOTT. London u.a. 1964, S. 42-50.
Mittelfränkisches Sprachgebiet: *k*-Verschluß im Inlaut.

662. MITZKA, Walter: Mittelfränkiscche Konsonantenschwächung. In: Zeitschrift für Mundartforschung 34 (1967), S. 254-257.
Rheinlande: Beispiele und Verbreitungsangaben zur binnenhochdeutschen Konsonantenschwächung bei lautkombinatorischer Nachbarschaft zu *l*-.

663. MÖHN, Dieter: Die Struktur der niederdeutsch-mitteldeutschen Sprachgrenze zwischen Siegerland und Eichsfeld. (= Deutsche Dialektgeographie 47a). Marburg 1962.
Oberbergisches Gebiet, Sauerland, Siegerland: Beschreibung der Sprachgrenze anhand von Vokalismus, Konsonantismus, Flexion/ Wortgeographie.

664. MOHR, Alfons: Die intellektuelle Einschätzung des Menschen in der Mundart des Amtes Drolshagen im Sauerland. Ein mundartlich sprachliches Feld. (= Schriften der volkskundlichen Kommission im Provinzialinstitut für westfälische Landes- und Volkskunde 3). Münster 1939.
Drolshagen und Umgebung (westl. v. Olpe): Semantische Untersuchung des Wortfeldes 'Wertung von Personen'.

665. MOLZ, Albert: Kochemer Schmus. In: Heimatkalender für den Kreis Bernkastel 7 (1962), S. 97-103.
Bernkastel-Kues (bes. Gonzerath und Götzenfeld): Kurze Charakterisierung der jenischen Händlersprache/ kleine Wörterverzeichnisse Hd.-Jenisch nach Sachgebieten/ Satzbeispiele Jenisch-Hd.

666. MONE, Franz Joseph: Zur Kenntnis der Mundarten zwischen Niedermaas und der westfälischen Ruhr. In: Anzeiger für Kunde der teutschen Vorzeit 5 (1836), S. 459-461.
Maasgebiet bis Ruhrgebiet: Kurze Anmerkungen zur Laut- und Formenlehre der Mundarten der Region, basierend auf Urkunden des 14. bis 16. Jahrhunderts/ diachron.

667. MOSSMANN, Manfred: Zerfer Platt. Ein moselfränkischer Dialekt an der oberen Ruwer. Ein Zerfer Wörterbuch mit einem Anhang von Mundartanekdo-

ten und -gedichten. Enn Zerwer Wiäterbooch fun A beß Z mätt Schdelschern on Gedichtschern hännen dränn. Trier 1983.
Zerf (Ruwer): Alphabetisches Wörterbuch Ma.-Hd., z.T. Satzbeispiele.

668. MÜCKTER, Gerhard: Körrenziger Platt. Ein mundartlicher Wortschatz, Verzällcher und Anekdötchere. Ms. (masch.) Körrenzig 1984.
Körrenzig (bei Linnich): Alphabetisches Wörterbuch Ma.-Hd./ Textbeispiele.

669. MÜLLER, Bernd: Quierschieder Mundart. 7 Teile. In: Quierschieder Hefte. Teil 1: Wo sie (nicht) herkommt. In: 2 (1981), H. 3f., S. 166-171. Teil 2: Anmerkungen zu W. MARTINs "Wörterverzeichnis auffälliger Ausdrücke aus der Quierschieder Mundart" [1956]. In: 3 (1982), H. 5, S. 244-251. Teil 3: Diss unn sell unn jenes - oder: Für jeden etwas. In: 5 (1984), H. 7, S. 512-517. Teil 4: Buntes Allerlei. In: 6 (1985), H. 8, S. 596f. Teil 5: Bunte Mischung. In: 7 (1986), H. 9, S. 666-668. Teil 6: Diverse Themen. In: 8 (1987), H. 10, S. 86-88. Teil 7: Parlez vous français? - oder: Französischstämmige Wörter. In: 9 (1988), H. 11, S. 75f.
Quierschied (bei Saarbrücken): 1: Sprachgeschichtliche Herleitung der Mundart/ 2: Etymologische Erklärung einiger Mundartwörter/ 3: Erklärung zweier Mundartwörter, eines Ortsnamens, des Geschlechts der Vornamen von Frauen. Ähnlichkeiten mit dem Englischen. Das Wort 'als'/ 4: Eigennamen, Suffix '-che'/ 5: Diminutivsuffix 'el', Einfluß des Hochdeutschen, Flurnamen, etymologische Erklärung eines Mundartwortes/ 6: Teils etymologische Erklärung einiger Mundartwörter/ 7: Entlehnungen aus dem Französischen.

670. MÜLLER, Friedrich: Die Mundart von Lebach (Saar) und seiner weiteren Umgebung. Diss. Freiburg i. Br. 1939.
Lebach (Saar) und nördliches Saarland: Orts- und Regionalgrammatik / Lautlehre/ Formenlehre/ Wortgeographie / Sprachlinien/ teilweise diachron/ mehrere Karten.

671. MÜLLER, Heinrich: Über Ursprung und Entwicklung unserer heimischen Mundart im Warndt. In: Zur Geschichte des Warndts 34 (1980), S. 1-3.
Ludweiler (bei Völklingen): Herkunft der Mundart/ fremdsprachliche Einflüsse/ Lautlehre/ Redensarten.

672. MÜLLER, Heinrich: Etwas mundartliche Grammatik. In: Zur Geschichte des Warndts 35 (1980), S. 1-3.
Ludweiler (bei Völklingen): Kurze Anmerkung zum Tempussystem der Mundart am Beispiel von 'haben' und 'sehen'/ Mundarttext.

673. MÜLLER, Johannes: Untersuchungen zur rhein-moselfränkischen Dialektgrenze. Diss. (hs.) Marburg 1922. (= Rheinisches Archiv 17). Bonn 1931.
Dörrenbach und Kreis St. Wendel: Dialektgeographie, ausgehend von der Dörrenbacher Mundart/ Lautlehre/ Flexion/ Wortbildung/ diachron/ mehrere Karten.

674. MÜLLER, Joseph [= Josef]: Aegidienberger Mundart. Teil I. Allgemeine Lautgesetze und Vokalismus. Diss. Ms. (hs.) Bonn 1900.
Aegidienberg (Siebengebirge): Ausführliche Darstellung des Vokalismus ausgehend vom Mittelhochdeutschen.

675. MÜLLER, Joseph [= Josef]: Untersuchungen zur Lautlehre der Mundart von Aegidienberg. Bonn 1900.
Aegidienberg (Siebengebirge): Betonung und Vokaldehnung bzw. -kürzung. [Auszug aus der vorhergehenden Diss.].

676. MÜLLER, Josef: Die Senkung der kurzen *i* in den ripuarischen und mittelfränkischen Mundarten. In: Zeitschrift für hochdeutsche Mundarten 5 (1904), S. 353-367.
Rheinlande (bes. Aegidienberg): Lautlicher Vorgang der Senkung von kurzem *i*/ Bedingungen/ regionale Verbreitung/ diachron.

677. MÜLLER, Josef: Die Prägnanz der Ausdrücke des Tadels und Unwillens in den rheinischen Mundarten. In: Zeitschrift des Vereins für rheinische und westfälische Volkskunde 1 (1904), S. 103-120.
Rheinlande: Mundartliche Wortbildungsmittel (Ableitungssilben) für 'tadelnde' Bezeichnungen von Personen, Tätigkeiten, Gegenständen/ zahlreiche Wortbeispiele/ diachron.

678. MÜLLER, Josef: Lockrufe für Tiere, aus dem Siebengebirge. In: Zeitschrift des Vereins für rheinische und westfälische Volkskunde 1 (1904), S. 207-210.
Siebengebirge: Mundartliche Lockrufe für Tiere/ z.T. Bedeutungs- und Herkunftsangaben.

679. MÜLLER, Josef: Der Apfel im Spiegel rheinischer Mundart. Aus der Stoffsammlung des Rheinischen Wörterbuches in lexikalischer Form zusammengestellt. In: Zeitschrift für Deutsche Mundarten 1914, S. 31-53.
Rheinlande: Mundartliche Bezeichnungen für den 'Apfel'und seine Teile, Komposita und Ableitungen.

680. MÜLLER, Josef: Die Bohne in rheinischer Sprache und Sitte. In: Zeitschrift für rheinische u. westfälische Volkskunde 11 (1914), S. 4-42.
Rheinlande: Wortfeld 'Bohne' mit Bedeutungserklärungen und Verbreitungsangaben.

681. MÜLLER, Josef: Rheinische Fingermärchen, Fingerlitaneien und Fingernamen. In: Zeitschrift für Deutsche Mundarten 1915, S. 369-408.
Rheinlande: Wortfeld 'Finger' mit Bedeutungserklärungen und Verbreitungsangaben.

682. MÜLLER, Josef: Purzelbaum. Rheinische Bezeichnungen. In: Zeitschrift für Deutsche Mundarten 1916, S. 371-382.
Rheinlande: Alphabetisierte Zusammenstellung der mundartlichen substantivischen Bezeichnungen für 'Purzelbaum'.

683. MÜLLER, Josef: Hackepack tragen. Rheinische Entsprechungen. In: Zeitschrift für Deutsche Mundarten 1917, S. 3-16.
Rheinlande: Alphabetisierte Zusammenstellungen der mundartlichen substantivischen und verbalen Bezeichnungen 'Hackepack tragen'.

684. MÜLLER, Josef: Die Nuß in rheinischer Sprache und Sitte. In: Zeitschrift des Vereins für rheinische und westfälische Volkskunde 14 (1917), S. 37-64.
Rheinlande: Wortfeld 'Nuß' mit Bedeutungserklärungen und Verbreitungsangaben.

685. MÜLLER, Josef: Zur Anfrage über 'Karwaichelchen'. In: Kur-Trier 1 (1917), S. 84.
Trier und Moselgebiet: Wortfeld 'Eichhörnchen' mit Bedeutungserklärungen und Verbreitungsangaben/ etymologische Hinweise.

686. MÜLLER, Josef: Zur Geschichte des Wortes "Haupt" in den fränkischen Mundarten. In: Zeitschrift für Deutsche Mundarten 1918, S. 161-169.
Rheinlande: Wortbildung/ Bedeutungsveränderungen/ Alphabetisierte Sammlung von scherzhaften Bezeichnungen für 'Kopf' mit wortgeographischen Hinweisen/ diachron.

687. MÜLLER, Josef: Restworte und ihre Probleme. In: Zeitschrift für Deutsche Mundarten 1921, S. 25-33.
Rheinlande: Sammlung von Restwörtern (ausgestorbene oder nur noch selten gebrauchte Wörter)/ Wortgeographie/ Etymologie/ Entwicklungstendenzen.

688. MÜLLER, Josef: Das Rheinische Wörterbuch. Seine Geschichte und seine Aufgabe. In: Zeitschrift für Deutschkunde 39 (1925), S. 470-484.
Rheinlande: Kurzer Abriß der Geschichte und der Aufgabe des Rheinischen Wörterbuches/ Darstellung des methodischen Verfahrens unter Hinweis auf bestimmte Wortbeispiele.

689. MÜLLER, Josef: Die Mundart des Kreises Cochem. In: Heimatbuch des Kreises Cochem. Hrsg. v. der Heimatbuchkommission der Lehrerschaft des Kreises. Kaisersesch [1926], S. 375-380.
Cochem und Umgebung: Lautgeographie nach Sprachatlas-Material/ Anmerkungen zum Wortschatz.

690. MÜLLER, Josef: Aus der Wortgeschichte des Saargebietes. In: Zeitschrift des Rheinischen Vereins für Denkmalpflege und Heimatschutz 22 (1929), S. 229-235.
Saarland: Wortgeographie und Wortgeschichte (Entlehnungen aus dem Französischen)/ diachron/ 5 Karten.

691. MÜLLER, Josef: Der Donnerstag vor Fastnacht im Rheinischen. In: Zeitschrift für Volkskunde NF II (1930), S. 234-241.
Rheinlande: Mundartliche Bezeichnungen des Donnerstags vor Fastnacht/ Kulturgeographische Interpretation/ 1 Karte.

692. MÜLLER, Josef: Zur Wortgeographie des Niederrheins. In: Nachrichten-Blatt für rheinische Heimatpflege 3 (1931/32), H. 3/4, S. 89-95.
Rheinlande: Wortgeographische Studie anhand verschiedener Beispiele aus dem Rheinischen Wörterbuch/ 4 Karten.

693. MÜLLER, Josef: Lautung von Restwörtern als Grundlage der Erkenntnis älterer Sprachentwicklung nach rheinischen Belegen. In: Zeitschrift für Mundartforschung 13 (1937), S. 150-156.
Rheinlande: Lautentwicklung und Lautgeographie von Restwörtern/ zahlreiche Beispiele/ diachron.

694. MÜLLER, Josef: Einige Bemerkungen zur rheinischen Gutturalisierung, bei der Wörterbucharbeit aufgelesen. In: Zeitschrift für Mundartforschung 18 (1942), S. 58f.
Rheinlande: Abhandlung über Vorkommen, Bedingungen, Entstehung und Verbreitung der Gutturalisierung/ mehrere Belege.

MÜLLER, Josef: s. 13. 1047.

695. MÜLLER, Josef: Die Mundart von Dietschweiler, ihr Wort- und Lautbestand auf der Grundlage des Mittelhochdeutschen. Diss. (München), Kaiserslautern 1932.
Dietschweiler (nördl. v. Zweibrücken): Alphabetisches Wörterverzeichnis Ma.-Hd./ Lautlehre/ diachron/ 1 Karte.

696. MÜLLER, Joseph: Niederrheinische Provinzialismen. Aachen, Leipzig 1838.
Niederrhein: Besonderheiten der Aussprache/ Einzelheiten aus der Formenlehre/ Redewendungen.

697. MÜLLER, Joseph/ WEITZ, Wilhelm: Die Aachener Mundart. Idiotikon nebst einem poetischen Anhange. Aachen, Leipzig 1836.
Aachen: Alphabetisches Wörterbuch Ma.-Hd./ Dialekttexte.

698. MÜLLER, Jupp: [Kleine Wörtersammlung aus dem Jahre 1869]. In: Öcher Platt 53 (1972), H. 1-2, S. 6.
Aachen: Ungeordnete Wörtersammlung Ma.-Hd.

699. MÜLLER, Margarete: Bitburger Mundartausdrücke. In: Heimatkalender Landkreis Bitburg-Prüm 1988, S. 174.
Bitburg: Ungeordnete Wörtersammlung Ma.-Hd.

700. MÜLLER, Wilhelm: Untersuchungen zum Vokalismus der stadt- und landkölnischen Mundart. Diss. Bonn 1912.
Köln und Umgebung: Vokalismus/ Differenzen zwischen Stadt und Land/ diachron.

701. MÜLLER-SCHLÖSSER, Hans: Die niederrheinischen Dialekte. Ihre Stellung zur Lautverschiebung und ihre Eigenarten. In: Der Niederrhein 1911/12, H. 1, S. 75-79.
Rheinlande: Kurze Darstellung der Mundartgebiete/ Sprachlinien anhand des Standes der Lautverschiebung.

702. MÜLLER-SCHLÖSSER, Hans: Das Düsseldorfer Wörterbuch. In: Düsseldorfer Heimatblätter 6 (1937), H. 11, S. 269-274.
Düsseldorf: Dialektgeographische Einordnung der Mundart/ Stand der Lautverschiebung/ Mundarttext aus dem geplanten Wörterbuch.

703. MÜLLER-SCHLÖSSER, Hans: Wie der Düsseldorfer denkt und spricht. Düsseldorf 1952, hier: S. 141-273.
Düsseldorf: Alphabetisches Wörterbuch Ma.-Hd./ Einleitung (S. 7-14) mit knapper dialektgeographischer Einordnung der Mundart/ Mundarttexte.

704. MÜLLER-THIEL, Amalie: Bemerkenswertes in der Gummersbacher Mundart. In: Jülich-Bergische Geschichtsblätter 7 (1930), S. 51f.
Gummersbach und Bergisches Land: Einige Tierbezeichnungen Ma.-Hd.

705. MÜLLER-THIEL, Amalie: Sprichwörter und Redensarten in Gummersbacher Mundart. In: Jülich-Bergische Geschichtsblätter 9 (1932), S. 57-59.
Gummersbach: Sammlung von Redewendungen/ Bedeutungsangaben zu einzelnen Wörtern.

706. MÜLLER-WEHINGEN, Josef: Studien zur Dialektgeographie des Saargaues. (= Rheinisches Archiv 13). Bonn 1930.
Wehingen (westl. v. Merzig) und Saarland: Laut- und Flexionslehre der Mundart von Wehingen/ dialektgeographische Einordnung/ diachron/ 1 Karte.

707. MÜNCH, Ferdinand: Aus der ripuarisch-fränkischen Mundart der mittleren Erftgegend. In: Rheinische Geschichtsblätter 6 (1902), S. 289-293.
Erftgebiet (mittleres): Suffixe *-(e)s/ -(e)sch* bei Personenbezeichnungen und Verbal-Substantiven/ zahlreiche Mundartbeispiele.

708. MÜNCH, Ferdinand: Grammatik der ripuarisch-fränkischen Mundart. Bonn 1904. -- Nachdr. Wiesbaden 1970.
Blatzheim (westl. v. Köln) und ripuarischer Sprachraum: Einordnung der Mundart/ Lautlehre/ Wortbildungs- und Formenlehre/ Partikeln/ alphabetische Liste der behandelten Mundartwörter.

709. MÜNCH, Wilhelm: Untersuchungen zur mittelrheinischen Dialektgeographie. (Kreise St. Goarshausen und Rheingau). Diss. (masch.) Marburg 1923.
Geisenheim (Rheingau) und Gebiet zwischen Lahn, Rhein und Main: Laut- und Formenlehre der Mundart von Geisenheim/ dialektgeographische Einordnung/ diachron/ 1 Karte.

710. MÜNCHGESANG, Robert: Sprachliche Eigentümlichkeiten des bergischen Landes. Barmen o.J. [Vorwort: 1890].
Bergisches Land: Kontrastive Darstellung mundartlich begründeter 'Fehler' in der hochdeutschen Umgangssprache in 157 Lektionen/ Wortregister.

711. MÜNSTER, Ludwig: Die Wortbildung in der Aachener Mundart. Diss. (hs.) Bonn 1924. -- Kurzfassung in: Jahrbuch der Philosophischen Fakultät der Rheinischen Friedrich Wilhelms-Universität zu Bonn 2 (1923/24). 1. Halbbd.: Winterhalbjahr 1923/24. Bonn 1924, S. 34-37.

Aachen: Wortbildungslehre (Substantiv, Adjektiv, Adverb, Verb).

712. MÜNTER, Josef: Fremdartige Wörter in Kaldenkirchener Mundart. In: Heimatbuch Kempen-Krefeld 1959, S. 70-73.
Kaldenkirchen : Skizzierung der niederfränkischen Mundart u.a. anhand der Zweiten Lautverschiebung/ Abgrenzung Niederfränkisch- Niederländisch/ Einflüsse des Niederländischen.

713. -- MUNDART und Fremdwörter. In: Kur-Trier 5 (1921), Nr. 3, S. 40.
Trier: Anmerkungen zu Entlehnungen in der Mundart.

714. -- Aschbacher MUNDART. In: Fs. 60 Jahre SV "Victoria" Aschbach. Hrsg. v. Festplanungsausschuß des SV Victoria Aschbach. Aschbach 1980, S. 101-109.
Aschbach (bei Ottweiler): Dialektgeographische Einordnung/ Lautlehre/ Besonderheiten der Wortbildung.

715. -- Die trierische MUNDART. Alphabetisch geordnet und hrsg. v. Verein "Trierisch". In: Kur-Trier 1 (1917), S. 4f., 50, 65, 81, 96; 2 (1918), S. 13, 29, 45f., 60, 78, 88; 3 (1919), S. 6f., 27f., 47f., 64, 77, 95; 4 (1920), S. 12, 22, 44, 56, 74, 92; 5 (1921), S. 11, 25, 44, 60, 74, 92; 6 (1922), S. 8, 29, 45f., 61f., 93; 7 (1923), S. 13f., 28f., 43-45, 56-60, 74-77, 90-93.
Trier: Alphabetisches Wörterbuch Ma.-Hd., z. T. Satzbeispiele.

716. -- Su schwätzen mir. MUNDARTENBUCH des Kreises Neuwied. Hrsg.v. Otto RUNKEL. Hachenburg o.J.
Neuwied und Umgebung: Kurze mundartgeographische Einordnung, Sprachlinien/ Mundarttexte/ alphabetisches Wörterverzeichnis Ma.-Hd./ 10 Karten.

717. von MYLAU, Ernst: Das Ruhrgebiet und seine Sprache. In: Die Heimatstadt Essen 12 ((1960/61), S. 137-144.
Ruhrgebiet: Beobachtungen zu Lautlehre, Formenlehre und Wortschatz/ kurze Textbeispiele.

718. NEFT, Walther: Französische Elemente und Einflüsse in der Köln-Bonner Mundart. In: Godesberger Heimatblätter 3 (1965), S. 47-53.
Köln und Umgebung: Kommentierte Sammlung von Mundartwörtern französischer Herkunft.

719. NEUHAUSEN, Rudi: Krefelder Mundartlexikon. Krefeld 1992.
Krefeld: Alphabetisches Wörterbuch Hd.-Ma.

720. NEUKIRCH, Willy: Aus dem Wörterbuch einstiger Blankenheimer Mundart. In: Um Burg und Quelle Nr. 31 (Dez. 1965), S. 9 und Nr. 40 (Dez. 1968), [o.Z.].
Blankenheim (Ahr): Alphabetisches Wörterverzeichnis Ma.-Hd.

721. NEUKÖTHER, Karl: Een, twee, drij ... - Kleine plattdeutsche Zahlenkunde aus Hünxe. In: Heimatkalender Jahrbuch Kreis Dinslaken 27 (1970), S. 87.
Hünxe (bei Dinslaken): Mundartliche Zahlwörter.

722. NEUROHR, Heinrich: Ein Beitrag zur Mundartgeschichte unserer Heimat. In: Spiesen-Elversberger Heimatkalender 6 (1983), S. 94f.
Spiesen-Elversberg (bei Neunkirchen): Ungeordnete Wörtersammlung Ma.-Hd.

723. NEUSE, Heinrich [H.]: Studien zur niederrheinischen Dialektgeographie in den Kreisen Rees, Dinslaken, Hamborn, Mülheim, Duisburg. Diss. Marburg 1914. In: Deutsche Dialektgeographie 8. Marburg 1915, S. 81-176. -- Nachdr. Walluf 1974.
Aldenrade und Niederrhein: Lautlehre der Mundart von Aldenrade/ dialektgeographische Einordnung/ diachron.

724. NEUSE, Heinrich H.: Die Entstehung der niederrheinischen Mundartgrenzen. In: Niederrheinisches Museum. Zwanglose Blätter für Heimatgeschichte und Heimatkunde. Beilage zum "Echo vom Niederrhein" 1922, Nr. 13f.; 1923, Nr. 15-17.
Niederrhein: Auszüge aus der vorangehenden Arbeit (s.d.).

725. NEUSS, Elmar: Aachener Wortschatz. In: Der Eremit am Hohen Venn 43 (1971), S. 120-127.
Aachen: Besprechung von Will HERMANNS, Aachener Sprachschatz (s.d.)/ Vergleich mit demn Rheinischen Wörterbuch/ Ergänzungen zu Bedeutungsangaben/ Probleme der Lautschrift.

726. NEWTON, G[erald]: Central Franconian. In: The Dialects of Modern German. A Linguistic Survey. Edited by Charles V.J. RUSS. London 1990, S. 136-209.
Mittelfränkisches Sprachgebiet (Schwerpunkt Luxemburg): Dialektgeographie/ Laut- und Formenlehre/ Beispieltexte/ 9 Karten.

727. NIEBAUM, Hermann: Zur niedersächsisch-niederfränkischen Dialektscheide. Ein Versuch anhand der ungerundeten palatalen Längen. In: Niederdeutsches Wort 11 (1971), S. 45-60.

Niederrhein (rechtsrheinischer), Ruhrgebiet, Bergisches Land: Untersuchung der palatalen Langvokale zur Abgrenzung der niedersächsischen von den niederfränkischen Dialekten.

728. NIEBAUM, Hermann: Zur niederfränkisch-niedersächsischen Sprachgrenze im Duisburger Raum. In: Sprache an Rhein und Ruhr. Dialektologische und soziologische Studien zur sprachlichen Situation im Rhein-Ruhr-Gebiet und ihrer Geschichte. Hrsg. v. Arend MIHM. (= Zeitschrift für Dialektologie und Linguistik, Beih. N.F. 50). Stuttgart 1985, S. 63-82
Duisburg und Umgebung: Einzelheiten der Lautgeographie zur Abgrenzung der niederfränkischen von den niedersächsischen Dialekten.

NIEBAUM, Hermann: s. 952.

729. NIESEN, Pitt: Schang spann den Fuchs an die Schäs. Romanisch-Französisches Sprachgut in der Eifel. In: Die Eifel 48 (1953), S. 54.
Eifel: Entlehnungen aus dem Französischen in Erzählform.

730. NIEßEN, Gottfried: Alsdörper Platt van "A" beß "Zett". Alsdorf 1940.
Alsdorf (bei Aachen): Alphabetisches Wörterbuch Ma.-Hd., teilweise mit Angaben zur Verwendung.

731. NILGES, Jakob/ DRÜEKE, Norbert: Büttgen und seine Mundart I. Di bütcher wi se woere on wi se send. (= Schriften der St. Sebastianus-Schützenbruderschaft Büttgen 7). Büttgen 1985. [s. auch DEMUTH, A. u.a.]
Büttgen (bei Neuss): Nach Sachgebieten geordnetes Wörterbuch, Darstellung im Kontext/ Hinweise zu Dialektgeographie und Flexion/ 2 Karten.

732. NITT, Ingeborg/ GRÖBE, Volker: Uns Famillich. Wörterbuch Hochdeutsch - Kölsch I. Mit Zeichnungen von Heinz-D. Wilden. Hrsg. v. der Akademie för uns Kölsche Sproch. Köln 1990.
Köln: Sachwörterbuch Ma.-Hd. zum Bereich Kinder u. Familie.

733. NOBIS-HILGERS, Elisabeth: En homfel Wöet. In: Heimatkalender des Selfkantkreises Geilenkirchen-Heinsberg 9 (1959), S. 127f.
Selfkant: Zusammenstellung mundartlicher Verben zur Bezeichnung von menschlichen Tätigkeiten.

734. NOBLE, C. A. M.: Modern German Dialects. (= Europäische Hochschulschriften. Reihe I. Deutsche Sprache und Literatur. Bd. 519). Bern u.a. 1983, hier: S. 41-51.

Westmitteldeutsches Sprachgebiet: Grobe dialektgeographische Einordnung der westmitteldeutschen Mundarten/ Mundarttexte/ Karten.

735. NÖGGERATH, Jacob: Die örtlichen technischen Ausdrücke bei dem linksrheinischen Steinbruchsbetriebe. In: Zeitschrift für Bergrecht 1871, S. 360-378.
Rheinlande (linksrheinische): Sammlung von mundartlichen Fachausdrücken des Bergbaus mit Angaben zur Bedeutung, Verwendung, vereinzelt auch zur Herkunft.

736. NÖRRENBERG, Konstantin [= Constantin]: Studien zu den niederrheinischen Mundarten. Diss. (Gießen) Halle a. d. Saale 1884. -- Auch in: Beiträge zur Geschichte der deutschen Sprache und Literatur 9 (1884), S. 371-421.
Rheinlande: Lautverschiebungsstand im Mittelfränkischen/ Akzentregeln am Niederrhein/ Lokalisierung des 'Rheinischen Marienlobs'/ diachron.

737. NÖRRENBERG, Constantin: Rheinische Stammes- und Sprachgrenzen. In: Deutsche Literaturzeitung 12 (1891), Sp. 758f.
Rheinlande: Abgrenzung des ripuarischen Sprachgebiets/ Einzelheiten zur Lautgeographie.

738. NÖRRENBERG, Constantin: Die Schwarzbrotgrenze. In: Eifelvereinsblatt 19 (1918), S. 32f.
Mittelfränkisches Sprachgebiet: Wenige Einzelheiten zur Lautgeographie.

739. NOEVER, Johann: [Wörterverzeichnis zum Mundarttext] Op Tippelej von Heinrich WINZ. In: Die Heimat. Zeitschrift für niederrheinische Kultur- und Heimatpflege. 26 (1955), S. 34-48. Wörterverzeichnis S. 44-48.
Viersen: Alphabetisches Wörterverzeichnis Ma. - Sondersprache wandernder Schuhmachergesellen - Hd.

740. NOEVER, Johann: Plattdeutsches Sprachgut. Alte Volkserzählungen in Mönchen-Gladbacher Mundart. Mönchengladbach 1958.
Mönchengladbach: Kurze Anmerkungen zur Lautlehre/ Mundarttexte.

741. NOLDEN, Hermann: Krevelsch Läwe. Sammlung Alt-Krefelder Plattwörter, Geschichten, Vertelsches in 5 Abschnitten. [Krefeld 1920], hier: S. 66-72.
Krefeld: Ungeordnete Wörtersammlung Ma.-Hd./ Mundarttexte.

742. NÜSSER, Hans: Düsseldorfer "Platt". "Mer schriewe wie mer spreche". Protokoll einer Sprache. Eine Mundart-Wörtersammlung mit Hinweisen der

Herkunft und Beispielsätzen der Verwendungsmöglichkeit. Hrsg. v. den "Mundartfreunden Düsseldorf 1969 e. V.", Düsseldorf o.J.
Düsseldorf: Alphabetisches Wörterbuch Ma.-Hd., z.T. Satzbeispiele.

743. ODENDAHL, Richard/ SCHORN, Walter/ VOLMER, Bodo: Heldener Platt. Wörterbuch für Mundartfreunde. O.O. [Hilden?] 1990.
Hilden (bei Düsseldorf): Alphabetisches Wörterverzeichnis Ma.-Hd./ Satzbeispiele/ Redewendungen/ Anmerkungen zur Laut- und Formenlehre.

744. ÖHMANN, Emil: Zur Kenntnis der französischen Bestandteile in den rheinischen Mundarten. (= Annales Academiae scientiarum fennicae, Ser. B, Bd. 141,1). Helsinki 1965.
Rheinlande: Nachlese zum Rheinischen WÖRTERBUCH und zu Adam WREDE, Neuer Kölnischer Sprachschatz (s. d.)/ Berichtigungen und wortgeschichtliche Ergänzungen im Lehnwortschatz.

745. OESTERLINK, Elisabeth: Mundartliche Züge in der Umgangssprache. Beobachtungen im Essener Süden. O.O., o.J.
Essen (Süd): Untersuchung von Elementen der Mundart in der Umgangssprache (Lautlehre, Wortschatz, Satzlehre).

746. -- OFFERS KOMPENEI. Mundartwörter in Velberter Platt. Hrsg. v. der VHS Velbert/Heiligenhaus. Velbert 1988.
Velbert: Alphabetisches Wörterverzeichnis Ma.-Hd. von französischen, lateinischen und niederländischen Lehnwörtern/ jeweilige Anführung des entsprechenden fremdsprachigen Wortes.

747. OLIGSCHLÄGER, Franz Wilhelm: Idiotikon oder Wörterbuch der Volkssprache des südlichen Kreises Solingen. Ms. (hs.) o. O., o.J.
Solingen: Alphabetisches Wörterbuch Ma.-Hd.

OTTEN, Gerhard: s. 766.

748. OTTO, H.: Volkstümliche Namen für die Pflanzen und Tiere am Niederrhein. In: Nerthus Nr. 14/15 (1904), S. 286-288.
Niederrhein: Einige mundartliche Tierbezeichnungen.

749. PAFFEN, Karl/ VEUMANN, Peter: Mundart und Schule im niederfränkischen Sprachgebiete Deutschlands. Ein Heimatbuch für Freunde der Volkssprache am Niederrhein und im Niederbergischen. Gladbach-Rheydt 1830.
Niederfränkisches Sprachgebiet: Kontrastive Grammatik Mundart-Schriftsprache für den Deutschunterricht/ Mundarttexte/ diachron/ 1 Karte.

750. PALLIER, Gregor: Untersuchungen zur Quantität der Vokale und Konsonanten, vorgenommen an einer westdeutschen Mundart. Mit besonderer Berücksichtigung methodischer Fragen und näheren Angaben über Ort und Grad der Stimmhaftigkeit bzw. Stimmlosigkeit. Ein Beitrag zur experimentellen Phonetik. Diss. Marburg 1934.
Ittersdorf (westl. v. Saarlouis): Experimentell-phonetische Untersuchung einzelner Laute/ Einfluß der vorangehenden und folgenden Konsonanten auf die Vokale/ Quantität der Vokale und Konsonanten.

PASCH, Jupp: s. 767.

751. [PASTOR, I.]: LEXIKONOKIXEL. Ein Nachschlage-Buch für unsere Heimatsprache. Emmereks-Platt. Emmerich o. J. [1913, 2. Aufl. 1950].
Emmerich: Ungeordnetes Wörterverzeichnis Ma.-Hd. und Hd.-Ma./ Mundarttexte im Anhang.

752. PEETZ, Anna: Die Mundart von Beuren. Phonetik und Morphologie. (= Mainzer Studien zur Sprach- und Volksforschung 17). Stuttgart 1989.
Beuren (bei Trier): Vokalismus/ Wortbildung/ Flexion/ Pronomen/ Verbtabellen/ Textanhang/ 2 Karten.

753. PEIFFER, W. J.: 50/ 55/ 35/ 35 Worte Alt-Ehlscheider Mundart. In: Heimatkalender für den Kreis Neuwied 1957, S. 33; 1959, S. 107; 1962, S. 30; 1966, S. 77.
Alt-Ehlscheid (bei Neuwied): Kleine alphabetische Wörterverzeichnisse Ma.-Hd.

754. PERPÉET, Hubert: Lintorfer Mundart. In: Die Quecke. Ratinger und Angerländer Heimatblätter Dezember 1950, Nr. 1-2, S. 6.
Lintorf (bei Düsseldorf): Kleines Wörterverzeichnis Ma.-Hd. in fortlaufendem Text.

755. PETERS, Franz: Kleine Liebe zur Mundart. In: Heimatkalender der Erkelenzer Lande für das Jahr 1957, S. 108-112.
Erkelenz und Umgebung: Kurze Hinweise zur Mundartgeographie/ Lautlehre/ Formenlehre.

756. PETERS, Karl: Nokixeleien. Ein Streifzug durch unsere Mundart von A-Z. In: Heimatkalender Erkelenz 9 (1960), S. 146-150; 10 (1961), S. 108-110; 11 (1962), S. 111-114; 12 (1963), S. 167-173; 13 (1964), S. 155-160; 14 (1965), S. 112-118; 15 (1966), S. 128-134; 16 (1967), S. 86-93; 17 (1968), S. 158-166; 18 (1969), S. 174-180; 19 (1970), S. 144-149.

Wegberg (bei Erkelenz): Jeweils alphabetische Wörterverzeichnisse Ma. - Hd./ Entsprechungen in Fremdsprachen/ einige Anmerkungen zur Etymologie/ diachron.

757. PETERS, Karl: Nokixeleien von A bis Z. Alphabetisch geordnet von Horst-Dieter JANSEN. Hrsg. v. Heimatverein Beeck e.V. Wegberg-Beeck 1987. [Zusammenstellung der Beiträge aus dem Heimatkalender Erkelenz]
Wegberg (bei Erkelenz): Alphabetisches Wörterbuch Ma.-Hd., vereinzelt Satzbeispiele.

758. PETERSEN, Gislinde: Motivierte Bezeichnungen für Frauen in rheinischen Mundarten. Diss. Tübingen 1968.
Rheinlande: Semantische Untersuchung der zur Bezeichnung von Frauen übertragenen Gattungswörter nach Wortfeldern und Wortbildungsmustern/ Zusammenstellung der mundartlichen Bezeichnungen nach ihrer appellativen Herkunft/ diachron.

759. PFALZ, Anton: Zur Erklärung der "ripuarischen Gutturalisierung". In: Zeitschrift für Deutsche Mundarten 1912, S. 364f.
Hinderhausen (bei St. Vith) und Rheinlande: Phonetische Erklärung der ripuarischen Gutturalisierung.

760. PICARD, Rudolf: Solinger Sprachschatz. Wörterbuch und sprachwissenschaftliche Beiträge zur Solinger Mundart. In: Romerike Berge 24 (1974), S. 19-24.
Solingen: Darstellung des nachfolgenden Solinger Mundartwörterbuches / dialektale Einordnung der Mundart.

761. PICARD, Rudolf: Solinger Sprachschatz. Wörterbuch und sprachwissenschaftliche Beiträge zur Solinger Mundart. Duisburg 1974. 2. erw. Aufl. 1981. 3. überarb. Aufl. 1992.
Solingen: Alphabetisches Wörterbuch Ma.-Hd./ Angaben zur Verwendung und Herkunft der Wörter/ Beispielwendungen/ Laut- und Formenlehre/ Fremdwörter/ Namen/ Sammlung von Sprichwörtern.

762. PILKMANN-POHL, Reinhard (Bearb.): Plattdeutsches Wörterbuch des kurkölnischen Sauerlandes. Hrsg. v. Sauerländer Heimatbund e.V. 2. Aufl. Arnsberg 1988.
Hochsauerlandkreis (mit dem Kreis Olpe): Alphabetisches Wörterbuch Ma.-Hd./ Abb.

763. -- Kröfte PLATT. Hrsg. v. der Gemeinde Kruft. Andernach 1986.
Kruft (bei Andernach): Alphabetisches Wörterverzeichnis Ma.-Hd./ Hinweise zur Lautlehre, Flexion, Wortbildung/ Textsammlung im Anhang.

764. -- Menneje PLATT. Mendiger Wörterbuch. Hrsg. v. der Volksbank Mendig e.G. Mendig 1985.
Mendig (bei Mayen): Nach Sachgebieten geordnetes Wörterbuch Ma.-Hd.

765. -- Us Mettmanner PLATT. Hrsg. v. der Bürger- und Heimatvereinigung "Aule Mettmanner" e.V. Ms. (masch.) Mettmann 1981.
Mettmann: Alphabetisches Wörterbuch Ma.-Hd., z.T. Satzbeispiele.

766. -- Vöchter PLOATT. Wörterverzeichnis. [von Gerhard OTTEN]. Ms. (masch.) o.O. [Waldfeucht] 1989.
Waldfeucht (bei Heinsberg): Alphabetisches Wörterverzeichnis Ma.-Hd.

767. -- Hüppersch PLOTT. Wörterbuch der St. Huberter Mundart. Hrsg. v. Heimatverein St. Hubert. Zusammengestellt und bearb. v. Ernst BOERS, Karl BORSCH, PASCH Jupp. St. Hubert 1989.
St. Hubert (bei Kempen): Alphabetisches Wörterbuch Ma.-Hd., Hd.-Ma./ Redewendungen/ Hinweise zur Grammatik.

768. POLDERS, Hans: Wörterbuch der niederrheinischen Mundart. 3500 Wörter mit Anwendungssätzen. Kleve o.J. [1980].
Goch: Alphabetisches Wörterverzeichnis Ma.-Hd. mit Beispielsätzen/ Sammlung von Präpositionen, Zahlwörtern, Zeitbegriffen, Feiertagsbezeichnungen, Namen/ Liedertexte.

769. POMP, J.: Die Erkelenzer Mundart. In: Geschichte der Stadt Erkelenz. Aus Anlaß der 600-Jahr-Feier im Auftrage der Stadtverwaltung. Hrsg. v. Josef GASPERS und Leo SELS. Erkelenz 1926, S. 161-173.
Erkelenz: Dialektgeographische Einordnung/ Lautlehre/ Weniges zu Syntax und Formenlehre.

770. POST, Rudolf: Romanische Entlehnungen in den westmitteldeutschen Mundarten. Diatopische, diachrone und diastratische Untersuchungen zur sprachlichen Interferenz am Beispiel des landwirtschaftlichen Sachwortschatzes. (= Mainzer Studien zur Sprach- und Volksforschung 6). Wiesbaden 1982.
Rheinlande (bis Pfalz): Untersuchung romanischer Lehnwörter im landwirtschaftlichen Wortschatz rheinischer Mundarten/ diachron/ 63 Karten.

771. POST, Rudolf: Lehn- und Reliktwörter im Rheinland. (= Geschichtlicher

Atlas der Rheinlande X. 1. 1 Beiheft, 1 Karte). Köln 1985.
Rheinlande: Überblick zum romanischen Lehnwortschatz nach Zeitstufen/ diachron/ 1 Kartenblatt.

772. -- PROBEN zum Rheinischen Wörterbuch I-III. [Hrsg. v. Josef MÜLLER u. Johannes FRANCK] Bonn o.J.
Rheinlande: Bezeichnungen aus dem Wortfeld 'gehen', 'laufen'/
Liste von auch in der Schriftsprache üblichen Wörtern und Wendungen/ Wortfeld 'Haustiere und ihre Zucht'.

773. PROFFEN, Georg: Die Mundart der Eifel. In: Zeitschrift für den deutschen Unterricht 24 (1910), S. 34-37.
Eifel: Ungeordnete Behandlung einzelner Wörter und Wendungen, teilweise Herkunftsangaben.

774. PROTSCH, Edmund: Mundartliches aus dem Hunsrück. In: Zeitschrift für Deutsche Mundarten 1911, S. 40-54; 140-165; 218-243.
Laubach (bei Kastellaun): Sammlung von Bezeichnungen für Ackergeräte, Pflanzen und Tiere.

775. PROTSCH, Edmund: Beiträge zur Mundart von Laubach (Hunsrück). In: Zeitschrift für Deutsche Mundarten 1912, S. 249-262.
Laubach (bei Kastellaun): Steigerung/ Farbenbezeichnungen.

776. PÜTZER, Manfred: Die Mundart von Großrosseln. (= Beiträge zur Sprache im Saarland 8). Saarbrücken 1988.
Großrosseln (bei Völklingen): Lautlehre/ Flexion/ 1 Karte.

777. QUINT, Franz: Die Mundart der Hochwaldgemeinde Osburg. Ein Wörterbuch. Osburg 1986.
Osburg (bei Trier): Alphabetisches Wörterverzeichnis Ma.-Hd./ Hinweise zur Lautlehre/ 1 Karte.

RAASCH, Albert: s. 3.

778. RAHIER, Josef: Die Bedeutung der Mundart heute. Miszellen zur Jülicher Mundart. (= Beiträge zur Jülicher Geschichte 29). Jülich 1970.
Jülich: Allgemeine Betrachtungen über die Mundart/ Beschreibung einiger mundartlicher Wörter und Ausdrücke.

779. RAHIER, Josef: Jülicher Mundart. Wörterverzeichnis des Jülicher Dialekts von A - Z. (= Heimatkundliche Schriftenreihe des Jülicher Landes 10). Jülich 1972.
Jülich: Alphabetisches Wörterbuch Ma.-Hd./ Vornamen/ Redensarten.

780. RAMGE, Hans: Dialektwandel im mittleren Saarland. (= Veröffentlichungen des Instituts für Landeskunde im Saarland 30). Saarbrücken 1982.
Saarland (mittleres): Empirische Untersuchung über den Sprachwandel seit Ende des 19. Jh. (Deutscher Sprachatlas) anhand von 24 lautlichen Merkmalen im Übergangsgebiet Rheinfränkisch - Moselfränkisch/ 24 Karten.

781. RAMISCH, Jacob: Studien zur niederrheinischen Dialektgeographie. Diss. In: Deutsche Dialektgeographie 1. Marburg 1908, S. 1-69. -- Nachdr. Walluf 1974.
Niederrhein (zwischen Geldern und Krefeld): Lautlehre/ Lautgeographie/ diachron.

782. RASBACH, Alois Marzellin: Hillscheider Mundart. Etymologisch Interessantes und was im einzelnen damit zusammenhängt. Höhr-Grenzhausen 1974.
Hillscheid (östl. v. Koblenz): Einzelheiten der Lautlehre/ alphabetisches Wörterverzeichnis Ma.-Hd. mit ausführlichen Bedeutungsbeschreibungen, z.T. mit etymologischen Erklärungen/ Mundarttexte.

783. RECH, Claus: Die Entwicklung des Oberkailer Dialekts. In: Heimatkalender Landkreis Bitburg-Prüm 1989, S. 154-157.
Oberkail (östl. v. Bitburg): Einzelheiten zu örtlichen Dialekteigenheiten in Laut- und Formenlehre, Wortschatz und Satzlehre.

784. RECKERS, Brigitte: Zum Wechsel zwischen Dialekt und Hochsprache. Untersucht anhand des Gebrauchs der Pronominalform der 1. Person Plural im rheinischen Dialekt. Examensarb. Bonn o.J.
Erftstadt-Erp: Sprachsoziologische Studie/ Wechsel im Gebrauch der dialektalen und der hochsprachlichen Formen des Pronomens der 1. Person Plural.

785. RECKERS, H.: Niederrheinische Mundarten und Mundartgrenzen. In: Die Heimat. Mitteilungen des Vereins für Heimatkunde in Krefeld 2 (1922-1923), S. 114-118.
Krefeld und Umgebung: Kurze Lautlehre/ Wortschatz/ Lautgeographie der Umgebung unter besonderer Berücksichtigung der Uerdinger Linie/ diachron.

786. RECKTENWALD, Theo: Marpingen. Unser Dorf und seine Mundart. O.O., o.J. [Marpingen ca. 1986].

Marpingen (bei St. Wendel): Alphabetisches Wörterverzeichnis Ma.-Hd./ Mundarttexte.

787. REHDER, Otto: Studien zur Lautung der westgermanischen Spiranten *f* und *s* in den rheinischen Mundarten. Diss. Bonn 1948.
Rheinlande: Dialektgeographische Studie zur Lautung der beiden Spiranten/ Beispieltexte.

788. REICHMANN, Oskar: Die Sprachgrenze zwischen dem Freien Grund und dem alten Fürstentum Nassau-Siegen. In: Siegerland 41 (1964), S. 91-96.
Siegen und Umgebung: Dialektgeographische Studie/ Merkmale aus Wortschatz und Lautlehre.

789. REICHMANN, Oskar: Der Wortschatz der Siegerländer Landwirtschaft und Haubergswirtschaft. 2 Bde. (= Deutsche Dialektgeographie 48 a/b). Marburg 1966.
Siegerland: Wortgeographie in Bezug zur Landes-, Wirtschafts- und Sozialgeschichte/ Wortbildung/ Wörterbuch nach Sachgebieten/ alphabetisches Wortregister/ 152 Karten.

790. REINTGES, Christina: Regionalsprachliche Normabweichungen in Aufsätzen von Grundschülern in Duisburg. Examensarb. (masch.) Duisburg 1974.
Duisburg: Einzelheiten zur Laut-, Formen- u. Satzlehre.

791. REUTER, Elvira: Die Mundart von Horath (Hunsrück). Phonetik und Morphologie. (= Forum Phoneticum 45). Hamburg 1989.
Horath (südwestl. v. Bernkastel-Kues): Lautlehre/ Formenlehre.

792. REUTER, Hermann: Beiträge zur Lautlehre der Siegerländer Mundart. Mit 3 Sprachkarten zur Geographie der Siegerländer Mundart. Diss. (Freiburg i. Breisgau) Halle 1903.
Siegerland: Kurze Lautlehre/ Lautgeographie/ 3 Karten.

REUTER, Hermann: s. 400.

793. RICHARZ, Werner M.: Wörterbuch der Leidenborner Mundart. Ms. (masch.) Bonn 1993.
Leidenborn (südwestl. v. Prüm): Alphabetisches Wörterbuch Ma.-Hd.

794. RIES, Lothar: Französische Sprachelemente in der Mundart unserer Heimat. In: Wemmetsweiler Heimatblätter 1 (1980), S. 84-90.

Wemmetsweiler (bei Neunkirchen) und Saarland: Ungeordnete Auflistung und Erläuterung von Mundartwörtern französischer Herkunft/ Satzbeispiele.

795. RIES, Lothar: Jiddische Sprachelemente in Mundart und Umgangssprache unserer Heimat. In: Wemmetsweiler Heimatblätter 2 (1981), S. 82-88.
Wemmetsweiler (bei Neunkirchen) und Saarland: Alphabetische Auflistung von Mundartwörtern jiddischer Herkunft/ Satzbeispiele.

796. RIVINIUS, Ferdinand/ RUPP, Philipp: Schwätz segutz! Bouser Mundart. Hrsg. v. der Gemeinde Bous. Bous 1986.
Bous (bei Saarlouis): Alphabetisches Wörterverzeichnis Ma.-Hd./ Textbeispiele.

797. RODENBUSCH: Dialektwörter aus der Umgegend von Kreuznach. In: Zeitschrift für den deutschen Unterricht 15 (1901), S. 357-360.
Kreuznach und Umgebung: Alphabetische Sammlung von Dialektwörtern mit Angaben zur Etymologie und zur Bedeutungsentwicklung im fortlaufenden Text.

798. RODERMUND, Mathias: Lehrerheft für den Unterricht in Sprachlehre und Rechtschreiben unter Berücksichtigung der Mundart der Saar-Bliesgegend. 3. und 4. Schuljahr. Neunkirchen o.J. [vermutlich 1912].
Saarland (zwischen Saar und Blies): Hochdeutsche Laut- u. Formenlehre im Kontrast zur Mundart.

799. RÖMER, Josef: ABC der Siegburger Mundart. Siegburg 1980.
Siegburg: Alphabetisches Wörterverzeichnis Ma.-Hd.

800. RÖNTGEN, W.: Römisches Erbe in unserer Mundart. In: Heimatblätter des Landkreises Aachen 21 (1965), S. 40-47.
Aachen und Umgebung: Römerzeitliche Lehnwörter in der Mundart.

801. RÖTTSCHES, Heinrich: Die Krefelder Mundart und ihre Verwandtschaft mit dem Altsächsischen, Angelsächsischen und Althochdeutschen. Nebst einem Anhang: Sprichwörter und Volkslieder. Ein Versuch. Halle 1875. -- Auch in: Die Deutschen Mundarten 7 (1877), S. 36-91.
Krefeld: Lautlehre/ Formenlehre/ Satzlehre/ diachron.

802. ROUKENS, Winand: Wort- und Sachgeographie Südost-Niederlands und der umliegenden Gebiete mit besonderer Berücksichtigung des Volkskundlichen. 2 Bde. Nijmegen 1937.
Niederlande (südöstliche) und Niederrhein (westlicher): Forschungsbericht zur Mundartgeographie/ Einzeldarstellung der Wort- und Sachgeographie, ausge-

hend von einzelnen Begriffen aus Begriffsfeldern und ihren mundartlichen Bezeichnungen/ Bd. 2: 91 Karten.

803. ROUKENS, Winand: Hard (bijv. nw. en bijw.), Hel (bijv. nw. en bijw.) en Hellen (werkw.) in het Limburgsch en het Rijnlandsch. In: Veldeke 14 (1940), S. 46-49.
Limburg und Rheinlande (westliche): Wort- und Bedeutungsgeographie von *hard, hel* und *hellen.*

804. ROVENHAGEN, Ludwig: An Essay on the Dialect of Aix-la-Chapelle. Aachen o.J. -- Ebenso in: Programm der Realschule zu Aachen für das Schuljahr 1859/60. Aachen 1860, S. 1-29.
Aachen: Laut- und Formenlehre.

805. ROVENHAGEN, Ludwig: Die Aachener Mundart. In: Öcher Platt 5 (1912), S. 4, 14, 18, 26, 34.
Aachen: Formenlehre/ Bezeichnungen aus dem Wortfeld 'Verwandte'.

806. ROVENHAGEN, Ludwig: Wörterbuch der Aachener Mundart. Aachen 1912.
Aachen: Alphabetisches Wörterbuch Ma.-Hd.

807. RUFFING, L.: Der Dialekt des Saargebiets. In: Unsere Pfalz. Beilage zum "Pfälzer Volksboten" - "Westricher Tageblatt" v. 24.12.1923.
Saarland: Abgrenzung des Moselfränkischen vom Rheinfränkischen/ Wortbeispiele und Redensarten mit Erläuterungen.

808. RUNKEL, Otto: Unsere heimische Mundart. In: Heimatkalender für den Kreis Neuwied 3 (1927), S. 20-27.
Neuwied und Umgebung: Dialektgeographische Einordnung der Mundart/ lautliche Besonderheiten.

RUNKEL, Otto: s. 716.

809. RUPP, Philipp: Französische Sprachreste in der Bouser Mundart. In: Unsere Heimat 12 (1987), S. 30-33
Bous (bei Saarlouis): Alphabetisches Wörterverzeichnis Ma.-Hd.-Französisch.

RUPP, Philipp: s. 796.

810. SAEGER, Wilhelm: Wörterbuch der Pattscheider Mundart. In: Vom Adel der Heimatforschung. Zum Silberjubiläum der Abteilung Niederwupper im

Bergischen Geschichtsverein 1928-1953. Hrsg. v. Edmund STRUTZ. o.O. [Leverkusen], o.J. [1953], S. 19-61.
Pattscheid (bei Burscheid, Bergisches Land): Alphabetisches Wörterverzeichnis Ma.-Hd. (Sammlung von 1936).

811. SANDER, Josef: Wellinger Mundart - Wellinger Platt. Ein Beitrag zur Mundartkunde. In: Saarwellinger Nachrichten 26 (1985), Nr. 16, Beilage (7 S.) u. Nr. 20, Beilage (7 S.). -- Nachtrag in: Saarwellinger Nachrichten 28 (1987), Nr. 20, S. 13-15.
Wellingen (bei Merzig): Alphabetisches Wörterverzeichnis Ma-Hd./ Redensarten.

812. SANDERS, Willy: Niederrheinische Mundart. Zwischen Deutsch und Niederländisch. In: Heimatbuch des Kreises Viersen 1977, S. 112-118.
Niederrhein: Dialektgeographische Einordnung des Niederfränkischen anhand der Zweiten Lautverschiebung/ Begriffsklärungen 'Niederdeutsch' - 'Niederländisch'/ diachron/ 1 Karte.

813. SANDMANN, Friedrich: Der Dialekt von Mülheim a. d. Ruhr. In: Der Niederrhein 1911/12, S. 886-888, 902-904, 912-916.
Mülheim a. d. Ruhr: Lautlehre im Vergleich zu den benachbarten Mundarten.

814. SANDMANN, Friedrich: Geschichtliche Spuren im Dialekt von Mülheim a. d. Ruhr. In: Der Niederrhein 1914, S. 173-175, 287-289 [Schluß fehlt].
Mülheim a. d. Ruhr: Sammlung mundartlicher Wendungen mit Bedeutungsangaben/ diachron.

815. --SANGE und Buusche, Schobbe und Bärm. Ein sprachkundlicher Streifzug durch die Ernte.[Autor: 'habe'?] In: An Erft und Gillbach. Heimatblätter für den Kreis Bergheim 1-2 (1947-1948), S. 3f.
Bergheim/ Erft: Bemerkungen zum mundartlichen Wortfeld 'Ernte'.

816. SARTINGEN, Michael (Hrsg.): Dölker Plott. 2. erw. Aufl. o.O. [Dülken] 1987.
Dülken (Viersen): Alphabetisches Wörterbuch Ma.-Hd., vereinzelt Satzbeispiele/ Redewendungen nach Themengebieten.

817. SARTORIUS, Heinrich: Die Verkleinerungssilbe "*che*" in der Kölner Mundart. In: Alt-Köln 13 (1920), S. 6.
Köln: Besonderheiten der Diminutivbildung.

818. SARTORIUS, Heinrich: Das persönliche Fürwort "du = do oder de" nach

Zeitwörtern in der Kölner Mundart. In: Alt-Köln 13 (1920), S. 28f.
Köln: Laut- und Bedeutungsdifferenzen in der Mundart.

819. SARTORIUS, Heinrich: Das "Verbindungs-*n*" in der kölnischen Mundart. In: Alt-Köln 13 (1920), S. 44.
Köln: Beitrag zu der mundartlichen Eigenart, Wörtern auf *-e* ein *-n* anzuhängen.

820. SARTORIUS, Heinrich: Nachträge zu HÖNIGs "Wörterbuch der Kölner Mundart". In: Kölsch Levve en ahler un neuer Ziet 4 (1923), S. 76-78.
Köln: Wörterverzeichnis Ma.-Hd. (Buchstaben *n* und *m*).

SCHAARS, Alexander: s. 201.

821. SCHAD, Hans-Josef: Dialektwörter unter der Lupe. In: Zwischen Venn und Schneifel 9 (1973), S. 102f., 106-108, 122-124.
Eifel (Schnee-Eifel): Erläuterungen zum Gebrauch und zur Bedeutung einzelner Mundartwörter.

822. SCHAUF, A.: Der Vergleich in der heimischen Mundart. In: Rur-Blumen 1928, Nr. 48, [o.Z.].
Düren: Wörtersammlung Ma.-Hd. zum Wortfeld 'Vergleich'.

823. -- Die Ommerschummer SCHBROOCH. Hrsg. v. CDU-Ortsverband Ommersheim. 3. veränd. Aufl. bearb. v. Erwin HARTZ. Ommersheim 1979.
Ommersheim (bei St. Ingbert): Alphabetisches Wörterverzeichnis Ma.-Hd. mit Satzbeispielen/ Redensarten/ Bemerkungen zur Lautlehre.

824. SCHEIDTMANN, August: Das Wörterbuch der Solinger Mundart. In: Rheinische Post, ab 6. 10. 1951 bis 14. 11. 1953. [Artikelreihe].
Solingen: Alphabetisches Wörterverzeichnis Ma.-Hd. (a-öwerschte).

825. SCHELL, Otto: Die Sprache. In: Ders.: Bergische Volkskunde. Elberfeld 1924, S. 34-38.
Bergisches Land: Dialektgeographische Einordnung der bergischen Mundarten.

826. SCHERER, Heinrich: Die rheinischen Mundarten. In: Rheinische Heimatblätter 1925, S. 274f.
Rheinlande: Kurze Darstellung der wichtigsten Mundartgrenzen/ 1 Karte.

827. SCHERER, Heinrich: Eine mundartkundliche Wanderung durch die Rheinlande. In: Rheinische Lehrerzeitung 36 (1930), S. 615-618.

Rheinlande: Dialektgeographische Einordnung der Mundarten/ Einzelheiten zur Lautlehre/ 1 Karte.

828. SCHIER, F.J.: Mundartgrenzen im südwestlichen Westerwald. In: Heimatkalender für den Kreis Neuwied 1953, S. 49f.
Neuwied und Umgebung: Mundartgeographische Einordnung/ Kurzreferat der Arbeit v. F. W. BLEYER (s.d.)/ 2 Karten.

829. SCHLAG, Paul: E Stollertche voll Schmunzel. Hundert Worte Oberwesterwälder Mundart, erzählerisch aufgelockert festgehalten. In: Rhein-Lahnfreund. Bote vom Taunus und Westerwald 21 (1972), S. 32-34.
Westerwald (südlicher): Alphabetisches Wörterverzeichnis Ma.-Hd./ Redewendungen.

830. SCHLAG, Paul: Brocksel Mundart des oberen Westerwaldes. Fortsetzung des Beitrages "E Stollertche voll Schmunzel". In: Rhein-Lahnfreund. Bote vom Taunus und Westerwald 23 (1974), S. 32f.
Westerwald (südlicher): Alphabetisches Wörterverzeichnis Ma.-Hd./ Redewendungen.

831. SCHLICHER, Josef: Holländische Sprache und Dialekt im Selfkant. In: Die Heimat. Blätter für heimatliche Geschichte, Volks- und Naturkunde 5 (1925), S. 28f.
Selfkant: Kurze Abhandlung über die Verwandtschaft der Mundart mit dem Niederländischen/ Wortbeispiele.

832. SCHLÖNDORF, Otto/ SCHLÖNDORF, Peter: Taschenwörterbuch des Birkenfelder Dialekts. Birkenfeld 1987. 2. Aufl. 1990.
Birkenfeld: Alphabetisches Wörterverzeichnis Ma.-Hd. und Hd.-Ma./ Hinweise zur Lautlehre.

833. SCHMELZER, Johannes: Unterschiede zwischen dem süderländischen und siegerländischen Wortschatze. Diss. Münster 1906.
Sauerland (südliches) und Siegerland: Unterschiede im Wortschatz nördlich und südlich der Benrather-Linie/ nach Sachgebieten geordnet.

834. SCHMIDT, Bernhard: Der Vocalismus der Siegerländer Mundart. Ein Beitrag zur fränkischen Dialektforschung. Diss. (Berlin) Halle a. d. Saale 1894. [Teildr.].
Siegerland: Dialektgeographie/ Vokalismus/ diachron.

SCHMIDT, Christa: s. 69.

835. SCHMIDT, Jürgen Erich: Die mittelfränkischen Tonakzente. (Rheinische Akzentuierung). (= Mainzer Studien zur Sprach- und Volksforschung 8). Wiesbaden, Stuttgart 1986.
Mittelfränkisches Sprachgebiet (linksrheinisch): Forschungsbericht zur rheinischen Akzentuierung/ empirische Analyse zu Erscheinungsformen und Grenzverlauf im linksrheinischen Gebiet/ diachron/ 5 Karten.

SCHMIDT, Jürgen Erich: s. 55. 416.

836. SCHMIDT, Karl: Leuscheider Mundart. In: Festbuch 850 Jahre Leuscheid. Hrsg. v. Bürger- und Verschönerungsverein Leuscheider Land e.V. Leuscheid 1988, S. 273-388.
Leuscheid (bei Eitorf/Sieg): Alphabetisches Wörterverzeichnis Ma.-Hd.

837. SCHMIDT, Karl Christian Ludwig: Westerwäldisches Idiotikon oder Sammlung der auf dem Westerwalde gebräuchlichen Idiotismen mit etymologischen Anmerkungen. Hadamar u. Herborn 1800.
Westerwald (mittlerer): Alphabetisches Wörterbuch Ma.-Hd./ z.T. Angaben zur Etymologie/ Beispielwendungen/ Synonyme/ fremdsprachige Entsprechungen.

838. SCHMIDT, Leo: Es ist nicht alles Kölsch ... In: Unser Köln 1950, Nr. 9f., S. 80-82.
Köln: Einflüsse des Hochdeutschen auf die Mundart/ einzelne Beispiele aus Lautlehre, Wortbildung und Wortbedeutung.

839. SCHMITT, Elmar: Sammlung von Hüttersdorfer Mundart-Ausdrücken. Ms. (hs. u. masch.) Hüttersdorf 1972/73.
Hüttersdorf (nordöstl. v. Dillingen): Alphabetisches Wörterbuch Ma.-Hd./ teilweise mit Beispielsätzen und Erläuterungen zur Verwendung.

840. SCHMITT, Eva-Maria: Aufbau und Gliederung örtlicher Mundartwörterbücher. Anregungen und Tips für die Mundartdokumentation im Rheinland. Köln 1990.
Rheinlande: Hinweise zur Anlage von Mundartwörterbüchern (Wörterbuchtypen, Wortartikelformen, -bausteine, Suchhilfen) mit Beispielen.

841. SCHMITT, Eva-Maria: Die ersten Idiotika des Rheinlandes. In: Volkskultur an Rhein und Maas 11 (1992), H. 2, S. 14-20.
Rheinlande: Kurze Vorstellung der ältesten gedruckten mundartlichen Wörterverzeichnisse von der 2. Hälfte des 18. Jh. bis zum Westerwälder Wörterbuch von Karl Christian Ludwig SCHMIDT (s.d.).

SCHMITT, Eva-Maria: s. 408.

842. SCHMITT, Heinz: Römische Relikte in der Mundart des Bitburger Landes. In: Heimatkalender Landkreis Bitburg 1981, S. 176-180; 1983, S. 58-61.
Bitburg und Umgebung: Alphabetisierte Listen lateinischer Lehnwörter Ma.-Hd.-Lat. (1983: Lat.-Hd.-Ma.)/ z.T. nach Sachgebieten geordnet.

843. SCHMITTEN, Johann: Unsere Mundart, eine lebendige Sprache. Die Veränderung unseres Heimatdialektes. In: Heimat-Jahrbuch für den Kreis Ahrweiler 21 (1964), S. 155-157.
Ahrweiler: Dialektgeographische Einordnung der Mundart.

844. SCHMITZ, Adalbert N.: Linzer Dialekt. In: Hans Peter PETRI (Hrsg.): 1100 Jahre Linz am Rhein 874-1974. Linz 1974, S. 208-210.
Linz: Kurze Darstellung des Rheinischen Fächers/ lautliche Merkmale.

845. SCHMITZ, Ewald: Die Solinger Mundart im Lichte der Sprachgeschichte. In: Jülich-Bergische Geschichtsblätter 9 (1932), S. 44-46.
Solingen: Dialektgeographische Einordnung der Mundart/ Lautlehre/ diachron.

846. SCHMITZ, Ewald: Der Zwielaut-Reichtum der bergischen Mundart. In: Bergische Heimat (Ronsdorf) 7 (1933), Nr. 6, S. 139.
Bergisches Land: Besonderheiten des Vokalismus.

847. SCHMITZ, Franz: Wie mir schwätze. Das Neuwieder Mundart-Wörterbuch. Neuwied 1993.
Neuwied: Alphabetisches Wörterverzeichnis Ma.-Hd./ kurze Bemerkungen zur Laut- und Satzlehre/ Redensarten/ Textbeispiele.

848. SCHMITZ, Franz: Eigenarten der Hückeswagener Mundart. In: 900 Jahre Hückeswagen. Hückeswagen 1984, S. 217-219.
Hückeswagen (bei Remscheid): Einzelne Wortbeispiele/ 1 Karte.

849. SCHMITZ, Gabriele: Dialektwandel unter hochsprachlichem Einfluß. Untersucht am Beispiel des neutralen Artikelkomplexes das/dat, es/et im Mittelribuarischen. Examensarb. (masch.) Bonn 1981.
Erftstadt-Erp: Empirische Untersuchung des Gebrauchs der dialektalen oder der hochsprachlichen Form des Artikels bei 60 Sprechern in zwei Sprechsituationen/ sprachsoziologische Auswertung.

850. SCHMITZ, Jean: Das Rheinische Schimpfwörterbuch. Alles fiese Wörter. Nidderau 1992.

Rheinlande: Alphabetisches Verzeichnis von Schimpfwörtern Ma.-Hd.

851. SCHMITZ, J. H.: Sitten und Bräuche, Lieder, Sprüchwörter und Räthsel des Eifeler Volkes nebst einem Idiotikon. 2 Bde. Trier 1856 u. 1858, hier: Bd. 1, S. 221-234.
Eifel: Alphabetisches Wörterverzeichnis Ma.-Hd.

852. SCHMITZ, Karl: Der Handwebstuhl in der Krefelder Mundart. In: Zeitschrift des Vereins für rheinische und westfälische Volkskunde 10 (1913), S. 133-141.
Krefeld: Mundartliche Bezeichnungen aus dem Wortfeld 'Webstuhl'.

853. SCHMITZ, Wilhelm: Die Misch-Mundart in den Kreisen Geldern (südlicher Teil), Kempen, Erkelenz, Heinsberg, Geilenkirchen, Aachen, Gladbach, Krefeld, Neuss, und Düsseldorf sowie noch mancherlei Volkstümliches aus der Gegend. Dülken 1893.
Niederrhein (Geldern bis Aachen): Dialektgeographische Gliederung des Raumes/ Redensarten und Sprichwörter/ Volkskundliches/ Lautlehre/ Wortschatz/ Formenlehre/ Syntax/ diachron.

854. SCHMOECKEL, Hermann: Das Siegerländer Bauernhaus nach seinem Wortschatze dargestellt. Diss. Bonn 1912.
Siegerland: Beschreibung des Hausbaus unter Verwendung des mundartlichen Fachwortschatzes/ dialektgeographische Untersuchung dieses Wortschatzes.

855. SCHNATZ, Helmut: Studien zur Mundart des Vorderhunsrücks. Diss. (masch.) Bonn 1958.
Hunsrück (Koblenz bis Simmern, insbesondere Waldesch): Dialektgeographische Einordnung/ Lautbestand/ Dialektlinien mit Wortbeispielen/ Vergleich mit den Linien im Sprachatlas/ Dialektwandel/ lautliche Kennzeichen der Umgangssprache/ Wortschatz/ diachron/ mehrere Karten.

856. SCHNEIDER, A. C.: Über die Neuwieder Mundart. In: Heimat-Jahrbuch des Landkreises Neuwied 1959, S. 21f.
Neuwied: Personalpronomina im Vergleich Ma.-Hd.

857. SCHNEIDER, A. C.: Die Zahlen in der Neuwieder Mundart. In: Heimat-Jahrbuch des Landkreises Neuwied 1961, S. 41.
Neuwied: Lautung der Zahlwörter in der Neuwieder Mundart.

858. SCHNEIDER, Clemens: E Sprachfihrer uff Kreiznacherisch. Bad Kreuznach 1981.

Kreuznach: Nach Sachgebieten geordnetes Wörterverzeichnis Ma.-Hd./ Redensarten.

859. SCHNEIDER, Erfried: Neustädter Platt. Ein Mundartwörterbuch. Unter Mitarbeit von Hermann MENN und Erich KRIEGESKOTTE. Bergneustadt 1991.
Bergneustadt (bei Gummersbach): Alphabetisches Wörterbuch Ma.-Hd. mit alphabetischer Suchhilfe Hd.-Ma./ Wörterverzeichnisse nach Sachgebieten/ Ortsgrammatik/ 3 Karten.

860. SCHNEIDER, Hans: Ebbes aus'm Kiiechpel Heimbach-Weis-Gladbach. Mundart-Wörterbuch. Plattdeutsch-Hochdeutsch / Hochdeutsch-Plattdeutsch. Gedichte - Erzählungen. Mönchengladbach 1992. 2. Aufl. 1993.
Heimbach (bei Neuwied) und Umgebung: Alphabetisches Wörterverzeichnis Ma.-Hd, Hd.-Ma./ kurze Bemerkungen zur Lautlehre/ Textbeispiele.

861. SCHNEIDER, Johannes: Sprache und Brauch des rheinischen Fischers. Teil 1: Fischnamen. Diss. Elberfeld 1929.
Rheinlande (bes. Düsseldorf, Köln, Bergheim und Koblenz): Mundartliche Bezeichnungen von Fischen/ etymologische Angaben.

862. SCHNEIDER, Johannes: Fischgeräte und Tätigkeiten des rheinischen Fischers. In: Zeitschrift des Vereins für rheinische und westfälische Volkskunde 27 (1930), S. 77-85.
Rheinlande: Mundartliche Bezeichnungen aus dem Sachgebiet 'Fischerei'/ etymologische Angaben.

863. SCHNELLENBACH, Willi: Kleiner Wegweiser durch unser Düsseldorfer Platt. In: Das Tor 30 (1964), S. 136-138.
Düsseldorf: Erläuterungen zu einzelnen Mundartwörtern/ z.T. mit etymologischen Angaben.

SCHNITZLER, H.: s. 198.

864. SCHÖN, F.: Zur Mundart des Westerwaldes. In: Westerwälder Schauinsland 4 (1911), S. 64f.
Westerwald: Kurze ungeordnete Wörtersammlung Ma.-Hd.

865. SCHÖN, Friedrich: Die Grammatik der Saarbrücker Mundart. O. O., o.J.
Saarbrücken und Umgebung: Laut- und Formenlehre/ Wortbildung/ Satzlehre.

866. SCHÖN, Friedrich (Hrsg.): Dialektstudien der von dem Historischen

Verein zu Saarbrücken eingesetzten Commission für das Studium der Saarbrücker Mundart. Bestehend aus Gustav BRUCH, Dr. BICKELMANN, Prof. GLABBACH u. a. Saarbrücken 1908. [Sammlung von Zeitungsausschnitten der Jahre 1894-1907].
Saarbrücken: Artikel zu einzelnen Wörtern und Redensarten mit Angaben zu Bedeutung, Herkunft und Verwendung/ Sammlung von Redensarten und Sprichwörtern/ Text- und Liedersammlung/ Grammatik der Mundart (F.SCHÖN)/ Dialektgeographie (A. GRAUS).

867. SCHÖN, Friedrich: Wörterbuch der Mundart des Saarbrücker Landes nebst einer Grammatik der Mundart. (= Mitteilungen des Historischen Vereins für die Saargegend 15). Saarbrücken 1922. 2. Aufl. [überarb., ohne Grammatik] (= Mitteilungen... 17) Saarbrücken 1928.
Saarbrücken und Umgebung: Alphabetisches Wörterbuch Ma.-Hd./ Grammatik, bes. der Mundarten von Auersmacher, Sulzbach, Saarbrücken: Laut- und Formenlehre/ diachron.

868. SCHÖNE, Gustav: Über den rheinisch-fränkischen Dialect und die Elberfelder Mundart insbesondere. In: Programm der Realschule 1. Ordnung zu Elberfeld, Elberfeld 1865, S. 3-12.
Elberfeld (zu Wuppertal): Besonderheiten der Mundart von Elberfeld/ Laut- und Formenlehre.

869. SCHÖNHAGE, August: Bergische und andere Sprachsünden. Elberfeld 1897. 2. erw. Aufl. 1910.
Bergisches Land: Kontrastive Grammatik Ma.-Hd. anhand von Einzelheiten aus der Formenlehre und Satzlehre.

870. SCHÖNNESHÖFER, Bernhard: Die Mundarten des Bergischen Landes. In: Alt Ratingen 2 (1926), Nr. 3, S. 19-21.
Bergisches Land: Dialektgeographische Einordnung/ Lautlehre.

871. SCHOLL, Klaus: Die Mundarten des Kreises Ottweiler. Untersuchungen auf lautphysiologischer und sprachgeschichtlicher Grundlage. Diss. (Straßburg) Bonn 1912.
Ottweiler und Umgebung: Laut- und Formenlehre/ alphabetische Liste französischer Lehnwörter/ alphabetisches Wörterbuch Ma.-Hd./ z.T. wortgeschichtliche Hinweise/ diachron.

872. SCHOLLEN, Matthias: Beiträge zur Aachener Kulturgeschichte. Bd. II: Sprichwörter und Redensarten. Aachen 1889.

Aachen: Sammlung von Sprichwörtern und Redensarten/ kurze dialektgeographische Einordnung der Mundart/ diachron.

873. SCHOLZ, Franz: Der Vinxtbach als Sprachgrenze. In: Heimat-Jahrbuch für den Kreis Ahrweiler 22 (1965), S. 38-40.
Ahrweiler und Umgebung: Erläuterung der *b/v*-Mundartlinie.

874. SCHOPHAUS, Renate: Zur Wortgeographie im niederfränkisch- niedersächsischen Grenzgebiet. Ein Vorbericht (mit 16 Karten). In: Niederdeutsches Wort 11 (1971), S. 61-86.
Niederrhein (südlicher) und Münsterland (westliches): Verbreitung einiger Lexeme im Grenzbereich/ 16 Karten.

SCHOPHAUS; Renate: s. 952.

SCHORN, Walter: s. 743.

875. SCHORR, Felix: Ebbelborrä Wördabuch. Sammlung von Wörtern aus der Mundart Eppelborn-Mitte. Hrsg. v. Förderkreis für Heimatkunde und Denkmalpflege Eppelborn e.V. Eppelborn. St. Ingbert 1982.
Eppelborn (bei Ottweiler): Alphabetisches Wörterbuch Ma.-Hd./ Mundarttexte mit hochdeutscher Übersetzung/ Schimpf-, Spott- u. Kosenamen.

876. SCHORRE, Berta: Mien Hematland. Mundartliche Gedichte, geschichtliche Erinnerungen, Schwänke, Redensarten, Sprichwörter, Wetterregeln, Reime und Kinderlieder, Mundartwörter aus der Gemeinde Marienheide. Hrsg. v. der Gemeindeverwaltung Marienheide unter Mitwirkung des Heimatforschers Otto KAUFMANN. Marienheide 1971, hier: S. 126-174.
Marienheide (bei Gummersbach): Alphabetisches Wörterbuch Ma.-Hd.

877. SCHOTTEN, Fritz u. a.: A bis Z in Stolberger Plattdeutsch. Ms. (masch.) o.O., o.J.
Stolberg und Umgebung: Alphabetisches Wörterbuch Ma.- Hd./ Sprichwörter.

878. SCHRIJNEN, Josef: Benrather, Uerdinger en Panningerlinie. In: Tijdschrift voor Nederlandsche Taal en Letterkunde XXI (1902), S. 249-252.
Grenzgebiet Deutschland-Belgien-Niederlande: Verlauf der Benrather, Uerdinger und Panninger Linie.

879. SCHRIJNEN, Josef: Limburgsche dialekten. In: Limburg'se Jaarboek XIII (1907), S. 229-248.
Grenzgebiet Deutschland-Belgien-Niederlande: Eingrenzung der Dialekte nach

lautlichen Kriterien/ u. a. anhand der Benrather, Uerdinger und Panninger Linie.

880. SCHRIJNEN, Josef: De Benrather Linie. In: Leuvensche Bijdragen VIII (1908), S. 259-262.
Grenzgebiet Deutschland-Belgien-Niederlande: Verlauf der Benrather Linie.

881. SCHRIJNEN, Josef: Uit Nederlands zuidoostelijk dialektgebied. In: Zeitschrift für deutsche Mundarten 18 (1923), S. 232-236.
Grenzgebiet Deutschland-Belgien-Niederlande: Wortgeographie von *broek* (Hose), *vest* (Weste), *nagras* (Grummet)/ 1 Karte.

882. SCHROEDER, Peter: Moselfränkische Winzerausdrücke. In: Zeitschrift des Vereins für rheinische und westfälische Volkskunde 8 (1911), S. 193-202.
Moselgebiet: Nach Sachgebieten geordnete Sammlung mundartlicher Wörter und Wendungen aus dem Bereich des Weinbaus, z.T. in mundartlichem Beschreibungstext.

883. SCHÜBEL, Georg: Eine Studie über die Mundart von Idar. (= Mitteilungen des Vereins für Heimatkunde im Landkreis Birkenfeld, Sonderh. 5). Neuwied 1961.
Idar: Alphabetisches Wörterverzeichnis Ma.-Hd./ z.T. etymologische Hinweise / Lautlehre/ diachron/ Mundarttext.

884. SCHUELLER, Nikolaus: Beiträge zur Lautlehre der moselfränkischen Mundart. Diss. Ms. (masch.) Bonn 1917.
Polch (bei Mayen): Lautlehre/ diachron.

885. SCHÜRHOLZ, Carl: Platt, was ist das eigentlich? In: Heimatstimmen aus dem Kreise Olpe 82 (1971), S. 33-36.
Olpe und Umgebung: Dialektgeographische Einordnung der Mundart/ einige lautliche Merkmale.

886. SCHÜRHOLZ, Carl: Besonderheiten im Platt des Raumes Olpe/Drolshagen. In: Heimatstimmen aus dem Kreise Olpe 90 (1973), S. 46-50; 91 (1973), S. 92-96; 92 (1973), S. 123- 127; 94 (1974), S. 22-28; 95 (1974), S. 94-100; 97 (1974), S. 166-171; 99 (1975), S. 81-86.
Olpe und Drolshagen: Dialektgeographische Darstellung von Merkmalen aus der Formenlehre und dem Wortschatz.

887. SCHUETZ, Hermann: Das Siegerländer Sprachidiom. Ein Beitrag zur Kenntnis der deutschen Mundarten. In: Jahresbericht der höheren Bürger- und Realschule zu Siegen. Siegen 1845, S. 3-28; 1848, S. 3-24.

Siegen und Umgebung: Lautlehre/ Einzelheiten aus Formen- und Satzlehre/ alphabetisches Wörterverzeichnis Ma.-Hd./ z.T. mit wortgeschichtlichen Hinweisen/ Beispielwendungen.

888. SCHÜTZEICHEL, Rudolf: Der Lautwandel von *ft* zu *cht* am Mittelrhein. In: Rheinische Vierteljahrsblätter 20 (1955), S. 253-275.
Rheinlande: Darstellung der sprachgeographischen Verteilung des Lautwandels *ft* zu *cht*/ diachron/ 1 Karte.

889. SCHÜTZEICHEL, Rudolf: Die Franken und die sprachlichen Barrieren am Rhein. In: Rheinische Vierteljahrsblätter 30 (1965), S. 30-57.
Rheinlande: Dialektgeographische Studie über die Sprachräume der fränkischen Rheinlande/ diachron/ 18 Karten.

890. SCHÜTZEICHEL, Rudolf: Karl Simrocks Bonner Idioticon. In: Rheinische Vierteljahrsblätter 33 (1969), S. 388-395.
Bonn: Vorstellung des handschriftlichen Wörterbuchs aus dem 19. Jh./ Beispiele aus dem Wortschatz/ Hinweise zu lautlichen Merkmalen/ 2 Abb.

891. SCHUHMACHER, Wilfried W.: Apropos /enkels/ "Tinte" in der niederfränkischen Übergangsmundart von Velbert (Rheinland). In: Zeitschrift für Phonetik, Sprachwissenschaft und Kommunikationsforschung 26 (1973), S. 96f.
Velbert: Entwicklung von westgermanisch *au* in *enkels* aus lateinisch *encaustum*/ diachron.

892. SCHUHMACHER, Wilfried W.: Zum Auftreten von unorganischem *t* in der Mundart von Velbert (Rheinland). In: Zeitschrift für Phonetik, Sprachwissenschaft und Kommunikationsforschung 26 (1973), S. 696f.
Velbert: Vorkommen, Bedingungen und phonetische Erklärung von unorganischem *t* im Wortauslaut.

893. SCHUHMACHER, Wilfried W.: Zur "Entwicklung" der westgermanischen Vokale in der niederdeutschen Mundart von (Wuppertal-) Cronenberg. In: Linguistics 159 (1975), S. 39-41.
Cronenberg (zu Wuppertal): Gegenüberstellung des westgermanischen Vokal-Ausgangsinventars und des reduzierten Teilinventars der Mundart/ diachron.

894. SCHUHMACHER, Wilfried W.: Erhaltung vs Eliminierung von /*d*/ nach Gutturalisierung von /ŋ/ in der niederfränkischen Übergangsmundart von Velbert (Rheinland). In: Folia linguistica 7 (1975), S. 177-179.
Velbert: Lautregeln zum Ausfall von /*d*/ nach Gutturalisierung von /ŋ/.

895. SCHUHMACHER, Wilfried W.: Gedanken zum Diminutiv. In: Linguistics 162 (1975), S. 15f.
Velbert: Diminutivbildung in der Mundart.

896. SCHUMACHER, Wilfried W.: Was hat Velbert mit Sylt gemeinsam? In: Romerike Berge 27 (1977), S. 81.
Velbert: Einzelne Wortparallelen zum Sylterfriesischen.

897. SCHULTE, Heinrich: August Kierspel zum Gedächtnis: Gehen kann man auf vielerlei Weise. In: Rheinisch-Bergischer Kalender 40 (1970), S. 116.
Bergisches Land: Mundartliche Bezeichnungen aus dem Wortfeld 'gehen'.

898. SCHULTE, Werner: Gliederung der Mundarten im südöstlichen Sauerland. (= Deutsche Dialektgeographie 38). Marburg 1941.
Südsauerland (zwischen Oberbergischem und Siegerland): Lautgeographie/ Einzelheiten aus Formenlehre und Wortgeographie/ 14 Karten.

899. SCHULTE, Werner: Die Verkleinerungssilben *-tien, -tsien, -tier, -tsier* um Drolshagen und Olpe im südlichen Sauerlande. In: Zeitschrift für Mundartforschung 17 (1941), S. 158-164.
Drolshagen, Olpe und Umgebung: Verwendung der Verkleinerungssilben in den einzelnen Regionen/ teilweise Hinweise zur Etymologie der Silben/ diachron/ 2 Karten.

900. SCHULTE-NEHEIM [=SCHULTE], Werner: Wirkende Kräfte im Leben unserer Mundarten. In: Heimatstimmen aus dem Kreise Olpe 6 (1950), S. 332-337.
Olpe und Südsauerland: Kurze Charakteristik der Mundarten/ Dialektgeographie und Sprachlinien/ 1 Karte.

901. SCHUWIRTH, Georg: Alphabetisches Wörterbuch der Erkelenzer Mundart. (= Schriften des Heimatvereins der Erkelenzer Lande e.V. 4). Erkelenz 1983.
Erkelenz: Alphabetisches Wörterbuch Ma.-Hd./ kurze Formenlehre.

902. SCHWALB, Gottfried: Sammlung und Erklärung der landschaftlichen, z.T. eigenthümlichen Wörter aus Ober- und Mittel-Saar. In: Programm des königlichen Gymnasiums Saarbrücken, Saarbrücken 1833.
Saarbrücken, Saarwerden, Ottweiler: Alphabetisches Wörterverzeichnis (A-G) Ma.-Hd./ mit etymologischen Angaben.

903. SCHWALB, Gottfried: Die landschaftlichen Wörter an der Ober- und Mittel-Saar. In: Programm des königlichen Gymnasiums Saarbrücken, Saarbrücken 1848.
Saarbrücken, Saarwerden, Ottweiler: Das *h* und seine Mitwirkung an der Bildung von Wörtern in verschiedenen Wortarten/ Wörterverzeichnis (*h*) Ma.-Hd./ mit etymologischen Angaben.

904. SCHWALL, A.: Vom Dialekt des Ahrtals. In: Zeitschrift für Heimatkunde des Regierungsbezirkes Coblenz und der angrenzenden Gebiete 2 (1921), S. 283.
Ahrtal: Wörterverzeichnis Ma.-Hd./ kurze dialektgeographische Einordnung/ Mundarttext.

905. SCHWARZ, Agnes: Sprachliches aus Jülich. In: Rur-Blumen 1931, Nr. 5, [o.Z.].
Jülich: Ungeordnete Sammlung von mundartlichen Redewendungen und Wörtern mit Angaben zur hochsprachlichen Bedeutung.

906. SCHWARZ, Josef: Das Töpferhandwerk und seine Erzeugnisse. In: Dürener Geschichtsblätter 1 (1955), S. 19-25; 3/4 (1955), S. 43-46; 5 (1956), S. 58-60; 6 (1956), S. 73f.; 7 (1956), S. 90f.
Düren und Rheinlande: Einige mundartliche Bezeichnungen aus dem Sachgebiet 'Töpferei'/ diachron/ 1 Karte.

907. SCHWARZ, Karl: Das intervokalische *-g-* im Fränkischen. Sprachgeschichtliche Untersuchungen. Straßburg 1914. -- Teildruck: Beiträge zur Entwicklungsgeschichte des intervokalischen *-g-* im Fränkischen. Die Verba "tragen" und "sagen". Diss. Bonn 1914.
Rheinlande: Dialektgeographische und sprachgeschichtliche Untersuchung des intervokalischen *g* in Laut- und Formenlehre/ diachron/ 1 Karte.

SCHWARZ, Karl: s. 994.

908. SCHWING, Heinrich: Beiträge zur Dialektgeographie der mittleren Lahn. Diss. Marburg 1920.
Selters (bei Weilburg) und mittlere Lahn: Lautlehre/ Formenlehre/ Dialektgeographie/ diachron.

909. SCHWING, Heinrich: Beiträge zur Dialektgeographie der mittleren Lahn. In: Zeitschrift für Deutsche Mundarten 16 (1921), S. 154-163.
Selters (bei Weilburg) und mittlere Lahn: Kurzfassung der vorgenannten Diss. (s.d.).

910. SESTERHENN, Emil: Lautlehre der Mundart von Urbar nebst Wörterbuch. Ms. (masch.) O. O., o. J.
Urbar (bei Koblenz): Alphabetisches Wörterbuch Ma.-Hd./ Lautlehre/ diachron.

911. SEUSER, R. Fr.: Die Volksmundart im Neuwieder Bezirk. In: Heimatblatt und Geschichtschronik für die ehemaligen Wied'schen und Nassauischen Lande, für Westerwald, Eifel und Mittelrhein 13 (1934), S. 49f.
Neuwied und Umgebung: Ungeordnete Sammlung von Mundartwörtern/ besondere Berücksichtigung von Lehnwörtern.

912. SIEBERG, Bernd: Perfekt und Imperfekt in der gesprochenen Sprache. Untersuchung zu Gebrauchsregularitäten im Bereich gesprochener Standardsprache und rheinischer Umgangssprache mit dem Erp-Projekt als Grundlage der Korpusgewinnung. Diss. Bonn 1984. -- Vgl. auch: Ders.: Untersuchung zum Formenbestand der Vergangenheitstempora Perfekt und Imperfekt im Rheinischen und in der Standardsprache am Beispiel der landkölnischen Mundart von Erp. Examensarb. Bonn 1979.
Erftstadt-Erp: Kontrastive Analyse der verschiedenen Ausdrucksformen der Tempuskategorien 'Perfekt' und 'Imperfekt' in Konjugation, Wortschatz und Satzbau.

913. SIEBERS, Gerd: Klompen am Niederrhein. O.O., o.J. [1980].
Niederrhein: Darstellung mundartlicher Fachausdrücke des Holzschuhmachens/ alphabetische Wörterliste Ma.-Hd. im Anhang/ mehrere Abb.

914. SIEMERS, K.: Eigentümlichkeiten der bergischen Mundarten. In: Jan Wellem. Monatsschrift für Düsseldorf, Niederrhein und Bergisches Land 3 (1928), S. 333-335.
Bergisches Land: Kurze Darstellung der dialektgeographischen Gliederung.

915. SIMONS, Gabriel: Die Berufssprache der Müller in ihrem Verhältnis zur Mundart und Hochsprache und in ihren Sachbezügen. Dargestellt an Beispielen aus dem Rheinland. In: 2. Arbeitstagung über Fragen des Atlas der deutschen Volkskunde vom 23.4. - 25.4.1959. Protokollmanuskript bearb. v. G. WIEGELMANN. Bonn 1959, S. 44-49.
Rheinlande: Allgemeines über das Verhältnis von Hochsprache, Umgangssprache und Fachsprachen/ einige Beispiele zum mundartlichen Fachwortschatz der Müller.

916. SLUYTERMANN VAN LANGEWEYDE, Wolf: Das Ruhrgebiet und seine Sprache. In: Muttersprache 68 (1958), S. 1-7. -- Ebenso in: Die Heimatstadt Essen. Jahrbuch 1960/61, S. 137-144.

Ruhrgebiet: Beschreibung der unterschiedlichen sprachlichen Einflüsse/ Ausdrücke aus der Bergmannssprache/ wenige Einzelheiten zur Laut- u. Formenlehre.

917. SMETS, Wilhelm: Versuch, einige Ausdrücke der Aachener Mundart auf ihren Ursprung zurückzuführen. In: Rheinische Flora. Blätter für Kunst, Leben, Wissen und Verkehr 1825, H. 1/2, S. 216.
Aachen: Anmerkungen zur Herkunft einiger Mundartwörter.

SODMANN, Timothy: s. 201.

918. SPECHT, W.: "Quant versöhmt". Eine untergegangene Sprache. In: Die Heimat. Halbmonats-Beilage zum Solinger Tageblatt 9 (1933), S. 90f.
Burg (Wupper): Bemerkungen zur Fachsprache der Burger Deckenhändler (Burger Deckensprache)/ Entstehung und Verbreitung/ kurze Wörtersammlung Ma.-Hd.

919. SPEE: Leuther Mundart. In: Die Heimat. Wochenblatt für Kunde der niederrheinischen Geschichte 1876, S. 148.
Leuth (bei Kaldenkirchen): Mundarttext mit wörtlicher Rede/ Angabe der neuhochdeutschen Entsprechung bei einigen Ausdrücken.

920. SPOO, Philipp: Der Trierer Dom in der Trierer Mundart. In: Trierische Heimat 9 (1932/1933), Nr. 9/10, S. 138f.
Trier: Einige mundartliche Wortbildungen mit dem Grundwort 'Dom'.

921. -- Oberbergische SPRACHPROBEN. Mundartliches aus Eckenhagen und Nachbarschaft. Bd. 1. Gesammelt unter Mitwirkung von Frau und Herrn Rentmeister Daniel RIPPEL, Lehrer Otto KAUFMANN aus Harscheid und Lehrer Wilhelm SCHOELER aus Hespert u. hrsg. v. Theodor BRANSCHEID. Eckenhagen 1927.
Eckenhagen und Umgebung: Lautlehre/ Unterschiede zwischen Hochdeutsch und Mundart/ Mundarttexte in phonetischer Umschrift/ diachron.

922. SPRICK, Claus: Hömma! Sprache im Ruhrgebiet. Mit einem Nachwort von Klaus BIRKENHAUER. (= Europäisches Übersetzer-Kollegium Glossar 3). Straelen 1984. 4. Aufl. Straelen 1992.
Ruhrgebiet: Alphabetisches Wörterverzeichnis Ma.-Hd. z.T. mit Satzbeispielen/ Suchliste Hd.-Ma.

923. STÄNDER, Heinrich Carl: Zum Problem der Mundart einer Großstadt (Düsseldorf). In: Mitteilungsblatt der rheinischen Vereinigung für Volkskunde

1950, Nr. 9, S. 6f.
Düsseldorf: Charakterisierung der Mundart mit einzelnen Differenzen innerhalb von Groß-Düsseldorf/ Einordnung in den Dialektraum.

924. STÄNDER, Heinrich Carl: Nochmals Beiträge zu einem Düsseldorfer Wörterbuch. In: Jan Wellem 1960, Nr. 3, S. 45f.
Düsseldorf: Erklärung der entlehnten Mundartwörter 'Fannühß', 'Polw' und 'Balleke'.

925. STÄNDER, Heinrich Carl: Über die Düsseldorfer Mundart und ihre Rechtschreibung. In: Die Heimat. Heimatzeitschrift für Düsseldorf und Umgebung 11 (1960), Nr. 8-12, S. 217, 259, 296, 330, 364.
Düsseldorf: Orthographie der Mundart/ Einiges zur Grammatik/ Sammlung von Sprichwörtern und Redensarten.

926. STÄNDER, Heinrich Carl: Wörterverzeichnis der Düsseldorfer Mundart. In: Die Heimat. Heimatzeitschrift für Düsseldorf und Umgebung 12 (1961), S. 171f., 207-209, 240f., 255f., 288, 313f., 329, 339f., 371, 383f.; 13 (1962), S. 60, 88, 123f., 183f., 244, 267f., 290f., 348-350; 14 (1963), S. 21f.
Düsseldorf: Wörterverzeichnis Ma.-Hd., z.T. mit Beispielsätzen/ z.T. Angaben zur Herkunft.

927. STÄNDER, Heinrich Carl: Gedanken über die Sprache des Düsseldorfers. In: Düsseldorfer Hefte 7 (1962), S. 850, 853, 855.
Düsseldorf: Versuch einer Einordnung der Düsseldorfer Mundart.

928. STÄNDER, Heinrich Carl: Wie säht m'r dit on dat op Düsseldorfer Platt? Kleines Wörterbuch der Düsseldorfer Mundart mit teilweiser Angabe der Aussprache und der Herkunft aus anderen Sprachen. Dazu eine Konjugation der unregelmäßigen Verben und eine Zusammenstellung der am meisten gebrauchten Zeitwörter. In: Das Tor. Düsseldorfer Heimatblätter 32 (1966), S. 62, 109, 129, 149, 169, 189, 209, 231; 33 (1967), S. 28, 48, 196, 216, 236, 252, 256, 276, 296, 319. -- Nachdr. in 3. Aufl., v. Karl STÄNDER ergänzt um den Teil "Hochdeutsch-Mundart". Düsseldorf 1979.
Düsseldorf: Einleitung zur Rechtschreibung und Verbflexion/ Alphabetisches Wörterbuch Ma.-Hd./ z.T. Beispielwendungen/ z.T. Angaben zur Herkunft und Aussprache/ alphabetisches Wörterverzeichnis Hd.-Ma. im Anhang.

929. STANDKE, Karl: Kleines Wörterbuch der Haaner Mundart. Mundart - Hochdeutsch. Ms. (masch.) Haan 1976.
Haan (bei Düsseldorf): Alphabetisches Wörterbuch Ma.-Hd.

930. STEINHAUER, Jupp: Wöttcher op Öcher Platt - die mer bau at verjeiße hat. In: Öcher Platt 46 (1965), S. 29f., 77f.; 64 (1983), S. 97f.; 65 (1984), S. 27f.
Aachen: Alphabetische Wörtersammlungen veralteter Mundartwörter mit Bedeutungsangaben im fortlaufenden Mundarttext.

931. STEINHAUER, Jupp: Öcher Schelt- än Spetzname. Neustadt [um 1985].
Aachen: Alphabetisches Schimpfwörterverzeichnis Ma.-Hd.

932. STEINRÖX, Hans: Die Mundart des Monschauer Landes. In: Jahrbuch Landkreis Monschau 1956, S. 41-44.
Monschau und Umgebung: Dialektgeographische Einordnung/ Merkmale aus Lautlehre und Wortschatz.

933. STEINRÖX, Hans: Über den Reichtum unserer Muttersprache. In: Heimatkalender des Kreises Monschau 1960, S. 65-68.
Monschau und Umgebung: Mundartliche Bezeichnungen für *Frau, Mann*.

934. STEINRÖX, Hans: Französische Fremdwörter in unserer Monschäuer Mundart. In: Das Monschauer Land Jahrbuch 1973, S. 152-160.
Monschau (bes. Konzen): Alphabetische Sammlung mundartlicher Lehnwörter mit Angabe der Bedeutung und Herkunft.

935. STEINRÖX, Hans: Weitere französische Fremdwörter in unserer Mundart. In: Das Monschauer Land Jahrbuch 1974, S. 158-162.
Monschau und Umgebung: Alphabetische Ergänzung des vorangehenden Beitrags.

936. STEINRÖX, Hans: Französische Fremdwörter in unserer Mundart. Ausgewählt von Leo BRAUN. In: Schriften des Eschweiler Geschichtsvereins 1 (1978), S. 49-55.
Monschau und Eschweiler: Auswahl aus den vorhergehenden Beiträgen.

937. STEINRÖX, Hans: Unsere Muttersprache - Konzer Platt. In: Heimatblätter des Kreises Aachen 43 (1988), S. 99-104.
Konzen (bei Monschau): Dialektgeographische Einordnung der Mundart/ Einzelheiten aus Lautlehre und Wortschatz/ diachron/ Mundarttext.

938. STEINS, Adolf: Der Aachener Dialekt, sein Werden und seine Literatur. In: Aachener Heimatgeschichte. Hrsg. v. Albert HUYSKENS. Aachen 1924, S. 246-51.
Aachen: Dialektgeographische und sprachgeschichtliche Einordnung/ Ein-

zelheiten aus Lautlehre, Formenlehre und Wortschatz/ Verwandtschaft mit anderen Mundarten.

939. STEINS, Adolf: Die Formenlehre der Aachener Mundart. Ms. Bonn 1921.
Aachen: Deklination und Konjugation, ausgehend vom Mittelhochdeutschen/ Etymologie/ viele Beispielwörter/ diachron.

940. STEITZ, Lothar: Grammatik der Saarbrücker Mundart. (= Beiträge zur Sprache im Saarland 2). Saarbrücken 1981.
Saarbrücken: Lautlehre/ Formenlehre/ Satzlehre.

941. STENZ, Gisbert: Ahweile Platt - wat äss dat? Ein ABC Ahrweiler Mundart. (= Aus unserer Heimat. Eine Buchreihe der Kreisvolkshochschule Ahrweiler). Ahrweiler 1982.
Ahrweiler: Alphabetisches Wörterbuch Ma.-Hd. und Hd.-Ma./ Mundarttexte.

942. STOLLENWERK, Karl: Monschauer Platt. In: Heimatblätter des Kreises Monschau (1927), S. 31f., 46-48; (1928), S. 62-64, 79f.
Monschau und Umgebung: Alphabetische Wörtersammlung Ma.-Hd.

943. STOLLENWERK, Karl: Die Mundart des Montjoier Landes und ihre Grammatik. In: Der Eremit am hohen Venn 6 (1931/32), S. 130-139, 145-157.
Monschau und Umgebung: Laut- und Formenlehre im Vergleich zum Hochdeutschen.

944. STOTZEM, Heinz: Untergehendes Sprachgut. In: Unser Köln 5 (1953), Nr. 5, S. 18f. -- Ebenso in: Rheinische Heimatpflege, N.F. 3 (1966), S. 361f.
Köln und Rheinlande: Anmerkungen zu mundartlich 'Gehrkammer' (Sakristei).

STRAMBERG, Christian von: s. 993.

945. STRAVER, Hans: Wörterverzeichnis. Hochdeutsch - Breyeller Platt - Henese-Fleck. Ein erster Versuch. Ms. (masch.) Breyell 1984.
Breyell (Nettetal): Alphabetisches Wörterverzeichnis Hd.-Ma.-Geheimsprache.

946. STRAVER, Hans: Die schöne Sprache (Den Heenese Vlek) der Breyeller. Ms. (masch.) Breyell 1989.
Breyell (Nettetal): Anmerkungen zur Grammatik der Geheimsprache/ Wörterverzeichnis mundartliche Geheimsprache - Hochdeutsch mit Satzbeispielen/ Register Hochdeutsch - Geheimsprache.

947. STRIPPEL, Fr. H.: Unsere Mundart. In: Heimatkalender des Kreises Altenkirchen (Westerwald) 1960, S. 39-42.
Altenkirchen und Umgebung: Dialektgeographische Einordnung und Verlauf von Sprachlinien/ lautliche Merkmale.

948. STRÖTER, Maximilian Maria: Beiträge zu einem Düsseldorfer Wörterbuch. Dat Balleke. In: Jan Wellem 1960, Nr. 1, S. 9f.
Düsseldorf: Anmerkungen zu mundartlich 'dat Balleke'.

949. STROH, A.: Altes Sprachgut in der moselfränkischen Mundart. In: Zeitschrift für christliche Erziehungswissenschaft 2 (1909), S. 426-434.
Moselfränkisches Sprachgebiet: Ungeordnete Sammlung von älteren Mundartwörtern mit Bedeutungs-, Herkunfts- und Verwendungsangaben.

950. STUMP, Simon: "Lot-et üsch joot schmaache". Eschweiler Platt rund um Kochtopf und Mittagstisch. In: Schriftenreihe des Eschweiler Geschichtsvereins 12 (1991), S. 131-135.
Eschweiler: Mundartwörter und Redewendungen aus dem Sachgebiet 'Kochen und Essen'.

951. TAUBKEN, Hans: Zur dialektgeographischen Gliederung der Mundarten des kurkölnischen Sauerlandes. In: Reinhard PILKMANN-POHL (Bearb.): Plattdeutsches Wörterbuch des kurkölnischen Sauerlandes. Hrsg. v. Sauerländer Heimatbund e.V., 2. Aufl. Arnsberg 1988, S. 11-22.
Hochsauerlandkreis (mit dem Kreis Olpe): Laut-, formen- und wortgeographische Gliederung der ganz überwiegend westfälischen Mundarten/ 13 Karten.

952. TEEPE, Paul/ NIEBAUM, Hermann/ SCHOPHAUS, Renate: Die niederdeutschen Mundarten. In: Niederdeutsch. Sprache und Literatur. Eine Einführung. Hrsg. v. Jan GOOSSENS. Bd. 1: Sprache. Neumünster 1973, S. 130-198.
Niederdeutsches Sprachgebiet: Lautgeographie (Teepe)/ Formengeographie (Niebaum)/ Wortgeographie (Schophaus)/ enthält Hinweise zum Niederfränkischen.

953. TERVOOREN, Helmut: Sprechen wie einem der Schnabel gewachsen ist. Mundart im Wandel. In: Geldrischer Heimatkalender 1979, S. 41-47.
Geldern: Bemerkungen zum mundartlichen Sprachwandel anhand historischer Quellentexte/ diachron.

954. TESCHE, Karl: Solinger Mundart und Hochdeutsch. In: Bergische Heimatblätter v. 31.7.1925, [o.Z.].

Solingen und Umgebung: Kurze Abhandlung zur Laut- und Formenlehre.

955. THEIS, Hans: Die 'Sachsen' in der Eifel. In: Die Eifel 46 (1951), S. 82.
Neuerburg (bei Bitburg): Einige Entsprechungen Englisch - Mundart.

956. THELEN, J.: Sprachgut aus Welschland. In: Selfkantheimat 1961, Nr. 9, S. 71f.
Selfkantkreis: Auflistung von mundartlichen Lehnwörtern französischer Herkunft mit Bedeutungs- und Gebrauchsangaben.

957. THELEN, Josef: Bei den Krämerlateinern in Breyell. In: Der Niederrhein. Zeitschrift für Heimatpflege und Wandern 24 (1957), S. 90-92.
Breyell (Nettetal): Kurze Charakterisierung der mundartlichen Geheimsprache.

958. THERSTAPPEN, Paul: Geheimsprachen im Rheinland und Westfalen, im besonderen das Krämerlatein der Breyeller. In: Breyell, wat huckste knäbbig! Heimatbuch vom alten Kiepenträger-Dorf. Bearb. v. Hanna MEUTER. (= Schriftenreihe des Landkreises Kempen-Krefeld 12). Breyell 1959, S. 139-145. [leicht gekürzte Fassung eines Vortrags für den Westdeutschen Rundfunk aus den 30er Jahren]; -- eingeleitete Fassung: MEUTER, Hanna: Geheimsprachen ... Nach Paul THERSTAPPEN. In: Der Niederrhein. Zeitschrift für Heimatpflege und Wandern 25 (1958), S. 23-28; -- gekürzte Fassung: THERSTAPPEN, Paul: Geheimsprache in Breyell - der Henese Flick. In: Mensch und Mundart am Niederrhein. Bearb. v. Fritz MEYERS (= Mercator-Bücherei 45/46). 2. Aufl. Duisburg 1980, S. 66-71.
Breyell (Nettetal): Vergleichende Abhandlung über drei Geheimsprachen, die nordwestfälische "Tjöttensprache" (Kreis Ibbenbüren und Mettingen), das "Bargunsch" (niederländisches Rotwelsch) und die niederrheinische des "Henese Flick" (Händlersprache des Ortes Breyell).

959. THIES, Hans: Versuch einer Lautlehre der Mundart von Saarhölzbach. Diss. Greifswald 1912.
Saarhölzbach (bei Merzig): Lautlehre/ diachron.

960. THINNES, Norbert: Nasalvokale und Nasalkonsonanten im Westmitteldeutschen: Areale und ihre Strukturen. In: Beiträge zur Dialektologie am Mittelrhein. Hrsg. v. Günter BELLMANN. (= Mainzer Studien zur Sprach- und Volksforschung 10). Stuttgart 1986, S. 144-191.
Rheinlande (südl. v. Koblenz): Verbreitung und Strukturen der Nasalierung von Vokalen/ nasale Konsonanten/ 17 Karten.

961. THOMÉ, Aloys: Untersuchungen zum Vokalismus der moselfränkischen Mundart von Kenn. Diss. Bonn 1908.
Kenn (bei Trier): Vokalismus/ diachron.

962. TILGENKAMP, Wilhelm: Die Tierwelt in der Jülicher Mundart. Jülich o.J.
Jülich: Systematische Darstellung der mundartlichen Tierbezeichnungen.

963. TILGENKAMP, Wilhelm: Wie der Jülicher lebt, denkt und spricht. Ein Streifzug durch die Jülicher Mundart. Jülich 1936. [Sonderdruck aus der Heimatwochenschrift "Rur-Blumen" des Jülicher Kreisblattes].
Jülich und Umgebung: Kurze dialektgeographische Einordnung/ Darstellung des mundartlichen Wortschatzes und -gebrauchs nach Lebensbereichen/ Auflistung von mundartlichen Namen.

964. TILGENKAMP, Wilhelm: Der Einfluß des Französischen und Niederländischen auf die Mundart des Kreises Jülich. Jülich 1937. [Sonderdruck aus der Heimatwochenschrift "Rur-Blumen" des Jülicher Kreisblattes].
Jülich und Umgebung: Alphabetische Sammlungen Ma.-Hd. der niederländischen und französischen Lehnwörter.

965. TILGENKAMP, Wilhelm: Ein Streifzug durch die Jülicher Mundart. In: Heimatkalender für den Landkreis Jülich 1 (1951), S. 94-96; 2 (1952), S. 84-92.
Jülich und Umgebung: Darstellung des Mundartwortschatzes an ausgewählten Beispielen.

966. TRAUDE, Ludwig: Das Fremdwort in der Mundart. In: Guten Abend. Beilage zur Bergisch-Gladbacher Zeitung 5 (1928), Nr. 5, [o.Z.].
Bergisches Land: Anmerkungen zu Lehnwörtern in der Mundart/ ungeordnete Sammlung französischer Lehnwörter.

967. TRAUDE, Ludwig: Die Vertauschung von *o* und *u* in unserer heimischen Mundart. In: Ruhmreiche Berge. Neue Folge des "Guten Abend". Heimatkundliche Beilage der Heiderschen Zeitung Bergisch-Gladbach 6 (1929), S. 193.
Bergisches Land: Regularitäten des Wechsels von *o* und *u* mit Beispielen.

968. TREMBLEAU, Sophie: Von Aap bis Zubbel. Neuss 1978.
Neuss: Alphabetisches Wörterbuch Hd.-Ma./ Wörterbuch Ma.-Hd. nach Sachgebieten/ Redensarten und Sprichwörter/ Mundartliche Lehnwörter aus dem Französischen.

969. TRENSE, Paul: Aufruf zur Sammlung und Erhaltung des Sprachschatzes der rheinisch-fränkischen Mundarten. In: Zeitschrift des Vereins für rheinische und westfälische Volkskunde 2 (1905), S. 1-53.
Niederrhein (nördl. v. Aachen, Köln, Wuppertal): Wörterverzeichnis Ma.-Hd. für den Buchstaben *b*.

970. TRIMBORN, Balduin: Die ripuarisch-fränkische Mundart, insbesondere die kölnische Mundart. In: Der Niederrhein 6 (1914), S. 92-95.
Köln: Kurzer Abriß der Entwicklung der Kölner Mundart/ Besonderheiten aus Lautlehre, Formenlehre und Wortschatz/ Mundarttexte.

971. UHLENBROCH, Karl Hermann: Oberhau. Vergangenes und Erlebtes am Rande des Siebengebirges. Die Geschichte einer kleinen Berggemeinde in Nordrhein-Westfalen an der Landesgrenze zu Rheinland-Pfalz. Hrsg. zum 75-jährigen Bestehen des Männerchores Quirrenbach. Eudenbach 1981, hier: S. 19-21.
Eudenbach (Königswinter): Wörterverzeichnis Ma.-Hd.

972. UHLENBROCH, Karl Hermann: 700 Worte Plattdeutsch aus dem Gebiet des unteren Pleisbaches. Ms. (masch.) Eudenbach/ Königswinter 1982.
Eudenbach (Königswinter): Alphabetisches Wörterverzeichnis Ma.-Hd.

973. ULMEN, Jacob: Heimatmundart. In: Unsere Heimat im Wandel der Zeit. Beilage zum Euskirchener Volksblatt 1 (1924), S. 123-126, 132f., 139-141, 164f., 179f., 188f.
Euskirchen: Sammlung von Texten, Redewendungen, teilweise mit sprachlichen Erläuterungen.

974. VEITH, Werner H.: Kuseler Mundart am Niederrhein. Ein dialektgeographischer Irrtum. In: Zeitschrift für Dialektologie und Linguistik 36 (1969), S. 67-76.
Kusel und Pfälzerkolonie am Niederrhein: Dialektgeographische vergleichende Untersuchung/ Lautlehre, Formenlehre, Wortschatz/ Auseinandersetzung mit E. BÖHMER (s. d.)/ 12 Karten.

975. VEITH, Werner H.: Amerika-Emigranten am Niederrhein. Transferenzen im Wortschatz ihrer Nachfahren. In: Lexicography and Dialect Geography. Festgabe for Hans Kurath. Hrsg. v. H. SCHÖLLER und J. REIDY. (= Zeitschrift für Dialektologie und Linguistik. Beihefte, N.F. Nr. 9). Wiesbaden 1973, S. 243-259.

Kusel und Pfälzerkolonie am Niederrhein: Vergleichende Wortschatzuntersuchung der pfälzischen Herkunftsmundarten und der niederfränkischen der Umgebung.

976. VEITH, Werner H.: Zur Morphosyntax der Nominalphrase. Eine Skizze, mit dem Fragebuch zum Mittelrheinischem Sprachatlas exemplarisch erhoben und ergänzt in Neuwied a. Rhein. In: Dialektgeographie und Dialektologie. Günter BELLMANN zum 60. Geburtstag von seinen Freunden. Hrsg. v. W. PUTSCHKE, Werner H. VEITH u. P. WIESINGER. (= Deutsche Dialektgeographie 90). Marburg 1989, S. 195-220.
Neuwied: Kontrastive Untersuchung der Morphosyntax der Nominalphrase Ma.-Hd./ weitgehend tabellarische Darstellung.

VENEMA, Johannes: s. 510.

VEUMANN, Peter: s. 749.

977. VIEHOFF, Heinrich: Landschaftliche Ausdrücke aus der Nachbarschaft von Neuß. Ein Beitrag zur Kunde der deutschen Mundarten. In: Archiv für den Unterricht im Deutschen 2 (1844), H. 1, S. 149-165.
Neuss und Umgebung: Vokalismus/ alphabetisches Wörterverzeichnis Ma.-Hd. mit etymologischen Hinweisen.

978. VIEHOFF, Heinrich: Beiträge zur Kunde der deutschen Mundart. In: Archiv für den Unterricht im Deutschen 2 (1844), H.2, S. 112-121.
Büttgen (bei Neuss): Vokalismus.

979. VIËTOR, Wilhelm: Die rheinfränkische Umgangssprache in und um Nassau. Wiesbaden 1875.
Nassau: Lautlehre/ Formenlehre/ Mundarttext/ alphabetisches Wörterverzeichnis Ma.-Hd./ Umgangssprache.

980. -- Der VOLKSDIALEKT der Bewohner von Krauthausen-Selgersdorf. In: Oecher Platt 4 (1911), Nr. 1, S. 4f.
Krauthausen-Selgersdorf (bei Jülich): Unterschiede der Mundart zu den benachbarten Ortsmundarten/ bes. Lautlehre.

VOLMER, Bodo: s. 743.

981. WAGNER, Kurt: Der westmitteldeutsche Dialekt. In: Festgabe für Wolfgang JUNGANDREAS zum 70. Geburtstag. (= Schriftenreihe zur Trierischen Landesgeschichte und Volkskunde 13). Trier 1964, S. 123-136.

Westmitteldeutsches Sprachgebiet: Einordnung und Abgrenzung des Dialektraumes/ dialektgeographische Gliederung.

982. WAHLENBERG, Guilelmus [= Fr. W.]: De lingua francica Rheni inferioris. Diss. Bonn 1849.
Rheinlande (bis Koblenz): Lateinische Diss./ Lautlehre/ diachron.

983. WAHLENBERG, Fr. W.: Die niederrheinische (nord-rheinfränkische) Mundart und ihre Lautverschiebungsstufe. In: Programm des katholischen Gymnasiums an der Apostelkirche zu Köln. Hrsg. v. H. BIGGE. Elftes Schuljahr 1870-1871. Köln 1871, S. 1-18.
Rheinlande (bis Koblenz): Abhandlung über den Konsonantismus unter dialektgeographischem Aspekt/ diachron.

984. WAHLENBERG, Fr. W.: Ueber die Laute der kölnischen Mundart und deren Bezeichnung. In: HÖNIG, Fritz: Wörterbuch der Kölner Mundart. Köln 1877, S. 13-31; 2. erw. Aufl. Köln 1905, S. XV-XXVI.
Köln: Lautinventar der Mundart mit Beispielwörtern als Lesehilfe für das Wörterbuch.

985. WALDBRÜHL, Wilhelm von: Rhingscher Klaaf. Rheinfränkische Lieder und Leuschen. Mit einem Brustbilde und Facsimile des Dichters. Nebst einer Zugabe: Stöckelcher von Montanus. Opladen 1869, hier: S. 145-222. -- Nachdr. hrsg. v. Rhein-Wupperkreis, Opladen 1966.
Bergisches Land: Alphabetisches Wörterverzeichnis Ma.-Hd./ teilweise Angaben zur Herkunft/ Mundarttexte.

986. WALTERSCHEID-MÜLLER, Bernhard: Lohmarer Mundart in Reim und Prosa. [Mit einem Wörterverzeichnis]. Lohmar 1983, hier: S. 149-159.
Lohmar (bei Siegburg): Alphabetisches Wörterverzeichnis Ma.-Hd.

987. WALTERSCHEID-MÜLLER, Bernhard: Dialekt für Fortgeschrittene. In: Lohmarer Heimatblätter 2 (1987), S. 43; 3 (1988), S. 56.
Lohmar (bei Siegburg): Zwei kleine alphabetische Wörterverzeichnisse Ma.-Hd.

988. WEBER: Wortfamilien in der trierischen Mundart. In: Kur-Trier 6 (1922), S. 27f., 37.
Trier: Zusammenstellung von Mundartwörtern zu den Wortfeldern 'gehen' und 'lachen'.

989. WEBER, Herbert: Wie heißt das auf Platt? Eine Wörtersammlung Hochdeutsch - Solinger Mundart. Solingen 1987. 4. Aufl. 1992.
Solingen: Alphabetisches Wörterverzeichnis Hd.-Ma. als 'Register' zu PICARDs Wörterbuch (s.d.)

990. WEBER, J.: Zur Kenntnis der Mundart von Speicher. In: Zeitschrift für Deutsche Mundarten 1915, S. 265-268.
Speicher (nördl. v. Trier): Einzelne Merkmale aus Laut- und Formenlehre.

991. WEBER, J.: Zum Wortschatz der Mundart von Speicher. In: Zeitschrift für Deutsche Mundarten 1916, S. 356-370; 1917, S. 72-86.
Speicher (nördl. v. Trier): Jeweils alphabetisierte Wörterverzeichnisse Ma.-Hd./ etymologische Hinweise/ fremdsprachige Entsprechungen.

992. WEDERTZ, Julius: Kirchspiels Platt. Die Sprache im Kirchspiel Kleinich. (= Heimat- und Verkehrsverein Kirchspiel Kleinich e.V. Kleine Schriften 2). Kleinich 1985.
Kleinich (bei Bernkastel): Alphabetisches Wörterbuch Ma.-Hd./ Redensarten/ Anmerkungen zur Etymologie/ kontrastive Grammatik Hd.-Ma./ 3 Karten.

993. WEGELER, Julius: [Wörterbuch der Coblenzer Mundart]. In: Christian von STRAMBERG: Denkwürdiger und nützlicher Rheinischer Antiquarius. III. Abt., 14. Bd. Koblenz 1869, S. 698-759.
Koblenz: Alphabetisches Wörterbuch Ma.-Hd.

994. WEGELER, Julius: Wörterbuch der Coblenzer Mundart. In: Ders.: Coblenz in seiner Mundart und seinen hervorragenden Persönlichkeiten. Koblenz 1876, S. 1-97. 2. überarb. Aufl. hrsg. v. Karl SCHWARZ, Koblenz 1906, S. 1-86. -- Nachdr. Walluf 1973.
Koblenz: Alphabetisches Wörterbuch Ma.-Hd./ seit 1869 geringfügig überarbeitet.

995. WEGERA, Klaus-Peter: Eine Geheimsprache in der Eifel. Das Lebber Talp der Backofenbauer aus Bell. In: Volkskultur an Rhein und Maas 6 (1987), H. 1, S. 15-22.
Bell (bei Mayen): Laut- und Formenlehre/ Wortbildung.

996. WEGMANN-HEINZ, Gabriele: Phonologisch-kontrastive Analyse Mundart/ Hochsprache im Bereich des Moselfränkischen (Binsfeld). Examensarb. Bonn 1974.
Binsfeld (bei Wittlich): Sprachgeschichtliche, dialektgeographische und dialektsoziologische Einordnung/ phonetisch-phonologische Analyse von

Mundart und Hochsprache im Kontrast/ Analyse dialektal bedingter Fehler in der Schule/ diachron.

997. WEHN, Robert: Französische Brocken. In: Land an Wupper und Rhein. Heimatkalender 1958, S. 39f.
Bergisches Land (westliches): Mundartliche Lehnwörter aus dem Französischen.

998. WEHN, Robert: Riefkooken oder Puffer. In: Land an Wupper und Rhein. Heimatkalender 1960, S. 146-148.
Bergisches Land (westliches): Anmerkungen zur dialektgeographischen Gliederung des Raumes.

999. WEIDENFELLER, Alfred: Schwierze und Schnirch. Wäller Mundart im Familienleben. In: Rhein-Lahnfreund. Bote vom Taunus und Westerwald 30 (1985), S. 65.
Hundsangen (bei Westerburg): Kurzes Wörterverzeichnis Ma.-Hd. zu Verwandtschaftsbezeichnungen.

1000. WEIDNER-STEINHAUS, Amalie: Muttersprache, Mutterlaut. In plattdeutscher Mundart mit vielen hochdeutschen Übersetzungen der volkstümlichen Ausdrucksweisen. 2. Aufl. Duisburg o.J.
Ruhrort (zu Duisburg): Wörterverzeichnis Ma.-Hd./ Sammlung von Mundarttexten.

1001. WEIERSHAUSEN, Adolf: Die Zusammenhänge der Siegerländer Mundart mit ihren hessischen Nachbardialekten. In: Siegerland 11 (1929), S. 116-119.
Siegerland: Dialektgeographische Einordnung/ Abgrenzung von den umliegenden Dialekten/ lautliche Besonderheiten der Siegerländer, Wittgensteiner und Dillkreis-Mundart.

1002. WEIERSHAUSEN, Adolf: Die innere Struktur der Siegerländer Mundart. In: Siegerland 12 (1930), S. 120-130.
Siegerland: Abgrenzung zu anderen Dialekten/ innere Differenzierung des Gebietes (dialektgeographisch)/ mehrere Skizzen.

1003. WEIGT, Hans-Georg: Mischsprache oder "Hochdeutsch auf Klompen"? In: Volkskultur an Rhein und Maas 8 (1989), H. 1, S. 78-82.
Ruhrgebiet: Regionale Gemeinsamkeiten und regionale Varianten des Ruhrdeutschen/ 4 Skizzen.

1004. WEIJNEN, Antonius: Die Einteilung der niederländischen Mundarten, mit besonderer Berücksichtigung der Veluwe und des Niederrheins. In: Sprache in der sozialen und kulturellen Entwicklung. Beiträge eines Kolloquiums zu Ehren von Theodor FRINGS (1886-1968). Hrsg. v. Rudolf GROSSE. (= Abhandlungen der Sächsischen Akademie der Wissenschaften zu Leipzig. Philologisch-historische Klasse. Bd. 73. H. 1) Berlin 1990, S. 65-77.
Niederrhein (niederfränkischer) und Niederlande: Dialektgeographische Gliederung der Mundarten nach lautlichen und lexikalischen Merkmalen/ 8 Karten.

1005. WEISEMANN, Ewald: Die Remscheider Mundart. In: Bergische Heimat 2 (1928), Nr. 6, S. 150-152.
Remscheid und Umgebung: Kurze Charakterisierung der Remscheider Mundart/ Vergleich zur Umgebung/ Gegenüberstellung einzelner Wörter in Englisch, Mundart und Hochdeutsch.

1006. WEISEMANN, Ewald: Sprachgrenzen in und um Remscheid. Verwaltungsgrenze und Sprachgrenze - Verzahnte Mundartgrenze. In: Die Heimat spricht zu Dir. Monatsbeilage des Remscheider Generalanzeigers 27 (1960), Nr. 5.
Remscheid und Umgebung: Darstellung der Mundartgrenzen unter Berücksichtigung historischer Entwicklungen/ diachron.

1007. WEISWEILER, Joseph: Eigenartige Stimmlaute der Dürener Mundart. In: Heimatblätter. Beilage zur Dürener Zeitung 2 (1921), Nr. 1, S. 1-3.
Düren und Umgebung: Vokalismus.

1008. WEISWEILER, Joseph: Die Dürener und die Kölner Mundart in ihrer Verwandtschaft und mannigfaltigen Verschiedenheit. In: Heimatblätter. Beilage zur Dürener Zeitung 6 (1929), S. 9-11, 20-22.
Düren und Köln: Unterschiede zwischen Kölner Stadtmundart, Dürener Stadt- und Dürener Landmundart in Vokalismus und Konsonantismus.

1009. WEISWEILER, Joseph: Die Spannung zwischen der Dürener Mundart und der deutschen Hochsprache. In: Heimatblätter. Beilage zur Dürener Zeitung 6 (1929), S. 233-236, 241-244.
Düren: Dialektgeographische Einordnung/ Einzelheiten aus Formenlehre und Wortschatz.

1010. WEISWEILER, Joseph: Beiträge zur Dialekt- und Heimatkunde von Düren und seiner Umgebung. Düren 1930.
Düren und Umgebung: Lautlehre/ Formenlehre.

1011. WEITZ, Wilhelm: Einige Bemerkungen über die Aachener Mundart. In: Aachens Liederkranz und Sagenwelt. Hrsg. v. Alfred REUMONT. Aachen/ Leipzig 1829, S. 346-368.
Aachen: Einzelheiten zum Wortschatz/ diachron.

1012. WEITZ, Wilhelm: Klänge der Heimath oder Sammlung auserlesener Gedichte in der Aachener Volkssprache. Aachen 1841.
Aachen: Besonderheiten der Substantivbildung/ Sammlung von Gedichten und Sprichwörtern/ diachron.

1013. WEITZ, Wilhelm: Ueber eigentümliche Bildung der Hauptwörter in der Aachener Mundart. In: Oecher Platt 18 (1924), S. 47f., 83f., 107f., 118-120, 130-132; 19 (1925), S. 70-72, 82-84, 94-96, 105.
Aachen: Wortbildung der Substantive/ viele Beispielwörter mit etymologischen Hinweisen (ursprünglich 1841).

WEITZ, Wilhelm: s. 697.

1014. WELKER, August: Westerwälder Französisch. Ausdrücke französischer Herkunft in der Volkssprache des Westerwaldes. In: Der Westerwald 67 (1974), H. 4, S. 18.
Westerwald: Einzelne französische Lehnwörter in der Mundart.

1015. WELKER, August: Nassauische "Geheimsprache" aus Frickhofen. In: Heimat an Lahn und Dill 11 (1972), S. 4.
Frickhofen (bei Limburg): Beitrag zum mundartlichen Wortschatz der 'Hausierersprache'.

1016. WELKER, August: Neuwieder Wörter. O.O. 1974. -- Ebenso in: Muttersprache 87 (1977), H. 1, S. 52-60.
Neuwied: Besonderheiten in Laut- und Formenlehre/ alphabetisches Wörterverzeichnis Ma.-Hd.

1017. WELKER, August: Selterser "Hucha"! So sprach man in Selters im Westerwald. Aufgezeichnet von August WELKER. Hrsg. v. der Gemeinde Selters. Selters 1979.
Selters (bei Montabaur): Aufzählung sprachlicher Eigentümlichkeiten/ Sammlung mundartlicher Wörter, nach Sachgebieten geordnet.

1018. WELKER, August: Unterwesterwälder Mundart. In: Heimat-Jahrbuch des Landkreises Neuwied 1982, S. 109-112.

Neuwied und Westerwald (unterer): Einzelheiten zum Wortschatz/ ungeordnete Wörtersammlungen Ma.-Hd.

1019. WELTER, Wilhelm: Beobachtungen zum Kleverländischen Accent. In: Beiträge zur Geschichte der deutschen Sprache und Literatur 62 (1938), S. 437-454.
Kleve und niederfränkisches Sprachgebiet: Art, Vorkommen, Bedingungen des Akzents und der Schärfung/ mehrere Beispiele/ Vergleich mit den Gebieten Eupen, Limburg etc.

1020. WELTER, Wilhelm: Die Mundarten des Aachener Landes als Mittler zwischen Rhein und Maas. Bonn 1938.
Aachen und Umgebung: Lautlehre der Aachener Mundart/ Vergleich des Südniederfränkischen mit dem Ripuarischen/ Akzent/ Wortregister/ diachron.

1021. WELTER, Wilhelm: Die maasländischen Mundarten im deutsch-niederländischen Kulturzusammenhang. In: Heimat. Monatsschrift für Eifel, Maasland und Ardennen (= Nordwest-Europäische Reihe 4), 2 (1941), S. 33-45.
Niederrhein und Niederlande (südöstliche): Sprachgeschichtliche und dialektgeographische Darstellung/ 4 Karten.

1022. WELTER, Wilhelm: Die Mundart des Aachener Landes im Spiegel der rheinischen Sprachgeschichte. In: 350 Jahre Humanistisches Gymnasium in Aachen 1601-1951. Fs. des Kaiser-Karl-Gymnasiums. Aachen 1951, S. 161-183.
Aachen und Umgebung: Dialektgeographische Einordnung/ sprachgeschichtliche Entwicklung/ Wortbeispiele.

1023. WENDT, Hermann: Deutsche Grammatik mit Übungen zum Gebrauche in Schulen des Regierungsbezirkes Düsseldorf und der angrenzenden rheinischen und westfälischen Gebiete. Unter besonderer Berücksichtigung der in der Mundart wurzelnden Sprachfehler. Auch für die Selbstbelehrung. (= Deutsche Heimatgrammatiken mit Übungen 1). Langensalza 1912.
Rheinlande: Vereinzelte Hinweise zur Grammatik rheinischer Mundarten.

1024. WENKER, Georg: Das rheinische Platt. Den Lehrern des Rheinlandes gewidmet. Düsseldorf 1877. -- Neudr. in: Deutsche Dialektgeographie 8, Marburg 1915, S. 1-16. -- Nachdr. Walluf 1974; Neuss 1993.
Rheinlande (nördl. der Mosel): Dialektgeographische Gliederung des Mittelfränkischen anhand der Lautlehre/ 1 Karte.

1025. WENKER, Georg: Sprach-Atlas der Rheinprovinz nördlich der Mosel

sowie des Kreises Siegen nach systematisch aus ca. 1500 Orten gesammelten Material zusammengestellt, entworfen und gezeichnet. Ms. Marburg 1878.
Rheinlande (nördl. der Mosel): Dialektatlas des Mittelfränkischen/ 17 Karten zur Laut- und Formenlehre.

1026. WENZ, Richard: Moselfränkisch. In: Die Eifel 46 (1951), S. 79.
Moselfränkisches Sprachgebiet: Knappe Charakterisierung von Sprachgeschichte und -geographie/ diachron.

1027. WERNEKE: Die Grenze der sächsischen und fränkischen Mundart zwischen Rhein und Weser. In: Zeitschrift für vaterländische Geschichte und Altertumskunde 32, 4. Folge, 2. Abt. (1874), S. 33-60.
Rheinlande und Westfalen: Grobe Darstellung der Sprachgrenze zwischen fränkischen und westfälischen Dialekten/ diachron.

1028. WERNER, Otto Hermann: Der Saarbergmann in Sprache und Brauch. Köln 1934.
Saarland: Lautlehre/ Formenlehre/ Wortschatz/ Zusammenhang mit der allgemeinen deutschen Fachsprache des Bergmanns/ diachron.

WESTERMANN, Karl: s. 138.

1029. WEYER, Wilhelm: Die Fremdwörter in der Mundart des Siegerlandes. Diss. (masch.) Marburg 1927.
Dreisbach (bei Siegen): Alphabetische Sammlung von Lehnwörtern Ma.-Hd./ lautliche Assimilationserscheinungen in der Mundart.

1030. WIESINGER, Peter: Strukturgeographische und strukturhistorische Untersuchungen zur Stellung der bergischen Mundarten zwischen Ripuarisch, Niederfränkisch und Westfälisch. In: Neuere Forschungen in Linguistik und Philologie. Gewidmet Ludwig Erich SCHMITT zum 65. Geburtstag. (= Zeitschrift für Dialektologie und Linguistik, Beih., N.F., Nr. 13). Wiesbaden 1975, S. 17-82.
Bergisches Land: Forschungsbericht zur Dialektgeographie des Raumes/ Vokalismus in Beziehung zu umliegenden Mundarten/ diachron/ 16 Karten.

1031. WIESINGER, Peter: Wie lautet der Dialekt von Werden an der Ruhr tatsächlich? In: Rheinische Vierteljahrsblätter 42 (1979), S. 318-322.
Werden (zu Essen): Entwicklung des Werdener Dialekts über 100 Jahre/ Veränderungen im Vokalismus/ diachron.

1032. WILL, Wilhelm: Saarländische Sprachgeschichte. Saarbrücken 1932. 2. unveränd., mit neuer Einleitung versehene Aufl. 1979 (= Beiträge zur Sprache im Saarland 1).
Saarland: Sprachgrenzen/ Lautgeographie/ diachron.

1033. WILL, Wilhelm: Zur Sprachgeschichte des Saarlandes. In: Saar-Atlas. Gotha 1934, S. 69-71.
Saarland: Lautverschiebungslinien/ diachron/ 7 Karten.

1034. WINDISCH, Rudolf: Französischer Wortschatz im Rheinischen aus der Napoleonischen Besatzungszeit (1794-1815). In: Das Galloromanische in Deutschland. Hrsg. v. Johannes KRAMER u. Otto WINKELMANN. (= pro lingua 8). Wilhelmsfeld 1990, S. 103-115.
Ahrtal: Alphabetisches Verzeichnis von Mundartwörtern französischer Herkunft/ Vergleich mit dem RHEINISCHEN WÖRTERBUCH/ etymologische Angaben/ diachron.

1035. WIPPERMANN, Ferdinand: Englisch und Plattdeutsch. Mit besonderer Berücksichtigung der Mundarten des Ruhrmündungsgebietes. Duisburg-Meiderich 1914.
Duisburg, Mülheim a. d. Ruhr und Umgebung: Beziehungen zwischen dem Englischen und dem Niederfränkischen in Lautlehre, Formenlehre, Syntax/ Wörterverzeichnis Englisch - Niederfränkisch/ diachron.

1036. WIPPERMANN, Ferdinand: Niederrheinisch und Niederländisch. "Duitsch en Vlaemsch zijn nauw (eng) verwandt, zoo nauw als rechte en linker hand". In: Heimatkalender für das Klever Land 1954, S. 57-60.
Niederrhein und Niederlande: Entsprechungen Niederfränkisch - Niederländisch in Laut- und Formenlehre, Wortschatz und Namen.

1037. WIRTZ, Johannes: Einiges aus der Sprache des Krefelder Webers. In: Die Heimat. Mitteilungen des Vereins für Heimatkunde in Crefeld 2 (1922), S. 72-75, 105-108.
Krefeld: Mundartlicher Wortschatz der Weberei, geordnet nach Sachgebieten.

1038. WIRTZ, Johannes: Handweber und Handweberei in der Krefelder Mundart. (= Schriftenreihe des Städtischen Kulturamtes in Krefeld 2). Krefeld 1938.
Krefeld (bes. Fischeln): Mundartlicher Wortschatz - hochdeutsche Erläuterung nach den einzelnen Teilbereichen des Webvorgangs/ Darstellung des Webvorgangs/ alphabetische Liste der Mundartwörter/ Abb.

1039. WIRTZ, Ludwig: Zur Dialektgeographie. In: Düsseldorfer Jahrbuch. Beiträge zur Geschichte des Niederrheins Bd. 26. Düsseldorf 1914, S. 233-235.
Niederrhein (nördlicher): Beschreibung des Verlaufs und Charakterisierung der Sprachgrenzen/ 1 Karte.

1040. WISSINK, Rich: Kämpsche Wöert. Hrsg. von U. WISSINK. Kempen 1986.
Kempen: Alphabetisches Wörterbuch Ma.-Hd.

1041. WIßNER, Katharina: Wortsammlung der Adenauer Mundart. Adenau 1993.
Adenau (Eifel): Alphabetisches Wörterverzeichnis Ma.-Hd./ Hinweise zur Lautlehre/ Mundarttexte/ mehrere Abbildungen.

1042. WITTMANN, Henri/ FISCHER, Heinz: Die Verteilung des diminutivierenden */sa/* und */ja/* im Mittelfränkischen (Aschaffenburg, Neuwied). In: Études Germaniques 19 (1964), S. 165-167.
Neuwied bis Aschaffenburg: Gebrauch und Verteilung der beiden Diminutivbildungen mit Beispielen.

1043. -- WÖET on Verzällcher op Alsdörper Platt. Hrsg. v. der Mundartgruppe des Alsdorfer Geschichtvereins. O.O. 1985.
Alsdorf (bei Aachen): Alphabetisches Wörterbuch Ma.-Hd.

1044. WÖLL, Paula: Brommelochs un Pannestielche. In: Rhein-Lahnfreund. Bote vom Taunus und Westerwald 29 (1984), S. 123f.
Kördorf (zu Katzenelnbogen): Kurzes Wörterverzeichnis Ma.-Hd.

1045. -- Emmericher platte WÖRTER. In: Niederrheinische Heimatblätter 1921, Nr. 6 u. 10.
Emmerich: Alphabetisches Wörterverzeichnis Ma.-Hd.

1046. -- WÖRTERBUCH der Euskirchener Mundart von A-Z. In: Blätter für Heimatkunde. Wochenbeilage zur Euskirchener Volkszeitung (Eifeler Tageblatt) 1912, Nr. 8-21.
Euskirchen: Alphabetisches Wörterbuch Ma.-Hd.

1047. -- Rheinisches WÖRTERBUCH. Auf Grund der von J. Franck begonnenen, von allen Kreisen des Rheinischen Volkes unterstützten Sammlung. 9 Bde. Bonn, Berlin 1928-1971. Bd. I-VI bearb. u. hrsg. von Josef MÜLLER, Bd. I: A-D. Bonn 1928 [Lfg. 1: 1923]; Bd. II: E-G. Berlin 1931; Bd. III: H-J. Berlin 1935; Bd. IV: K. Berlin 1938; Bd. V: L-M. Berlin 1941; Bd. VI: N-Q. Berlin

1944. Bd. VII bearb. v. Josef MÜLLER unter Mitarbeit v. Matthias ZENDER u. Heinrich DITTMAIER, hrsg. v. Karl MEISEN: R-S. Berlin 1958. Bd. VIII bearb. v. Josef MÜLLER unter Mitarbeit v. Heinrich DITTMAIER, hrsg. v. Karl MEISEN: Se-T. Berlin 1964. Bd. IX nach den Vorarbeiten von Josef MÜLLER bearb. v. Heinrich DITTMAIER, hrsg. v. Heinrich DITTMAIER, Rudolf SCHÜTZEICHEL u. Matthias ZENDER: U-Z. Nachträge. Berlin 1971.
Rheinlande (einschließlich Birkenfeld, Saarland, Malmedy und Eupen, Siegerland): Alphabetisches Wörterbuch der in verhochdeutschter Form angesetzten Mundartwörter/ Lautformen mit Angabe der Verbreitung/ Angabe sämtlicher Bedeutungen und ihrer regionalen Verbreitung/ viele Beispielwendungen/ alphabetisches Register der Grundwörter in Bd. IX/ 209 Wortkarten (ab Bd. III).

1048. Mundartliche WORTE und Ausdrücke. In: Zwischen Wipper und Rhein. Heimatblätter für den Rheinisch-Bergischen Kreis 4 (1950), S. 50.
Bergisches Land (westliches): Knappes Wörterverzeichnis Ma.-Hd.

1049. -- Aus dem WORTSCHATZ der kölnischen Mundart. Die Endung -es. In: Alt-Köln 6 (1913), S. 44f.
Köln: Sammlung von Wörtern auf *-es*.

1050. -- Aus dem mundartlichen WORTSCHATZ. In: Um Burg und Quelle 50 (Dez. 1972), [o.Z.].
Blankenheim (Ahr): Kurze alphabetische Wörterliste Ma.-Hd.

1051. WOSCHEK, Gisela: Zum Gebrauch von Modalpartikeln in der gesprochenen Sprache (Tonbandmaterial "Erp"). Examensarb. (masch.) Bonn 1978.
Erftstadt-Erp: Forschungsüberblick/ Formen und Gebrauch von Modalpartikeln.

1052. WREDE, Adam: Das rheinische Volk im Spiegel seiner Sprache und Dichtung. In: Ders.: Rheinische Volkskunde. 2. verb. u. verm. Aufl. Leipzig 1922, S. 85-114. -- Nachdr. Frankfurt a.M. 1979.
Rheinlande: Dialektgeographische Gliederung/ lautliche Merkmale/ Besonderheiten des Wortschatzes/ Redensarten und Sprichwörter/ Dichtung/ diachron.

1053. WREDE, Adam: Dialektgrenzen im Rheinland. In: Kölnische Volkszeitung, 22. Morgenausgabe v. 22.08.1923.
Rheinlande: Entstehung und Verlauf der Dialektgrenzen/ Wortbeispiele.

1054. WREDE, Adam: Mittelfränkisch und Aachener Mundart. In: Öcher Platt 67 (1986), S. 53f.
Aachen und Rheinlande: Auszug aus WREDE, Rheinische Volkskunde (s.d.).

1055. WREDE, Adam: Sprache und Redeweise, Erzählungen und Lieder. In: Ders.: Eifeler Volkskunde. 3. völlig neu bearb. Aufl. Bonn 1960 (1. Aufl. Bonn 1924), S. 134-172.
Eifel: Dialektgeographische Gliederung/ Merkmale aus Lautlehre, Formenlehre, Wortschatz/ Scherz- und Necknamen/ Redensarten/ Lieder.

1056. WREDE, Adam: Die rheinischen Mundarten. In: Kölnische Zeitung 357. Erste Sondernummer zur Rheinischen Jahrtausendfeier, 15.5.1925, S. 23-25. -- Ebenso in: Der Niederrhein 3 (1930), S. 12-14.
Rheinlande: Kurze dialektgeographische Gliederung anhand des Wortschatzes und lautlicher Merkmale/ diachron.

1057. WREDE, Adam: Neuer Kölnischer Sprachschatz. 3 Bde. Köln 1956-58. 11. Aufl. Köln 1993.
Köln: Alphabetisches Wörterbuch Ma.-Hd. mit wortgeschichtlichen Hinweisen/ Register Hd.-Ma.

WREDE, Ferdinand: s. 65.

1058. ZECK, Karl: Laut- und Formenlehre der Mundart von Düsseldorf-Stadt und -Land. Münster 1926. [Auszug aus der Diss.: Münster 1921].
Düsseldorf und Umgebung: Laut- und Formenlehre.

1059. ZECK, Karl: Das Düsseldorfer Platt innerhalb der rheinischen Sprachlandschaft. In: Alt-Düsseldorf 1924, Nr. 5, S. 9f.
Düsseldorf: Einordnung der Mundart anhand der Lautlehre/ 1 Skizze.

1060. ZECK, Karl: Zur Vollendung des Rheinischen Wörterbuches. In: Land an Wupper und Rhein. Heimatkalender 15 (1969), S. 97-103.
Rheinlande: Kurzer Bericht über das Wörterbuch mit vielen wortgeographischen Beispielen.

1061. ZENDER, Jakob: Tiere und Pflanzen im Eifeler Volksmunde. Ein Beitrag zur Volkskunde und Mundartforschung in der Vordereifel. In: Zeitschrift des Vereins für rheinische und westfälische Volkskunde 2 (1905), S. 210-234.
Vordereifel (nördl. v. Cochem, bes. Eppenberg): Sammlung mundartlicher Bezeichnungen für Tiere, geordnet nach Gattungen.

1062. ZENDER, Matthias: Die Mundarten der Gegend von Euskirchen. In: 650 Jahre Stadt Euskirchen 1302-1952. Fs. zum Stadtjubiläum Euskirchens 1952. Hrsg. v. J. FRANKE. Bd.I. Euskirchen 1952, S. 255-260.

Euskirchen und Umgebung: Dialektgeographische Gliederung des Raumes anhand von Merkmalen aus Lautlehre und Wortschatz/ 3 Karten.

1063. ZENDER, Matthias: Zur Technik und Methode zweier Quellenwerke der Kulturraumforschung. In: Rheinische Vierteljahrsblätter 18 (1953), S. 88-95. [S. 95-103 Besprechung des Atlas der schweizerischen Volkskunde].
Rheinlande: Besprechungsaufsatz zum Erscheinen von Bd. I u. II des Deutschen Wortatlas mit Ergänzungen aus dem Rheinischen Wörterbuch/ 3 Karten.

1064. ZENDER, Matthias: Die Stellung der Mundarten und ihre Bedeutung in der Gegenwart. In: Die Eifel 57 (1962), S. 66-70.
Eifel: Kurze Darstellung der dialektgeographischen Gliederung anhand von Merkmalen aus Lautlehre und Wortschatz/ Wandlungen im Gebrauch der Mundarten seit Ende des 19. Jh.

1065. ZENDER, Matthias: Das Rheinische Wörterbuch von 1904-1964. In: Rheinische Vierteljahrsblätter 29 (1964), S. 200-222.
Rheinlande: Werkgeschichte des Rheinischen Wörterbuchs mit lexikographischen Anmerkungen.

1066. ZENDER, Matthias: Neckereien von Ort zu Ort. In: Studien zur deutschen Literatur und Sprache des Mittelalters. Fs. für Hugo MOSER zum 65. Geburtstag. Berlin 1974, S. 389-407.
Rheinlande: Wortgeographische und lexikographische Untersuchung von Necknamen/ Vergleich mit schwäbischen Necknamen.

1067. ZENDER, Matthias: Das Rheinische Wörterbuch. In: Dialektlexikographie. Berichte über Stand und Methoden deutscher Dialektwörterbücher. Festgabe für Luise BERTHOLD zum 85. Geburtstag am 27.1.1976. Hrsg. v. Hans FRIEBERTSHÄUSER. (= Zeitschrift für Dialektologie und Linguistik, Beih. N.F. Nr. 17). Wiesbaden 1976, S. 133-142.
Rheinlande: Entstehungsgeschichte und Merkmale des Rheinischen Wörterbuchs/ 1 Karte.

ZENDER, Matthias: s. 1047.

1068. ZIEMER, Klaudia Maria: Zur Morphologie und Syntax einer saarländischen Ortsmundart: Typologische Analogien und Differenzen gemessen an einer normativen Grammatik. Examensarb. (masch.) München 1982.
Wintersbach (westl. v. St. Wendel): Formenlehre/ Einzelheiten zum Satzbau/ Dialekttexte in phonetischer Transkription.

1069. ZIMMERS, Peter: Biese - bunzele - dötze. Ein halbes Hundert Zeitwörter in Dahlemer Platt. In: Heimatkalender Schleiden 1971, S. 113-120.
Dahlem (Eifel): Zusammenstellung von mundartlichen Verben in Bedeutungsgruppen/ Hinweise zur Laut- und Formenlehre/ Verben in Redensarten.

1070. ZIMMERS, Peter: Vom "Bäschje" bis zur "Zommel". Eine Sammlung mundartlicher Kose-, Scherz-, Spitz-, Spott- und Schimpfnamen. In: Jahrbuch des Kreises Euskirchen 1973, S. 87-96.
Dahlem (Eifel): Ungegliederte Sammlung mundartlicher Necknamen mit Bedeutungsbeschreibungen.

1071. ZIMMERS, Peter: Schmückende Beiwörter. Mundartliche Eigenschafts- und Umstandswörter aus der Eifeler Mundart. In: Jahrbuch des Kreises Euskirchen 1974, S. 83-91.
Eifel: Ungegliederte Sammlung von mundartlichen Adjektiven und Adverbien mit Bedeutungsbeschreibungen.

1072. ZÖLLER, Klaus J.: Rheinisch auf deutsch. Herkunft und Bedeutung rheinischer Wörter. München 1974.
Rheinlande: Alphabetisches Wörterbuch Ma.-Hd. mit Erläuterungen zu Herkunft und Verwendung.

1073. ZUMBUSCH, A.: Über den Wortschatz der Solinger Mundart. In: Die Heimat. Beilage zum Solinger Tageblatt 9 (1953), S. 27f.
Solingen: Ungegliederte Sammlung einiger Mundartwörter mit Bedeutungsbeschreibungen.

Register

Ortsregister

Sachregister